A constituição da Universidade de São Paulo e a Reforma Universitária da década de 1960

FUNDAÇÃO EDITORA DA UNESP

Presidente do Conselho Curador
Mário Sérgio Vasconcelos

Diretor-Presidente
José Castilho Marques Neto

Editor-Executivo
Jézio Hernani Bomfim Gutierre

Assessor Editorial
João Luís Ceccantini

Conselho Editorial Acadêmico
Alberto Tsuyoshi Ikeda
Áureo Busetto
Célia Aparecida Ferreira Tolentino
Eda Maria Góes
Elisabete Maniglia
Elisabeth Criscuolo Urbinati
Ildeberto Muniz de Almeida
Maria de Lourdes Ortiz Gandini Baldan
Nilson Ghirardello
Vicente Pleitez

Editores-Assistentes
Anderson Nobara
Jorge Pereira Filho
Leandro Rodrigues

MACIONIRO CELESTE FILHO

A constituição da Universidade de São Paulo e a Reforma Universitária da década de 1960

© 2013 Editora UNESP

Direitos de publicação reservados à:
Fundação Editora da UNESP (FEU)

Praça da Sé, 108
01001-900 – São Paulo – SP
Tel.: (0xx11) 3242-7171
Fax: (0xx11) 3242-7172
www.editoraunesp.com.br
www.livrariaunesp.com.br
feu@editora.unesp.br

CIP-BRASIL. CATALOGAÇÃO NA PUBLICAÇÃO
SINDICATO NACIONAL DOS EDITORES DE LIVROS, RJ

C386c

Celeste Filho, Macioniro
   A constituição da Universidade de São Paulo e a Reforma Universitária da década de 1960 / Macioniro Celeste Filho. São Paulo: Editora Unesp, 2013.

   Recurso digital, il.
   Formato: ePDF
   Requisitos do sistema: Adobe Acrobat Reader
   Modo de acesso: World Wide Web
   ISBN 978-85-393-0486-8   (recurso eletrônico)

   1. Universidade de São Paulo – Brasil. 2. Ensino superior. 3. Reforma universitária – Brasil. 4. Livros eletrônicos. I. Título.

13-04654
                             CDD: 378.81
                             CDU: 378(81)

Este livro é publicado pelo projeto *Edição de Textos de Docentes e Pós-Graduados da UNESP* – Pró-Reitoria de Pós-Graduação da UNESP (PROPG) / Fundação Editora da UNESP (FEU)

Editora afiliada:

AGRADECIMENTOS

Agradeço ao amigo Kazumi Munakata por sua disposição de nunca perder o prumo nestes anos todos de convivência. Sua orientação foi incisiva nos momentos apropriados. Agradeço a Mirian Jorge Warde por sua seriedade intelectual e franqueza nas observações pertinentes a meu livro, além de permitir o acesso a textos de sua inesgotável biblioteca. Estes dois intelectuais transformam a vida em algo nada monótono. Se existe alguma qualidade na metodologia deste livro, isso se deve a Maria das Mercês Ferreira Sampaio. Conversar com ela sobre o tema deste livro trouxe a mim o lado humano do trabalho intelectual, que eu estava negligenciando. Muito obrigado! Agradeço as palavras amigas e de apoio de Maria das Graças Marcelo Ribeiro, pessoa sempre sorridente ao corrigir meus erros e indicar caminhos de pesquisa. Agradeço a Ana Waleska Pollo Campos Mendonça por suas dicas bibliográficas em todos os encontros que os congressos possibilitaram.

Este livro seria inviável sem a ajuda de funcionários dos arquivos da Câmara dos Deputados. Desejo agradecer a todos, sobretudo a Casimiro Pedro da Silva Neto – do Centro de Documentação e Informação da Câmara dos Deputados – e a Antônio Irismar Soares de Mattos – da Seção de Documentação Parlamentar da Câmara dos Deputados.

Na reitoria da Universidade de São Paulo, sempre encontrei apoio e auxílio. Agradeço a Nina Beatriz Stocco Ranieri – Secretária Geral da USP quando da pesquisa – e aos demais funcionários da Secretaria Geral na pessoa de Eliana Desidério. Na reitoria, agradeço também a minha amiga Cássia de Souza Lopes Sampaio.

Agradeço a inestimável ajuda de Marli Marques de Souza – diretora do Arquivo da Reitoria da USP – e aos demais funcionários do Arquivo da Reitoria na pessoa de Paulo Mendonça Ferreira.

Agradeço a Sedi Hirano – diretor da Faculdade de Filosofia, Letras e Ciências Humanas da USP quando das pesquisas – e aos demais funcionários da Administração da FFLCH na pessoa de José Clóvis de Medeiros Lima. E especialmente a Kely Cristine Soares da Silva, Rosângela Duarte Vicente e Fátima Contessoto.

Agradeço a Ivan Gilberto Sandoval Falleiros – diretor da Escola Politécnica da USP quando das pesquisas. Agradeço a incomensurável ajuda de Maria Luiza de Souza, técnica administrativa do Arquivo Histórico da Escola Politécnica da Universidade de São Paulo.

Todos os entrevistados foram magnânimos em sua ajuda para este livro. Agradeço profundamente a Fabio Prado, a Emília Viotti da Costa, a Maria José Garcia Werebe, a Bernardino Ribeiro de Figueiredo, a Luís Carlos de Menezes, a Walter Esteves Garcia, a Beatriz Fétizon, a Irene Cardoso, a Helena Hirata, e a disposição em ajudar de Laura de Mello e Souza e de Antonio Candido de Mello e Souza. Sem a contribuição generosa destas pessoas, este livro seria inviável.

Meus amigos, nestes anos todos, tiveram muita paciência em me ouvir sobre assuntos que eram importantes para mim. Agradeço com sinceridade a eles por sua solidariedade e alegria constantes.

Agradeço especialmente a Douglas Peres Rubio, que me acompanha há anos. Sem seu apoio, este livro não teria sido viável.

Sumário

Introdução   9

1 Os primórdios da Universidade
   de São Paulo   15
2 Os departamentos e os institutos   39
3 A Reforma Universitária
   e a ditadura militar   73
4 A reforma da Universidade
   de São Paulo   157

Considerações finais   239
Fontes   241
Referências bibliográficas   243
Anexos   249

Introdução

Entrar na Universidade de São Paulo nos primeiros anos da década de 1980 significava participar de um daqueles raros momentos de plenitude existencial que a vida nos oferece. Porém, algo interferia na integração discente nessa universidade. Em meados da década de 1980, ouvia-se ainda pelos corredores do Departamento de História, onde estudava, um zumbido de descontentamento cotidiano com a universidade que me formava. A dissonância era fruto da inconformidade do corpo docente ao tratar o que tínhamos e o que poderíamos ter tido se a ditadura militar não tivesse feito o que fez. O que a ditadura militar fez com a universidade? Esta foi a questão que tentei compreender, quando pude, em minha pós-graduação. O que ocorreu com a universidade na ditadura militar? Sabia que o ensino superior brasileiro passara por uma reforma durante a ditadura. Por que a Reforma Universitária deixara gosto tão rançoso na boca de meus professores?

Na pós-graduação, entre várias leituras sobre o tema, a análise da situação recente da universidade brasileira feita por Marilena Chaui chamou minha atenção. Recordava o sentimento de inconformismo que sentia em meus professores de graduação no final da ditadura. A autora atribuía parte dos percalços do ensino superior de nossos dias à Reforma Universitária ocorrida no final da década de 1960:

> Creio que a universidade tem hoje um papel que alguns não querem desempenhar, mas que é determinante para a existência da própria universidade: criar incompetentes sociais e políticos, realizar com a cultura o que a empresa realiza com o trabalho, isto é, parcelar, fragmentar, limitar o conhecimento e impedir o pensamento, de modo a bloquear toda tentativa concreta de decisão, controle

e participação, tanto no plano da produção material quanto no da produção intelectual. Se a universidade brasileira está em crise é simplesmente porque a reforma do ensino inverteu seu sentido e finalidade – em lugar de criar elites dirigentes, está destinada a adestrar mão de obra dócil para um mercado sempre incerto. E ela própria ainda não se sente bem treinada para isto, donde sua "crise". (Chaui, 2001, p.46)

Na sequência desta constatação, Marilena Chaui trata da Reforma Universitária executada a partir de 1968 sob "a proteção do Ato Institucional n.5" como responsável pela criação do que ela denomina de universidade funcional. A autora analisa passo a passo as inovações introduzidas pela reforma. Sua descrição equilibra-se entre os propósitos originais do que se pretendia executar e os nefastos resultados alcançados. Por exemplo, sobre a departamentalização da universidade, Marilena Chaui (ibidem, p.48) destaca que o projeto original, concebido pela Universidade de Brasília, pretendia transferir das cátedras para a maioria do corpo docente o direito às decisões. A departamentalização da universidade transformou-se em diminuição de gastos e teve papel facilitador do controle administrativo e ideológico de professores e alunos. Outros exemplos poderiam ser citados, mas o que se quer chamar atenção é que esta autora trata de uma reforma fracassada, ao menos em seu caráter de democratização da instituição universitária. Sendo correto que a Reforma Universitária fracassou, como isso ocorreu?

Na década de 1980, durante a graduação, alguns de meus professores facilmente atribuíam todas as mazelas da universidade à ditadura militar e ao AI-5. Pelo menos assim está registrado em minha memória. Ao ser novamente provocado a refletir sobre isso pelo texto de Marilena Chaui, constatei que para os intelectuais atuantes desde a década de 1960 esta história era evidente. Imperialismo, ditadura militar, Rua Maria Antônia, AI-5 e Reforma Universitária estavam fortemente conectados a suas trajetórias pessoais. Mas, e para quem não conseguia juntar tão facilmente estes elementos? Neste caso, justificava-se outra vez a pesquisa do tema da Reforma Universitária. Muitos pesquisadores, desde a década de 1960, escreveram sobre o assunto; parte desses textos será abordada no decorrer do atual livro. Porém, o risco que se corre aqui é o de explicar para quem não viveu o período o que provavelmente é obvio aos olhos de gerações anteriores.

É objetivo desta obra possibilitar a compreensão da Reforma Universitária ocorrida no final da década de 1960. Para tanto, foram formuladas três questões básicas.

Ocorrida no final da década de 1960, a Reforma Universitária deve ter sido resultado de um acúmulo de críticas à universidade do período e também de soluções destinadas ao que se criticava. Neste caso, na década de 1960, quais os diagnósticos formulados por intelectuais ligados ao ensino superior sobre a universidade de então? E quais as saídas apontadas?

A Reforma Universitária, com a elaboração de sua lei no decisivo ano de 1968, e o desfecho dos conflitos políticos do período com o AI-5, editado duas semanas depois da sanção da Lei n. 5.540/68, são acontecimentos que estavam relacionados?

Como se instaurou concretamente a Reforma Universitária em ao menos uma universidade? No caso, optou-se pelo estudo da Universidade de São Paulo.

Estas três questões resultaram nos três últimos capítulos desta obra e também no uso de três tipos de fontes documentais diferentes para cada um desses capítulos. Entretanto, a reforma da Universidade de São Paulo ocorreu em uma instituição consolidada. Para analisar como os acontecimentos da década de 1960 interferiam nessa consolidação, buscou-se entender a formação dessa instituição. Portanto, o primeiro capítulo deste livro destoa dos demais em termos de periodização, recuando à década de 1930, quando surgiu a mais importante universidade brasileira.

A pesquisa que originou este livro não pretendia produzir conhecimento novo sobre a formação das universidades brasileiras na década de 1930. No caso de São Paulo, pensava-se que bastaria o uso, como referência, dos textos clássicos de Irene Cardoso e de Fernando Limongi, citados na bibliografia. No entanto, os intelectuais que formularam projetos de reforma da universidade na década de 1960 frequentemente mencionavam as disputas institucionais na universidade da década de 1930 como ponto de partida do que se discutia então. Na busca desses conflitos fundadores da universidade no Brasil, deparei-me com a atuação conjunta na década de 1930, em nível nacional, das diversas escolas politécnicas brasileiras, capitaneadas pela Escola Politécnica de São Paulo, na luta pela primazia dentro das universidades que então se formavam. Para entender esse acontecimento, pesquisou-se o ocorrido na nascente Universidade de São Paulo. O primeiro capítulo deste livro foi o último a ser pesquisado. Ele ganhou força própria, mesmo que não se tenha cogitado originalmente sua existência.

O primeiro capítulo mostra os primórdios da Universidade de São Paulo. Trata privilegiadamente dos conflitos institucionais na nascente universidade. Na configuração original dessa instituição, duas unidades disputaram a primazia de ser o núcleo da universidade: a Escola Politécnica de São Paulo e a recém-criada Faculdade de Filosofia, Ciências e Letras. Era a universidade constituída pela disputa entre essas duas unidades na década de 1930 que se pretendia reformar na década de 1960. Como fontes documentais deste capítulo, foram utilizadas as publicações da década de 1930 sobre o embate por cátedras entre as principais unidades da Universidade de São Paulo encontradas na Biblioteca Central da Escola Politécnica de São Paulo, no Arquivo Histórico da Escola Politécnica, na Biblioteca Central e também no Centro de Apoio à Pesquisa em História da Faculdade de Filosofia, Letras e Ciências Humanas da Universidade de São Paulo.

O segundo capítulo trata das discussões da intelectualidade brasileira na década de 1960 sobre os caminhos que a universidade deveria tomar. Como fonte documental desta questão foram utilizados os periódicos acadêmicos da época. As possibilidades de recorte do tema eram muitas, pois os textos encontrados tratavam dos mais diversos assuntos quando se referiam à necessidade de Reforma Universitária. Somente após a consulta da ampla variedade de abordagens se decidiu por dois temas condutores das discussões, que possibilitassem coerência às diversas propostas então formuladas. O primeiro tema selecionado trata das críticas ao sistema de cátedras então em vigor e a proposta de sua substituição pelos departamentos. O outro tema aborda o fracasso das Faculdades de Filosofia, Ciências e Letras em seu propósito de dar coesão à universidade e a proposta de sua substituição por institutos de ciência básica. Este capítulo intitula-se "Os departamentos e os institutos". A formação de um consenso em grande parte da intelectualidade da década de 1960 em torno desses dois temas possibilitou as bases para a elaboração da Lei de Reforma Universitária.

O terceiro capítulo intitula-se "A Reforma Universitária e a ditadura militar". Esse capítulo trata das discussões parlamentares em torno da elaboração da Lei de Reforma Universitária. Os debates parlamentares sobre o tema ocorreram em pleno processo de acirramento dos conflitos estudantis e de escalada autoritária da ditadura militar, que culminará no AI-5.

Utilizou-se privilegiadamente como fonte documental os *Anais da Câmara dos Deputados*. Decidiu-se por acompanhar os debates parlamentares sobre a Reforma Universitária nos anos de 1967 e 1968, quando o assunto chega a seu auge.

O quarto capítulo, intitulado "A reforma da Universidade de São Paulo", estuda o caso concreto de reforma da principal universidade do país. O que ocorreu na USP não pode ser generalizado para as demais universidades brasileiras. No entanto, o estudo de um caso específico demonstra como a Reforma Universitária se processou em uma instituição de importante referência para o ensino superior brasileiro. As fontes documentais privilegiadas neste capítulo foram as atas de reunião da Congregação da Faculdade de Filosofia, Ciências e Letras da USP – principal unidade afetada pela reforma – e as atas de reunião do Conselho Universitário da Universidade de São Paulo, onde se debateu a reforma da instituição. Para este capítulo, também se recorreu a algumas entrevistas. Porém, não se pretendeu nada relacionado à história oral, a qual é sempre uma história do tempo presente (Meihy, 2000, p.25). Ela trabalha com a memória, que difere dos procedimentos metodológicos que têm como objetivo principal o passado, mesmo que recente. As entrevistas foram usadas como complemento aos documentos escritos no período dos acontecimentos aqui narrados. Serviram para elucidar dúvidas sobre a documentação. Os entrevistados tiveram acesso prévio aos documentos sobre os quais eram questionados, ou às versões iniciais do texto que tratavam de acontecimentos que os envolviam.

A terceira parte do livro – com o capítulo "A Reforma Universitária e a ditadura militar" – está carregada de imbricações políticas do período. Isso não quer dizer que os demais capítulos não estejam. Porém, o foco utilizado para aproximação com o tema provoca visões diferentes das relações entre a Reforma Universitária e a luta política de então. Não se pretende, ao enfocar discussões acadêmicas ou a vida institucional de uma universidade, separar conflitos aí existentes dos confrontos políticos simultâneos. No entanto, às vezes podem ser percebidos como camadas diferentes das renhidas e radicais disputas ocorridas nos conturbados anos 1960 do século passado.

1
OS PRIMÓRDIOS DA UNIVERSIDADE DE SÃO PAULO

> *"Ao diplomado por qualquer curso seriado e ao estudante regularmente matriculado em curso seriado, é permitida a frequência em qualquer cadeira ou aula de outro curso seriado, se assim permitir o horário respectivo, com direito a certificado de habilitação."*[1]

A criação da Universidade de São Paulo, no início da década de 1930, comportou disputas de projetos quanto a sua organização. A Escola Politécnica de São Paulo pretendia tornar-se o núcleo da futura instituição. No entanto, a opção adotada em 1934 atribuiu esta incumbência à recém-criada Faculdade de Filosofia, Ciências e Letras (FFCL). Isso provocou forte reação das antigas unidades profissionalizantes incorporadas à universidade, em especial da Escola Politécnica. Este capítulo pretende acompanhar os conflitos entre a Escola Politécnica e a FFCL nos tumultuados primórdios da Universidade de São Paulo.

A criação de universidades no Brasil, tema debatido desde as últimas décadas do século XIX e início do século XX no país, destacadamente na década de 1920, tem sua configuração articulada em 1931 com o Estatuto das Universidades Brasileiras. Um dos motivos de conflito na nascente universidade da década de 1930 era como equacionar sua organização. Seria mantido o sistema de cátedras? A criação de uma unidade nova, incumbida da coesão universitária, poderia arejar ou aperfeiçoar o sistema de cátedras?

---

[1] Artigo 14 do projeto de reorganização da Universidade de São Paulo enviado pela Reitoria à Escola Politécnica em 14 de dezembro de 1936. O ofício n.882 da Reitoria encontra-se no Arquivo Histórico da Escola Politécnica como documento n.2256.

Em quais unidades da universidade deveriam permanecer ou ser alocadas as cátedras básicas de ciência?

Maria de Lurdes de Albuquerque Fávero (2001, p.225) analisou o Estatuto das Universidades Brasileiras no que se refere ao sistema de cátedras:

> Em relação à cátedra, o Estatuto [de 1931] ratifica o professor catedrático como o primeiro na hierarquia do corpo docente e coloca em termos de exigência para o provimento no cargo o concurso público de títulos e provas. Prevê, também, a nomeação de professor sem concurso, no caso de candidato insigne que tenha realizado invento ou descoberta de alta relevância, ou tenha publicado obra doutrinária de excepcional valor.[2]

O Estatuto das Universidades Brasileiras, ao manter a cátedra, acarreta um adiamento na criação de uma carreira para o magistério superior. Os diversos auxiliares do catedrático, quer sejam chefes de clínica, chefes de laboratórios, assistentes ou auxiliares de ensino, deveriam ser de confiança do respectivo catedrático. Eram por ele escolhidos, e sua permanência no cargo, dele quase sempre dependia. A ascensão na carreira dos assistentes e auxiliares estava calcada na vontade do catedrático, em decisões às vezes tendenciosas e eivadas de autoritarismo. Década e meia depois, a Constituição de 1946 consagra três aspectos no sistema de cátedras. Segundo a Carta Magna, o provimento das cátedras se dará por concurso de títulos e provas, ela será a garantia da liberdade de ensino e será vitalícia (ibidem, p.226-7).

A reforma do ensino superior de 1931 possibilitou que as universidades criadas nos anos seguintes adaptassem, em termos de estrutura administrativa e didática, diversas práticas há muito tempo em vigor nas escolas isoladas oficiais. O ensino superior na década de 1930, na maior parte das vezes, não visou instituir universidades inteiramente novas, mas incorporar os institutos isolados aos novos organismos a serem criados. Isso provocou um longo processo de marchas e contramarchas em prol da integração das velhas instituições nas novas universidades.

---

2 Este trabalho foi originalmente apresentado em setembro de 2000 na 23ª Reunião Anual da Anped, constando do CD-ROM dos anais.

As escolas tradicionais, aparentemente, sempre tiveram uma atitude de ambivalência em relação ao novo regime: de uma parte sempre se interessaram por elevar-se ao novo "status" universitário, em virtude do prestígio das novas instituições, da maior facilidade em obtenção de verbas etc., mas, de outra parte, algumas delas resistiram sempre a qualquer medida destinada a romper o seu tradicional isolamento e a efetivamente incorporá-las ao complexo universitário. (Antunha, 1974, p.75)

Uma das soluções encontradas na década de 1930 para a constituição da universidade, marcadamente em São Paulo, foi a criação de uma unidade central, de caráter não profissional, a FFCL, na qual seriam reunidas todas as cátedras de ensino de tópicos gerais, até então dispersas pelas diversas faculdades profissionais. Neste livro, não será possível tratar da estruturação das várias universidades surgidas no país desde a década de 1930, optando-se então por usar como referência a Universidade de São Paulo. No caso específico da USP, sua FFCL possibilitou uma flexibilização na rigidez do sistema de cátedras com a contratação em caráter temporário de professores estrangeiros.

Nesses primeiros tempos, o rígido regime de cátedras foi, em grande parte, colocado de lado com a efetivação do sistema de contrato de mestres estrangeiros. Ao contrário do que ocorria com as demais escolas, que possuíam professores catedráticos – vitalícios e inamovíveis – a nova Faculdade pode dispor, durante muito tempo, de um corpo de professores, relativamente jovens, sem intenções de perpetuação nas funções para as quais haviam sido contratados, porém com profundas ambições de natureza intelectual. Isto redundou, sem dúvida, num arejamento do sistema e, ao mesmo tempo que levantou críticas e objeções, trouxe à Universidade um novo espírito, marcado por um certo "cosmopolitismo", bem como por um intenso dinamismo e pela produtividade intelectual. Na verdade, a intenção dos fundadores da USP era a de fazer com que a influência da missão estrangeira ultrapassasse os limites da própria Faculdade de Filosofia, desbordando para as outras escolas, contribuindo assim para reformar a Universidade como um todo. (ibidem, p.108)

A transferência das cadeiras de ensino de tópicos gerais das diversas escolas profissionais da USP, como Matemática ou Química, por exemplo, para a Faculdade de Filosofia, Ciências e Letras não se concretizou. O argumento frequentemente utilizado para evitar isso era diferenciar a formação de um cientista da preparação de um profissional. O profissional desenvolvia um saber técnico, enquanto a ciência não tinha finalidade de aplicação prática. Portanto, deveria impor-se a separação didática entre um cientista da área da Física e um engenheiro, por exemplo. A última tentativa de transferência das cadeiras básicas da USP para a FFCL ocorreu em 1937. Para tanto, Armando de Sales Oliveira – interventor que governava São Paulo – nomeou Alexandre Albuquerque para a direção da Escola Politécnica, com a incumbência de que as cadeiras das disciplinas fundamentais devessem ser desagregadas dessa escola para ser exclusivas da Faculdade de Filosofia, Ciências e Letras. Tal mudança afetaria posteriormente todas as demais faculdades tradicionais e não apenas a Escola Politécnica. Essa transferência de cátedras impossibilitaria a total autonomia curricular das unidades tradicionais da USP na formação profissional de nível superior. Caso a transferência ocorresse, os catedráticos oriundos da Escola Politécnica trabalhariam lado a lado com os professores estrangeiros contratados em caráter temporário pela FFCL. Na década de 1930, seria duvidosa a submissão dos professores estrangeiros à rígida hierarquia catedrática das tradicionais escolas profissionais que formaram a USP. Neste cenário, a Congregação da Escola Politécnica, contrariando seu diretor, recusa-se a aprovar a transferência das cadeiras básicas para a FFCL, opondo-se a qualquer tentativa do Conselho Universitário nesse sentido.

Heladio Antunha, Beatriz Fétizon e Bruno Bontempi Júnior, em seus respectivos trabalhos sobre a Universidade de São Paulo, abordaram os conflitos entre a FFCL e a Escola Politécnica. No entanto, esses autores enfocaram privilegiadamente o papel da FFCL em relação à organização da USP. Em seus textos, as outras unidades da Universidade foram tratadas secundariamente. Para entender a configuração inicial da Universidade de São Paulo é apropriado atentar um pouco mais à dinâmica da disputa entre a FFCL e a Escola Politécnica.

Os embates entre a Escola Politécnica e a recém-criada FFCL pelas cátedras de ciência básica têm por personagem central o professor Teodoro Augusto Ramos. Nascido em 1895, um ano depois da criação da Escola Politécnica, era professor concursado nessa instituição desde 1919. Em 1929, Rodolpho Baptista de São Thiago, diretor da Escola Politécnica, planejando que essa escola se configurasse como raiz da universidade a ser criada em São Paulo, envia questionário aos catedráticos da Escola Politécnica como forma de colher ideias sobre esse projeto. Teodoro Ramos, em viagem de estudos à Europa, envia carta em 19 de agosto de 1929 afirmando que:

> Caso a Escola Politécnica de São Paulo venha a fazer parte de uma organização universitária, as questões de caráter didático e administrativo referentes ao ensino nela professado deverão ser resolvidas pela sua congregação. [...] A criação imediata de uma Faculdade de Letras e o aperfeiçoamento da nossa Escola Politécnica de modo a dar-lhe uma organização semelhante, em muitos pontos, à que possuem as universidades técnicas alemãs, poderiam talvez constituir medidas sobre as quais se assentaria em São Paulo, mais tarde, uma sólida universidade. (Escola Politécnica de São Paulo, 1937, p.101-2)

Antes da sondagem executada em 1929 pelo diretor da Escola Politécnica de São Paulo, no inquérito sobre o ensino realizado por Fernando de Azevedo em 1926 para o jornal *O Estado de S. Paulo*, embora cogitasse a criação de uma Faculdade de Filosofia e Letras, Teodoro Ramos afirmava que os futuros cursos científicos deveriam ser integrados à Escola Politécnica. Ainda em 1926, não questionava o papel privilegiado a ser desempenhado pelas tradicionais congregações na formação das universidades:

> No que diz respeito especialmente à instrução superior, penso que contrariamente ao que tem sido praticado pela União, a questão da orientação do ensino deveria ser, de preferência, discutida e resolvida pelas congregações das escolas superiores. [...] Penso que, inicialmente, poderia o governo do Estado criar uma Faculdade de Filosofia e Letras, um Instituto de Educação e alguns cursos superiores de matemática, física e química anexos à Escola Politécnica, cujos laboratórios seriam completados. (Azevedo, 1937, p.402 e p.409)

Após a tomada do poder federal por Getúlio Vargas, este posicionamento e a atuação de Teodoro Ramos como secretário da Educação e Saúde Pública do Estado de São Paulo desde novembro de 1930 garantiram ao professor o apoio da direção da Escola Politécnica (1937, p.101) para que compusesse, em companhia de Carlos Chagas e de Figueira de Mello, a comissão encarregada de elaborar o Estatuto das Universidades Brasileiras, ainda nos primeiros meses do Governo Provisório. Assim, no início de 1931, um engenheiro, um médico e um advogado redigiram o primeiro Estatuto para a criação das universidades no Brasil. O Estatuto foi editado como Decreto n.19.851, em 11 de abril de 1931 (Brasil, 1931).

Um ano depois, em 18 de abril de 1932, a Escola Politécnica de São Paulo é autorizada pelo Decreto Federal n.21.303 a constituir-se como Universidade Técnica de São Paulo. Porém, este decreto não concede completa autonomia ao estado de São Paulo na organização da futura universidade, nem era este o propósito do Estatuto das Universidades Brasileiras. Em seu primeiro artigo, o Decreto n.21.303 (idem, 1932) estabelecia que:

> Os estatutos da Universidade, de que trata este artigo [1º.], logo que as condições financeiras do Estado de São Paulo permitirem a sua organização completa, deverão ser submetidos à aprovação do Governo Federal.

O decreto estabelecia que a Escola Politécnica de São Paulo passasse a apresentar anualmente ao Governo Federal relatório orçamentário e de suas atividades didáticas:

> Nos termos deste artigo [3º.], o Governo do Estado de São Paulo apresentará anualmente, ao Governo Federal, relatório circunstanciado sobre a atividade didática e a situação financeira da Escola Politécnica de São Paulo. (ibidem)

Tal aspecto da lei demonstra a intenção de constituir um sistema universitário onde possíveis universidades estaduais tivessem que prestar contas ao Governo Federal. Ao mesmo tempo que autorizava a transformação da Escola Politécnica de São Paulo em universidade, também estabelecia premissas inéditas de controle federal sobre essa escola. Isso talvez tenha favorecido a que o Governo do Estado optasse pela criação da Universidade de São Paulo por outros caminhos. Pesa também nessa decisão o destacado apoio que a Escola Politécnica de São Paulo deu à Revolução Constitucionalista de 1932. Durante os embates desse movimento para a derrubada de Getúlio Vargas, Teodoro Ramos é enviado pelos revoltosos a Buenos Aires. Pretendia-se que ele fosse o emissário paulista em contato com a elite política argentina. O navio no qual Teodoro Ramos viajava para Buenos Aires foi capturado pelas tropas federais quando saía das proximidades de Santos. Ele foi conduzido então ao Rio de Janeiro. Assim, forçosamente, Teodoro Ramos retoma seu contato, quando de seu cativeiro no Rio de Janeiro, com a elite política do Governo Federal, com quem convivera em 1931, ao representar a Escola Politécnica de São Paulo na redação do Estatuto das Universidades Brasileiras.

Em 27 de dezembro de 1932, após o fracasso da Revolução Constitucionalista, Teodoro Ramos é nomeado pelo interventor estadual General Waldomiro Castilho de Lima para o cargo de prefeito de São Paulo, exercendo tal função no início de 1933. Em parte, a escolha de Teodoro Ramos para prefeito de São Paulo deve-se a seu papel em obras públicas na cidade desde a década de 1920. Engenheiro, em sua época foi um dos mais profundos conhecedores da técnica do concreto armado. Sua primeira grande obra foi a construção do serviço de águas e fontes luminosas do Parque do

Figura 1 – Construção da adutora do Rio Claro – acervo da Sabesp

Ipiranga, quando do centenário da Independência em 1922 (FFCL-USP, 1937, p.241-2). É importante ressaltar que essa obra estava inserida no projeto de urbanização do bairro do Ipiranga, que teve como um de seus responsáveis Ramos de Azevedo, então diretor da Escola Politécnica de São Paulo. Em meados da década de 1920, Teodoro Ramos chefiou a Comissão de Obras Novas. Dirigiu então a construção da adutora do Rio Claro, contribuindo assim para a resolução do problema da distribuição de águas em São Paulo (ibidem, p.242).

Figura 2 – Construção da adutora do Rio Claro – acervo da Sabesp[3]

Em 1926, Teodoro Ramos (1927) assumiu a direção da Comissão das Obras do Saneamento da Capital. No ano seguinte, no relatório dessa comissão, propôs uma série de obras de rede de esgotos e galerias de águas pluviais margeando os rios Pinheiros e Tietê e também nas regiões da

---

3 Agradeço a Gláucia Sales Paez Fernandez, historiadora da Fundação Energia e Saneamento, responsável pela organização do acervo histórico da Sabesp, pela localização das fotos da construção da adutora do Rio Claro. Esta adutora, de 77 km de extensão, ainda em pleno funcionamento, é uma das mais longas adutoras da Sabesp a fornecer água à cidade de São Paulo.

Lapa, Perdizes, Santa Cecília, Brás e Alto da Mooca. Cabe ressaltar que, se os coletores de esgotos paralelos aos rios Tietê e Pinheiros tivessem sido então construídos, São Paulo hoje seria outra cidade. Em 1928 e 1929, Teodoro Ramos dirigiu a construção da Estação de Tratamento de Águas de Santo Amaro; estação que recebeu seu nome em homenagem no ano de 1957. Portanto, Teodoro Ramos tinha vasta experiência em obras públicas quando foi nomeado prefeito de São Paulo. No entanto, talvez por isso mesmo sua passagem pelo cargo tenha sido meteórica. Ao término do terceiro mês de sua administração, demite-se por divergir da política estadual de gastos e obras públicas.

Figura 3 – Estação de Tratamento de Águas Teodoro Ramos – acervo da Sabesp[4]

Em sua carta de demissão, Teodoro Ramos atacou diretamente a política de obras públicas do interventor federal em São Paulo e governador em exercício General Waldomiro de Lima:

---

4 Agradeço a Odair Marcos Faria, fotógrafo a serviço da Sabesp, pela localização desta foto.

Num momento em que há um *déficit* de cerca de 100 mil contos no orçamento do Estado, em que é publicamente confessada a insolvabilidade do tesouro Estadual e se busca um acordo com os credores, o governo de V. Exa. [Waldomiro de Lima], que é um governador de transição, pretende empenhar o Estado em contrato de obras de valor superior a 500 mil contos, a serem executados no curto prazo de cinco anos. [...] Dadas as circunstâncias atuais [...], afigura-se-me indispensável suspender todas as obras públicas adiáveis e abolir inteiramente o início de obras novas, salvo as de urgente necessidade para São Paulo.[5]

Teodoro Ramos, em abril de 1933, ressaltou que sua curta administração foi marcada por "rigorosa moralidade na arrecadação da receita e na aplicação da despesa" e, entre outros, pela "defesa intransigente do funcionalismo, não permitindo a nomeação, sem concurso, para cargos vagos de funcionários, de pessoas estranhas ao quadro [funcional]".[6]

Naquele momento, o interventor Waldomiro de Lima pretendia comprometer o orçamento estadual dos próximos cinco anos no ambicioso projeto de construção de 20 mil quilômetros de rodovias no Estado de São Paulo.[7] Teodoro Ramos era especialista em técnicas de construção de rodovias. Em junho de 1924, enviado pela Escola Politécnica de São Paulo, participara em Washington do "Congresso de Estradas" – encontro internacional sobre as técnicas de construção de rodovias nos Estados Unidos – para que a Escola Politécnica tivesse "um membro do corpo docente acompanhando diretamente o estudo dos assuntos que se relacionam com a parte técnica e econômica da construção das estradas de rodagem, que tão de perto interessam ao nosso Estado".[8] Waldomiro de Lima defendeu-se

---

5 A repercussão da saída do Dr. Teodoro Ramos do cargo de Prefeito da Capital. Declarações do interventor federal à imprensa carioca. *Folha da Manhã*. São Paulo, ano 8, n.2.660, 4 abr. 1933, capa.

6 Ibidem.

7 Ibidem. Esta quilometragem de estradas, inverossímil, além da *Folha da Manhã*, consta também, na mesma data, em *O Estado de S. Paulo*. Esta verificação foi executada, pois se cogitou originalmente que fosse um erro tipográfico.

8 Ofício n.67 de 12 maio 1924 enviado pela Escola Politécnica de São Paulo à Secretaria dos Negócios do Interior do Estado de São Paulo. Cópia documentada na folha 93 do Copiador de Expediente da Diretoria da Escola Politécnica de São Paulo, volume abrangendo 20 fev. 1924 a 2 ago. 1924.

das acusações de improbidade administrativa lançadas por Teodoro Ramos quando de sua saída da prefeitura:

> [O Interventor Federal – General Waldomiro de Lima – explicando melhor a saída de Teodoro Ramos] disse que o demissionário não tem nada a ver com o plano rodoviário que está em estudos e depende ainda do parecer do Conselho Consultivo. Que este plano não vai ser executado com sacrifícios novos para a população, uma vez que os vinte mil quilômetros de rodovia a serem construídos por concorrência pública em nada sobrecarregarão o orçamento e, portanto, somente benefícios trarão ao Estado. [...] Prosseguindo com visível aborrecimento, que não escapou à reportagem, o general Waldomiro de Lima disse: "Não reconheço no Sr. Teodoro Ramos autoridade para fazer as observações que faz na carta. Sei muito bem o que estou fazendo e como estou governando. Governa-se com algarismos concretos e não com subjetivos. Do que São Paulo precisa sei muito bem. Não estou comprometendo em nada o futuro de São Paulo. [...] E vem agora o Sr. Teodoro Ramos querer dar-me lições de governança..."[9]

Assim termina em São Paulo a batalha entre tratamento de esgoto e rodovias. Talvez esteja na passagem de Teodoro Ramos pelo cargo de prefeito de São Paulo o motivo de sua progressiva ruptura com a Escola Politécnica de São Paulo. É hipótese plausível que em sua breve experiência como prefeito, em choque com executores de obras públicas, principalmente empreiteiros ligados a projetos rodoviários, Teodoro Ramos tenha se indisposto com engenheiros e escritórios de engenharia encarregados dessas obras. Tais profissionais eram provavelmente oriundos da Escola Politécnica de São Paulo, ou, ao menos, com fortes laços de sociabilidade com membros desta instituição.

Em 1934, quando da criação da Universidade de São Paulo, Armando Sales de Oliveira, novo interventor do estado e engenheiro formado pela Escola Politécnica, opta pelo projeto idealizado por seu cunhado Julio de Mesquita Filho em parceria com Fernando de Azevedo, Paulo Duarte

---

9 A repercussão da saída do Dr. Teodoro Ramos do cargo de Prefeito da Capital. Declarações do interventor federal à imprensa carioca. *Folha da Manhã*. São Paulo, ano 8, n.2.660, 4 abr. 1933, capa.

e Teodoro Ramos.[10] Esse projeto concebia a Universidade de São Paulo tendo como unidade aglutinadora da instituição a FFCL, e não a Escola Politécnica. Teodoro Ramos, catedrático da Escola Politécnica, é nomeado primeiro diretor da recém-criada FFCL. Ainda em 1934, Teodoro Ramos é incumbido por Armando Sales de Oliveira de viajar à Europa para convidar professores estrangeiros para trabalhar na nascente Universidade de São Paulo.

Para se ter ideia do clima na Escola Politécnica por Teodoro Ramos ter aceitado a direção da FFCL e sua imediata viagem à Europa, com passagem pela Itália, no intuito de recrutar novos professores para a Universidade de São Paulo, pode-se consultar o jornal *Minervina* de 9.1.1934, órgão estudantil do Grêmio Politécnico. Nessa edição, a irônica capa, além de comentários irreverentes sobre a viagem, traz uma charge na qual Mussolini, após receber de Teodoro Ramos, que lecionava então Cálculo Vetorial, o livro intitulado *Vetores Fascistas*, retribui a ele uma camisa negra, uniforme das brigadas fascistas. Entre ambos trava-se o seguinte diálogo:

> *Teodoro* [Ramos]: – Com as flechinhas de meus vetores, V. Exa. dará novos rumos à Itália.
>
> *Mussolini*: – Mas o quê!... Em vez disso, para você, com esta camisa, com [Francesco] Piccolo e com [Luigi] Fantapie, ficará faltando apenas uma representação de Carlo Elba.

Carlo Elba é referência à indústria química italiana. Francesco Piccolo fora contratado para lecionar Língua e Literatura Italiana na recém-criada FFCL. Esta contratação era indiferente à Escola Politécnica. No entanto, os conflitos entre a Escola Politécnica e a FFCL têm como ponto inicial a contratação do matemático italiano Luigi Fantapie para a cadeira de Complementos de Geometria Analítica, Cálculo Diferencial e Integral e Nomografia, mais conhecida como cátedra de Cálculo. Para tanto, o concurso para esta cadeira, em litígio desde o final de 1933, teve que ser

---

10 Para uma análise da atuação deste grupo de intelectuais no processo de criação da USP, veja o trabalho de Fernando Limongi intitulado "Mentores e clientelas da Universidade de São Paulo" (1989) e também o livro de Irene Cardoso, *A universidade da comunhão paulista* (1982).

THEODORO: — Com as flexinhas do meus vectores, V. Excia. dará novos rumos à Itália.
MUSSOLINI: — Ma che!... Invece, a voi, con questa camicia, con Piccolo e con Fantapie, manca solo una rappresentanza di Carlo Filba...

Figura 4 – Charge do jornal do Grêmio Estudantil da Escola Politécnica sobre a viagem de Teodoro Ramos à Itália em busca de professores para a USP

suspenso por Armando de Sales Oliveira.[11] O convite feito a Luigi Fantapie em 1934 para que lecionasse Cálculo simultaneamente aos alunos da FFCL e da Escola Politécnica teve repercussão negativa entre os professores da Politécnica. Em discursos na Assembleia Legislativa de São Paulo, Mariano Wendel (1935), deputado estadual pelo PRP e professor licenciado da Escola Politécnica, ataca duramente Teodoro Ramos. Luigi Fantapie lecionará Cálculo em ambas as unidades da USP até 1939.

---

11 José Otávio Monteiro de Camargo – professor aprovado em concurso em 1933 para a cadeira de Cálculo – publicou livro relatando a trajetória judicial bem-sucedida para a recuperação desta cátedra na década de 1930 (Camargo, 1937). É apropriado também consultar a erudita dissertação de mestrado de Luiz Roberto Rosa Silva (2006) sobre esse tema. Esse autor analisa detalhadamente a disputa pela cadeira de Cálculo na década de 1930, inclusive a participação de Teodoro Ramos nesses acontecimentos. Essa disputa se desdobrará na luta pela cadeira de Mecânica Racional quando da morte de seu catedrático Teodoro Ramos em 1935. Essas duas disputas de cátedras foram fundamentais na configuração institucional da Universidade de São Paulo.

Teodoro Ramos não solicitou formalmente afastamento de sua cátedra na Escola Politécnica para empreender em 1934 a viagem de recrutamento docente à Europa. Na Escola Politécnica, foi substituído emergencialmente por Lucio Martins Rodrigues. Francisco Emygdio de Fonseca Telles – diretor da Escola Politécnica – comunicou esta substituição ao secretário da Educação e da Saúde Pública do Estado de São Paulo:

> Tendo esta Diretoria ciência, pela leitura dos jornais, de que o Sr. Professor Teodoro Augusto Ramos seguiu para o estrangeiro, resolvi [...] designar o Sr. Professor Lucio Martins Rodrigues para reger a cadeira daquele catedrático, enquanto durar a sua ausência.[12]

Teodoro Ramos, após voltar da Europa, foi designado pelo Governo Federal, em 31.7.1934, para o cargo, no Rio de Janeiro, de diretor geral da Diretoria Nacional de Educação. Demite-se deste cargo em 21.3.1935, entre outros motivos, por problemas de saúde.[13] Lucio Martins Rodrigues deixa de substituir oficialmente Teodoro Ramos em 17.4.1935, quando este último reassume sua cátedra na Escola Politécnica. Porém, continua interinamente a substituí-lo em aulas daquele ano devido ao diversos pedidos de afastamento de Teodoro Ramos por motivos de saúde. Aos 40 anos de idade, em 5.12.1935, Teodoro Ramos morre, no Rio de Janeiro, de colapso cardíaco.[14]

No dia seguinte ao Natal de 1935, a Congregação da Escola Politécnica – órgão máximo da unidade, composta por representantes das diversas categorias docentes, privilegiadamente pelos catedráticos – efetiva Lucio

---

12 Ofício n. E-51 de 15 mar. 1934 enviado pela Escola Politécnica de São Paulo ao secretário da Educação e da Saúde Pública do Estado de São Paulo. Cópia documentada no Copiador de Expediente da Diretoria da Escola Politécnica de São Paulo, volume abrangendo 17 fev. 1934 a 8 jun.1934.

13 As cartas de demissão de Teodoro Ramos destinadas a Getúlio Vargas e a Gustavo Capanema – ministro da Educação e Saúde Pública – encontram-se entre os documentos referentes a Gustavo Capanema na Fundação Getulio Vargas, no Centro de Pesquisa e Documentação de História Contemporânea do Brasil – FGV-CPDOC.

14 Faleceu ontem o Dr. Teodoro Ramos. *O Estado de S. Paulo*. São Paulo, 6 dez. 1935, segunda capa e também p.4. Em artigo na *Revista Brasileira de História da Educação* (Celeste Filho, n.19, jan.-abr. 2009, p.202), registrei a morte de Teodoro Ramos em 1937. Este erro ocorreu por ter usado como referência o verbete sobre Teodoro Ramos do *Dicionário Histórico--Biográfico pós-1930* da FGV-CPDOC, que informa esta data equivocadamente.

Martins Rodrigues na cátedra de Mecânica Racional, precedida de Cálculo Vetorial, anteriormente pertencente ao falecido Teodoro Ramos. A Escola Politécnica comunica tal decisão à reitoria em 10.1.1936. Nesse ofício, solicita que a FFCL seja ouvida sobre esse assunto, já que essa cátedra era comum às duas unidades da USP.[15] Inicia-se aí a guerra das cátedras. Além de Mecânica Racional, a cadeira de Cálculo, ocupada extraordinariamente por Luigi Fantapie, era comum às duas unidades. Essa cátedra encontrava-se em litígio judicial desde 1933. Outra cátedra também comum às duas unidades era a de Física. Ela foi o estopim do conflito. O ano de 1936 é marcado pela dúvida sobre à qual congregação das duas unidades caberia a primazia de selecionar os professores dessas cátedras. A disputa apresenta-se inicialmente como um embate de competências. Quem decidiria pendências referentes às cátedras comuns à Escola Politécnica e à FFCL? Os diretores dessas unidades? As congregações dessas unidades? O Conselho Universitário? O teste ocorre quando, em 26.2.1936, a Congregação da Escola Politécnica decide não validar para seus alunos os exames finais do ano anterior do que fora lecionado pelas cadeiras de Física e de Cálculo, ambas ministradas por professores contratados pela FFCL. O diretor da Escola Politécnica, em desacordo com a Congregação de sua unidade, recorre ao Conselho Universitário para que os alunos que cursaram Física e Cálculo não fossem prejudicados:

> A Congregação [da Escola Politécnica] desaprovou o curso de Física, conjunto com a Faculdade de Ciências, realizado pelo professor [judeu ucraniano, naturalizado italiano, Gleb Vassielievich] Wataghin. Informam os professores Freire, Costa e Anhaia Mello que esse curso "tem, para a Escola Politécnica, os mesmos defeitos já assinalados no ano anterior [1934], principalmente os de ordem didática, e o de não seguir o programa oficial da Escola [Politécnica]. A Congregação não o poderia aceitar, qualquer que fosse o professor". Verifica-se mais que a Congregação desaprovou também o curso realizado pelo engenheiro [Antônio] Ponzio Ippolito [assistente de Luigi Fantapie], da cadeira de Cálculo. Informam os professores "que o programa oficial da cadeira não foi respeitado. A julgar por este [programa], a matéria explanada não foi além do 1º ponto de cada uma das duas partes: Cálculo e Geometria Analítica. Da parte

---

15 Ofício n. E-7, de 10 jan. 1936, no acervo do Arquivo Histórico da Escola Politécnica.

de Nomografia, nada foi dado. Não houve aulas de repetição e de exercícios, indispensáveis em cursos de matemática, nem mesmo se contratou o necessário adjunto, que a Congregação [da Escola Politécnica] destinara à cadeira".[16]

A reitoria da USP constitui em 15.6.1936 uma Comissão Especial, composta por Jorge Americano, Altino Antunes e Mello Morais, para resolver esse conflito. Essa comissão, em 20.7.1936, apresenta seu parecer com algumas observações sobre a conjuntura de adaptação da Escola Politécnica à nova configuração universitária:

> As organizações que são criadas por disposição legal não podem, entretanto, viver só pelo sopro originário de vida que lhes dá a lei. Numa Universidade como a nossa, formada de órgãos primitivamente autônomos, e de órgãos recém-criados, mais difícil se torna a fase inicial da vida conjunta, pois além da adaptação do novo organismo à vida, temos um fenômeno semelhante ao fenômeno biológico do enxerto, em que tanto sofrem os elementos pacientes como os elementos enxertados, até que o pleno intercâmbio das funções se verifique e se recomponha o novo organismo-unidade. O que hoje se verifica na Escola Politécnica, nas questões ora submetidas a estudo, pode-se bem comparar às profundas alterações de sinergia, nos casos de enxerto.
>
> A unidade primitiva – Escola Politécnica – sofreu-as dentro de seus próprios órgãos, no momento de se transformar, em órgão da unidade superior que a absorveu, a Universidade. A primitiva delimitação de funções da Congregação e do diretor tornou-se incerta, logo que algumas delas passaram ao Conselho Universitário, enquanto que outras, devendo necessariamente realizar-se, ou não tinham na lei rigorosa determinação do órgão a que competiam, ou parece, segundo a legislação, terem sido atribuídas ao mesmo tempo a mais de um órgão. Louvável é, pois, o zelo dos diversos órgãos que se procuram adaptar ao novo organismo, embora possa ter causado alguns atritos que ora nos esforçamos por dissipar, em face de uma adaptação regulamentar um tanto confusa em matéria da competência do Conselho Universitário, da Congregação e do diretor da Escola Politécnica.[17]

---

16 Parecer da Comissão Especial, da Reitoria da USP, 20 jul. 1936, p.6, no acervo do Arquivo Histórico da Escola Politécnica da USP.
17 Ibidem, p.4.

A Comissão Especial decide equilibrar as forças entre todas as instâncias institucionais envolvidas. Estabelece que os cursos ministrados sejam reorganizados, mas que sejam validados os que já foram lecionados, contrariando assim a Congregação da Escola Politécnica. A comissão especial determina que:

> [...] sejam reorganizados e prorrogados os cursos invalidados [...] e visto não ter havido irregularidade ou dolo na execução das provas de exames, sejam os mesmos considerados válidos, embora reconheça o Conselho [Universitário] ser isso assunto da alçada exclusiva da Congregação [da Escola Politécnica].[18]

No segundo semestre de 1936, a reitoria da USP irá se encarregar de reformar não só os cursos que motivaram o embate anteriormente descrito, mas de elaborar um projeto de reorganização de toda a Universidade.

Em 14.12.1936, uma segunda-feira, a reitoria encaminha a Clodomiro Pereira da Silva – vice-diretor em exercício da Escola Politécnica – o projeto de reorganização da Universidade de São Paulo. O projeto dá entrada na Escola Politécnica no dia seguinte, uma terça-feira. O ofício da reitoria, que acompanha o projeto, estabelece que a Congregação da Escola Politécnica tenha até a quinta-feira para apreciar o projeto e que terá, no máximo, até a sexta-feira para enviar à reitoria seu parecer sobre a reorganização da Universidade.[19]

O projeto de reorganização da USP pretendia que a cátedra de Cálculo, a de Mecânica Racional, a de Física e parcialmente a de Mineralogia fossem transferidas definitivamente da Escola Politécnica para a FFCL. A Faculdade de Farmácia e Odontologia deveria transferir para a FFCL as cadeiras de Física aplicada à Farmácia, Botânica aplicada à Farmácia, parcialmente a cátedra de Zoologia e a cátedra de Química Orgânica. A Faculdade de Medicina Veterinária deveria transferir para a FFCL parcialmente as cátedras de Química Orgânica e de Zoologia Médica.[20] Além disso, o projeto

---

18 Ibidem, p.7-8.
19 Projeto de Reorganização dos cursos dos Institutos da Universidade de São Paulo. Ofício n. 882 da Reitoria da USP, depositado como documento 2.256 na pasta de correspondência recebida pela Secretaria da Escola Politécnica, no Arquivo Histórico da Escola Politécnica.
20 Ibidem, p.1

cancelava a possibilidade de a Escola Politécnica formar engenheiros de maneira autônoma à FFCL. Em seu artigo 6º, o projeto estabelecia que:

> A matrícula no 1º ano de qualquer curso da Escola Politécnica depende da apresentação de certificado de aprovação das seguintes disciplinas, em curso de dois anos, expedido pela Faculdade de Filosofia, Ciências e Letras:
> 1 – Geometria Analítica e Projetiva;
> 2 – Análise Matemática;
> 3 – Geometria Descritiva e suas Aplicações;
> 4 – Mecânica Racional precedida de Cálculo Vetorial;
> 5 – Física Geral e Experimental;
> 6 – Química Geral e Inorgânica e Química Orgânica.
> 7 – Mineralogia.[21]

Quanto aos conteúdos das disciplinas a serem ministradas pela FFCL, existe a ressalva conciliatória do artigo 13º:

> Os programas das cadeiras da Faculdade de Filosofia, Ciências e Letras que forem comuns a outros institutos universitários serão organizados de maneira que atendam às necessidades dos cursos dos demais institutos.[22]

Nas repercussões posteriores a esse projeto de reorganização da Universidade de São Paulo, nenhum destaque foi dado à proposta inédita, e talvez mais revolucionária, da concepção de universidade que se pretendia então instaurar, seu artigo 14:

> Ao diplomado por qualquer curso seriado e ao estudante regularmente matriculado em curso seriado, é permitida a frequência em qualquer cadeira ou aula de outro curso seriado, se assim permitir o horário respectivo, com direito a certificado de habilitação.[23]

---

21 Ibidem, p.2.
22 Ibidem, p.3.
23 Ibidem.

Infelizmente, a guerra das cátedras ofuscou as discussões sobre a viabilidade deste novo aluno universitário que então se concebia. Aluno que passaria a contar com a possibilidade de compor seu currículo de graduação em unidades diferentes da coesa universidade que se pretendia criar.

Em 1937, o confronto institucional entre os diversos órgãos e unidades da Universidade de São Paulo atinge seu apogeu. Até aquele ano, alunos da Politécnica e da FFCL tinham aulas comuns nas cátedras de Cálculo, de Mecânica Racional e de Física. Com a pressão para que estas cadeiras fossem agrupadas na FFCL, o conflito entre as duas unidades da USP eclode. Em 30 de agosto de 1937, Alexandre Albuquerque – diretor da Escola Politécnica – e Altino Antunes sancionam o parecer do Conselho Universitário da USP para que o projeto anteriormente descrito fosse introduzido (Escola Politécnica de São Paulo, 1937, p.169-70).

Sucessor de Teodoro Ramos na direção da FFCL, Ernesto de Souza Campos publica, entre 9 e 16 de setembro de 1937 no jornal *O Estado de S. Paulo*, três artigos onde explicita seu voto favorável no Conselho Universitário da USP para que as cadeiras de ciência básica das diversas unidades da Universidade fossem agrupadas na FFCL. Em sua argumentação, Souza Campos defende que a universidade só merece este nome quando é foco de cultura, isto é, divulga a ciência adquirida e cria ciência nova. Nesta perspectiva:

> Sem laboratórios bem-montados e bem-aparelhados, instituídos sob o regime de tempo integral e da investigação original não se faz ciência. Sem tais elementos pode-se obter apenas uma simulação de cursos científicos. Não chegamos, porém, a ponto de podermos possuir, nem mesmo em duplicata, grandes institutos de ensino que são de aparelhamento caro, difíceis de organizar, manejar e manter, e dos quais ainda não possuímos entidades capazes de se pôr em paralelo com as melhores do mundo. Concentremos, pois, os nossos esforços a fim de nos ser possível atingir o nível desejável. Tal concentração, porém, só pode ser feita na Faculdade de Ciências. Esta Faculdade abrange não só a física e a matemática, que mais se relacionam com a Escola Politécnica, como ainda compreende outros assuntos, tais como: zoologia, botânica, biologia geral etc. Se fôssemos reunir os departamentos de física e matemática à Escola Politécnica, teríamos de fazer outro tanto com a zoologia, a botânica e a biologia, em relação a diversas outras instituições da nossa Universidade, que

com igual direito poderiam pleitear a incorporação destes cursos aos seus domínios, como a Faculdade de Medicina, a de Medicina Veterinária ou a Escola Agrícola etc. Desaparecida, pois, entre nós, a Faculdade de Ciências, instituição que desde os primórdios das organizações universitárias existe em todas as partes do mundo. Com tal deliberação seria extinta a nossa Universidade, pois que para tal título se exige que haja – Plano Nacional de Educação – pelo menos três escolas superiores, devendo uma delas ser fatalmente a Faculdade de Filosofia, Ciências e Letras.[24]

É importante ressaltar que o diretor da FFCL faz referência aos futuros "departamentos" de física e matemática, por exemplo, e não mais às respectivas cátedras. Souza Campos apresenta de maneira pioneira, com décadas de antecedência de sua consolidação consensual, a necessidade de instituição na carreira docente do "regime de tempo integral".

A Congregação da Escola Politécnica, contrariando seu diretor, nega-se a transferir as cadeiras de ciência básica para a FFCL. A argumentação apresentada pela Congregação da Escola Politécnica é a de que a especialização moderna torna necessário um ensino também especializado:

> O professor de ciências fundamentais na escola de engenharia e o professor dessas mesmas ciências na faculdade de filosofia estão hoje, em consequência do avanço da técnica e do progresso científico, na obrigação de ensinarem disciplinas diversas (em quantidade, qualidade, métodos e orientação, como nas matemáticas, em escala maior ou menor). De tal modo diversas que correspondem a formações distintas.
>
> E o problema é este: é possível ao que recebeu uma das formações, satisfazer ao que é requerido pela outra? [...] Transferido o ensino da matemática para a Faculdade de Filosofia, Ciências e Letras, o Conselho Universitário da Universidade de São Paulo concede apenas à Escola Politécnica a elaboração de programas. O professor, esse, é recrutado pela Faculdade de Filosofia e

---

24 Ibidem, p.165-6. Para consultar um documento da FFCL sobre o tema, recomenda-se a leitura do Relatório elaborado por Ernesto de Souza Campos – diretor da FFCL – para o Reitor da USP e enviado, em 30 de maio de 1938, por solicitação, a Augusto Meireles Reis Filho – secretário da Educação e Saúde Pública do Estado de São Paulo, privilegiadamente as páginas 28 a 31. Esse relatório encontra-se atualmente entre os documentos referentes a Gustavo Capanema na FGV-CPDOC, sob a classificação GCg 1938.05.30.

segundo a orientação própria desta – a pesquisa em ciência pura. É justamente isso que *não basta*; a Escola Politécnica, na defesa da formação dos seus engenheiros, necessita ter o direito de conservar sob sua alçada a escolha dos seus professores de matemática, para os quais *não basta ser matemático*. [...] Não repugna mesmo supor o poder encontrar-se professores capazes de bem desempenhar a sua missão, simultaneamente, na Faculdade [de Ciências] e na Escola [Politécnica]. O que repugna em absoluto é admitir-se que, pelo motivo de suas qualidades corresponderem ao que lhe pede a Faculdade de Ciências, a Escola Politécnica tenha de se dar por satisfeita no que lhe diz respeito. Seria simplesmente absurdo.[25]

A Congregação da Escola Politécnica utiliza o Estatuto das Universidades Brasileiras como argumento jurídico para não acatar a decisão do Conselho Universitário da USP:

Desse marcado retrocesso conseguirá escapar a Escola Politécnica e, por consequência, a própria Universidade, com a simples observância do princípio da "autonomia das congregações", parte integrante do regime universitário e, como tal, constituindo disposição essencial do Estatuto das Universidades Brasileiras.[26]

Em seu artigo 44, o Estatuto assegurava que a centralização das disciplinas fundamentais em um único instituto universitário dependia da aprovação das congregações das unidades envolvidas nesse processo. Assim:

A lei não autoriza a modificação sem o assentimento da Escola Politécnica, e esta, pela sua Congregação, lhe nega o assentimento.[27]

Esse conflito chega ao Conselho Nacional de Educação – CNE. É que a Escola Politécnica de São Paulo tem informações de que o CNE pretende modificar o artigo 44 do Estatuto das Universidades Brasileiras, apontado como responsável pelo fracasso da criação da universidade no país.[28] Para

---

25 Ibidem, p.29-32. Grifos do original.
26 Ibidem, p.40.
27 Ibidem, p.42. Grifos do original.
28 Ibidem, p.131.

evitar mudanças no Estatuto, a Escola Politécnica de São Paulo organiza atuação em conjunto com a Escola Politécnica do Rio de Janeiro, a Escola Politécnica da Bahia, a Escola de Minas de Ouro Preto e a Escola de Engenharia de Belo Horizonte para pressionar o Conselho Nacional de Educação a não mudar o Estatuto no que se refere à autonomia das congregações universitárias.[29] O movimento é bem-sucedido. As cadeiras de ciências básicas não são transferidas, ao menos na Universidade de São Paulo, para a FFCL.

A Escola Politécnica de São Paulo pretendia que a coesão universitária fosse incumbência dela. Sua proposta é de que as disciplinas de ciência básica fossem concentradas na Escola Politécnica nos dois primeiros anos curriculares dos cursos da Universidade. A partir do terceiro ano, os futuros engenheiros continuariam nessa escola. Os demais poderiam cursar três anos complementares na FFCL, incumbida de formar doutores, isto é, pesquisadores e cientistas. A proposta da FFCL era exatamente o oposto. Nenhuma das duas unidades da USP conseguiu colocar em prática seu projeto.[30] Mantiveram ou criaram, então, estruturas curriculares paralelas. Nos primórdios da criação da USP, a Escola Politécnica de São Paulo pretendia ser o núcleo da nascente universidade. Embora não tenha tido força bastante para impor-se como tal, teve força suficiente para impedir que qualquer outra unidade ocupasse esta função.

Um dos resultados desse confronto foi a expulsão dos cursos ministrados pela FFCL de espaços que pertencessem à Escola Politécnica.

> As escolas profissionais encontravam-se, de um modo geral, instaladas com um certo conforto, porém localizadas em pontos distantes umas das outras, em diferentes lugares da cidade. A Faculdade de Filosofia não possuía qualquer edifício próprio e o seu destino nos primeiros tempos foi dispersar-se, localizando suas secções em diversos edifícios e mudando várias vezes de um lugar para outro. (Antunha, 1974, p.120-1)

Até 1937, vários cursos da FFCL ocorriam em salas de aula e laboratórios da Escola Politécnica. A expulsão destes cursos de espaços da Escola Politécnica e a negativa de sua Congregação para que as cadeiras básicas fossem

---

29 Ibidem, p.132.
30 Ibidem, p.126-7.

transferidas para a FFCL marcam o fim das primeiras tentativas para se conseguir a integração universitária da USP. Com este desfecho, sucumbe a tentativa de integrar a Universidade tendo como seu núcleo a FFCL. As diversas unidades da Universidade de São Paulo continuariam a se manter isoladas por muito tempo. Na década de 1940, a própria existência da FFCL da USP esteve em risco. Na década de 1950, além da formação de cientistas, ela se adaptou à formação profissional de professores para o ensino secundário. Porém, será na década de 1960, tema do próximo capítulo, que os destinos do sistema universitário brasileiro e das Faculdades de Filosofia, Ciências e Letras novamente serão entrelaçados.

2
Os departamentos e os institutos

> "A Lei de Diretrizes e Bases é um aquário, de águas às vezes turvas, onde podem ser pescados peixinhos e peixões, desde que utilizando o instrumento poderoso da exegética do seu texto."[1]

Na década de 1960, quando da configuração das ideias básicas sobre a Reforma Universitária, duas concepções tornaram-se gradativamente consensuais entre os intelectuais brasileiros: a necessidade de substituição das cátedras pelos departamentos e a transformação das Faculdades de Filosofia, Ciências e Letras em institutos especializados em ciências. Pretende-se uma mudança de paradigma, na acepção que Thomas Kuhn dá a este termo, na concepção do que deveria ser a universidade brasileira; há incisivo esforço de transformá-la em produtora de ciência. Até então, sua maior preocupação destinava-se à formação profissional, inclusive nas Faculdades de Filosofia, Ciências e Letras, que, segundo seus críticos, deveriam ter mudado isso desde a década de 1930. Nesta visão, a universidade como conglomerado de escolas e faculdades de formação profissional não era coesa e nem tinha a produção da ciência como meta prioritária. A transformação das Faculdades de Filosofia, Ciências e Letras em institutos proporcionaria coerência científica às diversas áreas do saber. Com a substituição do sistema de cátedras pelos departamentos, o caminho para a produção científica seria mais bem adaptado. Esta nova configuração universitária deveria contaminar as demais escolas superiores de formação profissional,

---

[1] Maurício Rocha e Silva – membro do CFE e presidente da SBPC – Repercussões da LDB sobre a organização do ensino superior. *Documenta* (n.38, 1965, p.16).

transformando-as também em algo integrado e coeso à nova universidade. É paradoxal que, mesmo com o consenso anteriormente descrito, um dos resultados da Reforma Universitária tenha sido a criação do que será chamado de universidade funcional, isto é, preocupada privilegiadamente com a formação em nível superior de profissionais para o mercado de trabalho. Neste capítulo será apresentado como a proposta de substituição das cátedras pelos departamentos e a transformação das Faculdades de Filosofia, Ciências e Letras em institutos especializados em ciências foi tratada nos periódicos acadêmicos da década de 1960. Nos periódicos, algumas vezes os dois temas são abordados simultaneamente; em outros momentos, distintamente. Buscou-se a discussão destes temas em uma ampla variedade de periódicos acadêmicos, conforme consta do Anexo ao término deste livro. Porém, para que fosse possível o acompanhamento específico desses dois temas, restringiram-se consideravelmente os periódicos citados.

Existem dois trabalhos importantes sobre esses temas. A dissertação de mestrado de Helena Coharik Chamlian (1977), com o título de *O departamento na estrutura universitária*, e o texto de Maria de Lourdes de Albuquerque Fávero (2001) intitulado "Da cátedra universitária ao departamento: questões para um debate".[2]

O trabalho de Helena Coharik Chamlian tem a vantagem de ter sido escrito quando a Reforma Universitária ainda era recente e o sistema de cátedras havia desaparecido há poucos anos. A autora afirma que a descrição do sistema de cátedras, desde o modelo da Universidade de Coimbra até a década de 1960, deveria ser apenas parte introdutória do texto. Porém, a análise do sistema de cátedras adquiriu, no trabalho, importância nova:

> Primeiro, talvez porque tendo ele deixado de existir, conseguimos agora notar nele aspectos que não chamavam a nossa atenção, por estarmos, então, vivendo sob seu contexto. Segundo, porque percebemos que urge retratar e fixar para o futuro esse sistema, enquanto ainda é possível compreendê-lo e ainda estão frescas na nossa memória as vivências sob seus parâmetros. (Chamlian, 1977, p.7-8)

---

2 Esse trabalho foi originalmente apresentado em setembro de 2000 na 23ª Reunião Anual da Anped, constando do CD-ROM dos anais.

A autora divide seu trabalho em duas partes. A primeira parte analisa a cátedra e suas características na estrutura tradicional do ensino superior brasileiro; assim como as mudanças ocorridas no período final de sua existência. A segunda parte investiga o surgimento dos departamentos antes da Reforma Universitária e a concepção de departamento que foi consagrada nos dispositivos legais dessa reforma. Nas considerações finais, Helena Coharik Chamlian descreve casos concretos da introdução dos departamentos em alguns estabelecimentos de ensino superior até meados da década de 1970. A parte a ser destacada pelo atual livro será a análise que a autora faz no último capítulo de seu texto sobre as características da organização departamental surgidas com a Reforma Universitária.

O trabalho de Maria de Lourdes de Albuquerque Fávero é sintético. Embora busque as origens da cátedra no ensino superior brasileiro desde o século XIX, a autora dedicará maior atenção a seus últimos trinta anos de existência. Maria de Lourdes Fávero aborda a luta pela constituição da carreira do magistério em paralelo às críticas ao sistema de cátedras. A autora analisa os artigos vetados na LDB de 1961 que tratavam do tema, resultando então no fim da obrigatoriedade das cátedras no ensino superior brasileiro. Maria de Lourdes Fávero trata da convivência no ensino superior brasileiro, na década de 1960, entre os dois sistemas: de cátedras e de departamentos. A autora encerra seu texto com a descrição da institucionalização do sistema departamental no final da década de 1960.

Os dois trabalhos citados serão referência para o levantamento dos temas da substituição das cátedras pelos departamentos e das Faculdades de Filosofia, Ciências e Letras pelos institutos de ciência básica utilizando como fonte periódicos acadêmicos publicados no Brasil na década de 1960. Frente à variedade e à quantidade de publicações, o critério de seleção da fonte foi temático. Foram escolhidos artigos que abordassem especificamente os dois temas visados neste capítulo, sem considerar como fator decisivo as características intrínsecas dos periódicos onde foram publicados. Isso provoca certa dissonância das abordagens, mas possibilita pluralidade de tratamento dos temas. Nesse tipo de fonte, os dois temas são frequentemente tratados em conjunto, porém, como a substituição das cátedras pelos departamentos já foi estudada em profundidade, o atual livro prestará atenção ao tema da substituição das Faculdades de Filosofia,

Ciências e Letras pelos institutos de ciência básica; embora não possa deixar de mencionar também o primeiro assunto.

Após a configuração inicial das universidades brasileiras na década de 1930, somente com a Lei de Diretrizes e Bases da Educação Nacional – LDB – de 1961, o sistema de cátedras e os propósitos das Faculdades de Filosofia, Ciências e Letras – FFCL – serão novamente equacionados. A Lei n.4.024/61 – LDB – teve aprovados pelo Congresso Nacional os seguintes artigos sobre as cátedras e as FFCL:

> Art. 74 – O ensino das disciplinas obrigatórias dos cursos de graduação será ministrado por professor catedrático [...].
> Art. 75 – [critérios para o concurso de cátedra].
> [...] Art. 79 – As universidades constituem-se pela reunião, sob administração comum, de cinco ou mais estabelecimentos de ensino superior, um dos quais deve ser uma Faculdade de Filosofia, Ciências e Letras. (*Documenta*, n.12, mar. 1963, p.83-6)

Embora tenha tramitado por muitos anos no Congresso Nacional, a redação final da LDB é alterada substancialmente por vetos do Executivo ao sancionar a lei em 20.12.1961. Estas mudanças atingem explicitamente as cátedras e as FFCL. Os artigos anteriormente citados são integralmente ou parcialmente vetados. Os artigos 74 e 75 são suprimidos da LDB e o artigo 79 resume-se à redação de que "as universidades constituem-se pela reunião, sob administração comum, de cinco ou mais estabelecimentos de ensino superior". Em 1961, o Executivo encontrava-se sob o sistema parlamentarista. Os responsáveis pelas mudanças na redação da LDB não são nomeados e os vetos são atribuídos ao presidente João Goulart.

A obrigatoriedade do sistema de cátedras no ensino superior é abolida com a seguinte justificativa:

> O artigo 74 e seus parágrafos são vetados porque tratam de matéria que não cabe numa Lei de Diretrizes e Bases da Educação Nacional, uma vez que exige um tratamento mais detalhado que só lhe poderia ser dado em leis federais e estaduais de regulamentação da carreira do magistério superior. [...] Incorporado à lei importaria em onerar ponderavelmente o custo do ensino superior [...] [O artigo 75 é vetado, pois] aos estatutos destas [diversas universidades],

portanto, é que cabe desenvolver o assunto, atendendo às peculiaridades de cada região e com a necessária fidelidade aos padrões internacionais e nacionais do ensino universitário. (ibidem, p.83-5)

A obrigatoriedade da constituição universitária com a presença da FFCL é abolida com a seguinte justificativa:

[O artigo 79 é parcialmente vetado, pois] a rede nacional do ensino superior conta, já, com mais de 70 Faculdades de Filosofia que vêm exercendo, salvo raras exceções, exclusivamente, a função de formar professores de grau médio. Nessas circunstâncias, a exigência de que toda universidade mantenha uma dessas faculdades torna-se desnecessária. Acresce que as funções de órgão integrador que se deseja atribuir a tais faculdades também podem ser exercidas por outros órgãos tais como os Institutos Centrais que já vêm sendo estruturados em algumas universidades federais. (ibidem, p.87)

As cátedras não são eliminadas do ensino universitário; e nem poderiam, pois constavam da Constituição em vigor. Porém, desde a LDB, sua adoção torna-se opcional. A discussão sobre as cátedras passa a ser atrelada à elaboração de um plano de carreira do magistério superior. Nos vetos à obrigatoriedade das cátedras, elas não são apresentadas como garantias da liberdade de ensino, mas como instrumentos de encarecimento do custo do ensino superior.

Os argumentos do veto à obrigatoriedade da existência no ensino universitário da FFCL serão frequentemente repetidos nos anos seguintes. Desde a LDB, as FFCL são acusadas de terem se transformado também em faculdades de formação profissional, só que de professores de grau médio. Equiparando-se às diversas outras faculdades de formação profissional existentes, as FFCL teriam fracassado em seu papel de órgão integrador da universidade. Apresenta-se então seu sucessor no papel de responsável pela coesão universitária: o Instituto Central.

Poucos meses antes da aprovação da LDB, Valnir Chagas – professor da Universidade do Ceará – publica suas ideias sobre a configuração do ensino superior quase que simultaneamente em duas importantes publicações acadêmicas, demonstrando, portanto, serem referência importante entre os intelectuais do período. Trata-se do texto intitulado "A Reforma

Universitária e a Faculdade de Filosofia".[3] Valnir Chagas, inicialmente, analisa a diferenciação entre saber técnico e ciência, utilizada desde a década de 1930 para manter separadas as escolas superiores de ensino profissional e as FFCL. Porém, para contestar essa separação conceitual entre ensino e pesquisa. Nesse contexto, o autor destaca que apenas o ensino é o fator privilegiado nos debates do período.

> No plano superior de toda a Universidade, a pesquisa ainda é, na maioria dos casos, uma simples tendência que se esboça, apenas tolerada por escolas que, inclusive, não oferecem o mínimo das condições necessárias ao seu florescimento. [...] O resultado é esse absurdo, que aí está, de uma luta sem quartel a travar-se entre o ensino e a pesquisa, como se ambos não fossem membros da mesma família, faces de uma só realidade, aspectos indissolúveis do ato de conhecer. (ibidem, p.48-9)

Valnir Chagas propõe que não há contradição entre formação profissional e investigação científica; entre ensino e pesquisa. A incompatibilidade destes dois tipos de saber era o argumento utilizado pelas faculdades de ensino profissional, como Engenharia, Medicina e Direito, para não encarregar as FFCL do ensino básico em caráter universitário para esse tipo de formação. Ensino profissional seria destinado a saberes aplicados, ao ensino de técnica; as FFCL seriam destinadas à pesquisa sem necessária aplicação prática, isto é, à ciência. Isso provocava duplicação de laboratórios e cadeiras de ensino básico entre as diversas unidades universitárias. Tal pulverização era desperdício que inviabilizava ambos os tipos de atividade universitária. Valnir Chagas defende que essa polarização era prejudicial à universidade.

> E a verdade é mesmo esta: não temos ensino básico que aglutine o que há de comum no treinamento para profissões diferentes e não temos claros setores de altos estudos que reunifiquem em novo plano, a partir da formação profissional, a provisória atomização do saber feita para fins de mera economia pedagógica. De um ponto de vista prático, essa falta de unidade gera

---

3 *Educação e Ciências Sociais*, n.17, maio/ago., 1961, p.43-95. Também *Revista Brasileira de Estudos Pedagógicos*, n.83, jul./set. 1961, p.38-80. As citações têm como referência a primeira publicação, na revista *Educação e Ciências Sociais*.

um alarmante paralelismo de soluções por força do qual somos obrigados a manter dez maus laboratórios de física ou química, por exemplo, em lugar de um grande centro destinado a cada setor fundamental. Por outro lado, ao desperdício de uma tal pulverização acresce a ingenuidade, em que ela implica, de supor que poderemos sempre contar, em cada universidade brasileira, com um número tão avultado de professores em nível que assegure boa formação profissional e um razoável programa de investigação científica. (ibidem, p.50.)

A análise de Valnir Chagas aponta para a necessidade de integração de fato da universidade, para que os recursos não sejam desperdiçados em duplicação de instalações e de cadeiras semelhantes pelas diversas unidades. Sobre a cátedra, o autor é explicitamente contrário a sua manutenção.

Neste particular [em relação ao corpo docente], o alvo preferido dos ataques é sempre a cátedra, e não sem mui fundadas razões. O sistema que adotamos, baseado principalmente num concurso feito a curto prazo, investe o professor titular numa tal soma de poderes didáticos e garantias funcionais que, praticamente, o invalida para a missão a que se destina. Como, por outro lado, ao candidato via de regra ainda falta o amadurecimento característico do verdadeiro *scholar*, salvas as exceções de todos conhecidas, não chega ele sequer a encarar o magistério com a seriedade de uma profissão, porque logo a transforma, de "meio e modo de vida" que é, em atividade acessória que apenas lhe completa o orçamento mensal. Conhecemos um desses novos catedráticos que, logo após o concurso, distribuiu entre colegas e estudantes grande parte dos seus livros especializados, alegando já não precisar deles... Tão aberta atitude de alívio, [...] assim tão cedo conquistada, leva não raro o professor a abandonar o estudo, a desinteressar-se da pesquisa e até a fugir do ensino sem prejuízo financeiro. O que ele não deixa nunca é a onipotência de uma posição que lhe permite vetar, do alto da cátedra, todas as iniciativas em que vislumbra qualquer possibilidade de mudança capaz de afetá-lo mesmo de leve. (ibidem, p.52-3)

Para Valnir Chagas, além dos problemas docentes provocados pelo sistema de cátedras, o que inviabilizava o ensino superior brasileiro era a ausência de um núcleo que possibilitasse a coesão da universidade.

Em que pese a essas inúmeras facetas que reveste, a crise da universidade brasileira se resume, *strictu sensu*, numa crise de estrutura pedagógica expressa na ausência de um núcleo central em torno do qual gravitem as suas múltiplas atividades. (ibidem, p.67)

Segundo o autor, as FFCL foram concebidas originalmente como esse núcleo central. Porém, desde a década de 1930, essa função foi desfigurada, principalmente pela resistência das escolas existentes, de formação profissional, que predominavam nas cúpulas deliberativas das jovens universidades.

As escolas existentes, cuja voz predominava nas cúpulas deliberativas, não se ajustaram ao sentido de integração que teriam de assumir daí por diante e, ao invés, até mesmo em seus currículos mantiveram o ensino fundamental que deveriam transferir à Faculdade de Filosofia. Esta, por sua vez, foi progressivamente absorvendo o estilo geral da educação superior que já se praticava, a tal ponto que, destinando-se embora a ministrar um número de cursos a rigor imprevisível, terminou por organizar-se didática e administrativamente à imagem de antigos institutos concebidos em esquemas únicos de formação. [...] O que falhou não foi o ideal, que com elas se identifica, de criar um núcleo central do complexo universitário e dotar o país de cientistas e professores à altura das suas crescentes necessidades. O que falhou foram as escolas e universidades em si mesmas, que não encarnaram esse ideal a ponto de conferir-lhe expressão real nos dados imediatos dos seus esquemas didáticos. (ibidem, p.69-70)

Valnir Chagas propõe duas saídas possíveis para a reorganização da universidade brasileira. A retomada de fato das FFCL em seu propósito original. Neste sentido, expõe os esforços para a criação da Faculdade de Filosofia, Ciências e Letras da Universidade do Ceará, da qual é um dos protagonistas. Ou, citando Darcy Ribeiro e seu esquema para a futura Universidade de Brasília, que os Institutos Centrais retomassem, "em novo plano, o princípio da Faculdade de Filosofia como base e cúpula da universidade" (ibidem, p.61). A Faculdade de Filosofia, Ciências e Letras da Universidade do Ceará será inaugurada no início de 1962 com aula magna de Darcy Ribeiro, exemplificando que, embora denominassem de FFCL ou de Institutos Centrais, as propostas de Valnir Chagas e de Darcy

Ribeiro eram confluentes. Publicado em meados de 1961, compreende-se com o trabalho de Valnir Chagas algumas das ideias sobre a universidade que se transformaram progressivamente consensuais entre grande parte da intelectualidade brasileira. Com esse texto, pode-se também entender melhor por que, em dezembro de 1961, foram vetados na LDB os artigos que consagravam a cátedra e as FFCL. As FFCL deveriam cumprir seu papel integrador, mas, já que isso não ocorrera, talvez os Institutos Centrais pudessem fazê-lo. O Instituto Central, em novo plano, deveria ser uma retomada da proposta original das FFCL.

No que se refere ao sistema de cátedras, as críticas são anteriores às de Valnir Chagas. Um ano antes, em um número inteiramente dedicado ao estudo comparativo sobre o ensino superior nas Américas, o periódico *La Educación* (n.18, abr./jun. 1960), órgão oficial da Divisão de Educação da União Pan-Americana, publicou o artigo de Anísio Teixeira intitulado "Paralelo entre la educación superior de los Estados Unidos de América y el Brasil". Em seu texto, Anísio Teixeira descreve o sistema de cátedras:

> A escola superior, como as demais escolas, pode estar sob o controle da lei e do governo nos aspectos de organização e finanças, mas no que se refere ao ensino, o professor tem uma situação inexpugnável. A "cátedra" é realmente soberana e a "congregação", isto é, a assembleia dos "catedráticos" é o verdadeiro órgão coletivo de governo da escola. O professor catedrático é vitalício, intransferível e tem "status" semelhante ao dos juízes do Supremo Tribunal. São "magistrados" do "saber", pondo e dispondo soberanamente a respeito do que seja este "saber". [...] Importa, portanto, destacar que esta, mais que qualquer outra, constitui uma grande diferença concreta entre a universidade norte-americana e a da América Latina. Aquela se encontra diretamente sob o controle do povo, pelos conselhos de cidadãos, refletindo os problemas do povo e atendendo a suas necessidades, enquanto a universidade brasileira constitui uma corporação autônoma ou semiautônoma, sob o controle das "congregações" de professores, a que se vem unindo, ultimamente, a influência dos diretórios estudantis.
>
> [...] Sem nenhum desejo de estabelecer analogias, senão para ajudar a compreender as duas instituições, teremos que reconhecer que na América do Sul ainda sobrevivem aspectos da universidade medieval e que na América do Norte, mesmo que a instituição esteja longe de seguir um só padrão, pois as "fundações

universitárias", como as "universidades do Estado" e todas as demais são extremamente diversificadas, quase nada existe que ainda possa recordar à corporação medieval, exceto nos nomes dos títulos universitários. [...] O "professor" americano, que não é de maneira alguma o todo-poderoso "catedrático" latino-americano senão, pelo contrário, um dos mais modestos profissionais dos Estados Unidos, nem por isso deixa de ser, ou melhor, por isso mesmo se torna o maior ou um dos maiores servidores da democracia dessa grande república do norte. A escola, mais que qualquer outra instituição naquela sociedade de extrema competência, é um exemplo do serviço sem "poder", mistura de templo cívico, de empresa, de laboratório e de... sala de aula.[4]

Tanto no texto de Valnir Chagas quanto no de Anísio Teixeira anteriormente citados, pode-se verificar a necessidade apontada por ambos de que o sistema de cátedras seja substituído por algo diferente. No entanto, nesses textos de 1960 e 1961, não se formula claramente qual a alternativa às cátedras. Valnir Chagas ainda demonstra esperanças de que o propósito original das FFCL, que ele classifica de "algo como um *Liberal Arts College* adaptado à realidade nacional" pudesse ser recuperado. Anísio Teixeira (*La Educación*, n.18, abr./jun. 1960, p.111) pensa em aprender com o exemplo do ensino superior dos Estados Unidos:

> O ensino superior do futuro será, no meu modo de ver, em grande parte um desenvolvimento, um aperfeiçoamento de muitas das tendências atualmente visíveis no sistema norte-americano de educação.

Estas questões serão retomadas de maneira concreta quando da criação da Universidade de Brasília – UnB – quase que simultaneamente à aprovação da LDB de 1961. Em aula magna dos cursos da Universidade do Ceará e de inauguração de sua FFCL no início de 1962, Darcy Ribeiro (*Educação e Ciências Sociais*, n.19, jan./abr. 1962, p.31-2), entre outros assuntos, trata do sistema de cátedras:

---

4 Paralelo entre a educação superior dos Estados Unidos da América e o Brasil de Anísio Teixeira (In: *La Educación*, n.18, abr./jun. 1960, p.107-8). Tradução do autor do atual trabalho.

Outro óbice institucional grandemente responsável pela crise e pelo atraso do nosso ensino superior se encontra na própria estruturação universitária, com base na cátedra vitalícia e autossuficiente, transformada em unidade autônoma. Assim como nossas universidades são conglomerados de faculdades estanques, estas se reduzem a um sistema de cátedras independentes a se duplicarem escola por escola, obrigando a multiplicação de instalações, de equipamento, de bibliotecas e de pessoal docente devotado às mesmas especialidades. [...] O mais grave, porém, é que cada uma destas cátedras pleiteia instalações, equipamento, biblioteca e pessoal auxiliar próprio, onerando o custo do ensino e conduzindo à inevitável subutilização dos recursos didáticos.

Darcy Ribeiro (ibidem, p.37) propõe a substituição das cátedras pelos departamentos:

A departamentalização consiste na reunião dos especialistas do mesmo ramo em um único órgão, que ministrará os cursos introdutórios e profissionais de todas as faculdades, superando-se a duplicação de instalações e de recursos humanos e a subutilização do material didático e, sobretudo, dando à universidade oportunidade de proporcionar cursos de pós-graduação e de especialização no mais alto nível, graças à concentração de recursos.

A Universidade de Brasília – UnB – será a primeira universidade brasileira a efetivar a substituição das cátedras pelos departamentos e da FFCL pelos Institutos Centrais. Sua criação foi aprovada pelo Congresso Nacional e sancionada por João Goulart em 15.12.1961, cinco dias antes da LDB. O principal responsável por sua criação, Darcy Ribeiro, resumira algumas de suas inovadoras características em texto de abril de 1961:

A estrutura da Universidade de Brasília baseia-se na integração de duas modalidades de órgãos: os Institutos Centrais e as Faculdades.[...] A Universidade deverá contar, inicialmente, com oito Institutos Centrais, a saber: Matemática, Física, Química, Biologia, Geociências, Ciências Humanas, Letras e Artes, que poderão ser desdobrados mais tarde. Cada um deles se dividirá em Departamentos. Estes constituirão as unidades básicas da Universidade onde se reunirão os professores coletivamente responsáveis pelas atividades de ensino e de pesquisa, em cada especialidade. [...] As Faculdades receberão alunos já preparados pelos cursos introdutórios [ministrados pelos Institutos Centrais] e ministrar-lhes-ão treinamento especializado tendo em vista o exercício de uma profissão. [...] Exemplificando: o candidato a qualquer dos ramos especializados de Engenharia, fará seus estudos básicos nos Institutos Centrais de Matemática, de Física e de Química, podendo, ao fim, permanecer em um deles, para se fazer pesquisador, ou, encaminhar-se para a carreira que escolhera originalmente; ou, ainda, dirigir-se ao magistério secundário daquelas matérias, mediante cursos complementares na Faculdade de Educação. (*Anhembi*, n.125, abr. 1961)[5]

O grupo de faculdades de formação profissional da UnB seria composto pelas seguintes unidades:

Serviço Público e Diplomacia.
Direito.
Educação.
Ciências Econômicas e Administração de Empresas.
Ciências Médicas: Medicina; Odontologia; Farmácia; Enfermagem.
Agronomia; Veterinária e Zootecnia; Engenharia Florestal.
Arquitetura e Urbanismo; Comunicação Visual.
Tecnologia: Engenharia Civil; Mineração; Metalurgia; Mecânica; Eletricidade e Eletrônica; Química Industrial; Hidráulica. (ibidem, p.169)

Posteriormente, entre as unidades complementares da UnB, foram acrescentados:

Centro Militar, encarregado de coordenar com as Forças Armadas o serviço militar obrigatório dos universitários e a utilização dos recursos técnicos, científicos e de investigação das diversas unidades universitárias, para a formação de especialistas de tecnologia militar. [...] Instituto de Teologia Católica, cuja organização e manutenção está a cargo da Ordem dos Dominicanos do Brasil. (Alencar, apud Ribeiro, 1969, p.223-4)[6]

---

5 Periódico mensal dirigido por Paulo Duarte – um dos fundadores da USP. Também na *Revista Brasileira de Estudos Pedagógicos*, n.83, jul./set. 1961. As citações são da edição da *Revista Brasileira de Estudos Pedagógicos*, no atual caso: p.167-8.
6 Apêndice 1 do livro de Darcy Ribeiro (1969) por Heron de Alencar.

Em 1978, Darcy Ribeiro (1978, p.27) explicou os propósitos do acréscimo dessas duas unidades à UnB:

> Ponderava ainda que, a meu juízo, a causa de muitas dissensões lamentáveis da nossa história estava no desencontro entre as três intelectualidades nacionais formadas em nível superior: a universitária, a sacerdotal e a militar. Trazendo primeiro os sacerdotes – depois os oficiais, como pretendíamos fazer – para programa de especialização ou para cursos de pós-graduação na universidade, se estaria começando a criar um denominador comum de compreensões coparticipadas que poderia, talvez, ampliar-se no futuro, permitindo superar aquela fonte de desencontros. O episódio merece ser lembrado aqui porque, anos depois, quando a Universidade de Brasília foi invadida e tomada de assalto pelas briosas tropas da polícia mineira, o único dos vários Institutos que criamos que se viu destruído foi o de Teologia Católica. O ódio que suscitava era tamanho que, além de denunciar e anular o convênio da Universidade com a Ordem Dominicana, incendiaram o próprio edifício do Instituto de Teologia que era, aliás, uma das mais belas obras de Oscar Niemeyer.

Ao contrário de Valnir Chagas, não é propósito de Darcy Ribeiro questionar as fronteiras entre o ensino de formação profissional e a pesquisa científica. Darcy Ribeiro (*Anhembi*, ano 11, n.125, abr. 1961, p. 170) argumenta que a estrutura da UnB preservará essa diferenciação:

> [Uma das vantagens do sistema duplo e integrado de Institutos Centrais e Faculdades de formação profissional consiste em] estabelecer mais nítida distinção entre atividades de preparação científica e as de treinamento profissional, libertando as Faculdades da tarefa de formar pesquisadores, que às vezes intempestivamente se atribuem, permitindo, assim, que cuidem melhor de seu campo específico de ensino e de pesquisa aplicada.

Essa alforria dada às faculdades de formação profissional favoreceria a concentração de recursos e de instalações pela universidade e possibilitaria finalmente que os Institutos Centrais produzissem pesquisa científica. Esta seria a nova divisão universitária entre ensino e pesquisa.

Uma das mais importantes inovações da UnB provocada pelo sistema duplo e integrado de Institutos Centrais e de faculdades de formação profissional é a possibilidade da flexibilização curricular das diversas carreiras universitárias:

> O sistema de ano-série obrigatório, comum às universidades brasileiras, foi substituído na de Brasília pelo sistema de confiança no aluno: de acordo com esse sistema, o estudante pode organizar livremente seu programa de trabalho em cada semestre, até completar, dentro dos prazos mínimos exigidos, a obtenção do certificado, diploma, título ou grau que se propõe. O número máximo de disciplinas no qual o estudante pode solicitar inscrição, tendo em conta a obtenção do crédito, é de 3 por semestre. Contudo, podem os professores orientadores e os departamentos aprovar programas de trabalho mais amplos, em casos considerados excepcionais. (Alencar, apud Ribeiro, 1969, p.237.)

"Tendo em conta a obtenção do crédito", como expresso nesse texto de 1964 por um dos companheiros de Darcy Ribeiro na criação da UnB, é a semente conceitual do posterior sistema de créditos das demais universidades brasileiras.[7]

A introdução da Universidade de Brasília, baseada no sistema departamental, a partir de 1962, provoca dúvidas sobre a necessidade da manutenção das cátedras.

---

7 Para acompanhar as repercussões das ideias de Darcy Ribeiro quando da criação da UnB, é apropriado consultar os depoimentos de Almeida Júnior, da Faculdade de Direito da USP, e de Jayme de Abreu, do CBPE, publicados na *Anhembi*, n.126, maio 1961, p.686-94. Os depoimentos de Florestan Fernandes, da FFCL-USP, e de Milton da Silva Rodrigues, do CRPE-SP, publicados na *Anhembi*, n.127, jun. 1961, p.71-80. Os depoimentos de Anísio Teixeira, do Inep, de Jairo Ramos, e de Fernando Henrique Cardoso, da FFCL-USP, publicados na *Anhembi*, n.128, jul. 1961, p.259-67. E os depoimentos de Leopoldo Nachbin, de José Leite Lopes, do CBPE, de Celso Furtado, da Superintendência do Desenvolvimento do Nordeste, de Paulo Sawaya, da FFCL-USP, de Maria Leite Linhares, da Faculdade Nacional de Filosofia da Universidade do Brasil, de Osvaldo Gusmão, da Faculdade Nacional de Filosofia da Universidade do Brasil, de Valter Osvaldo Cruz, do Instituto de Manguinhos, e de Jacques Danon, do Centro Brasileiro de Pesquisas Físicas, publicados na *Revista Brasileira de Estudos Pedagógicos*, n.83, jul./set. 1961, p.214-30. Para o tema deste capítulo do atual trabalho, as posições destes autores não se mostraram incompatíveis com a ideia geral da formação de um consenso sobre a necessidade de substituição das cátedras pelos departamentos e das FFCL pelos Institutos de ciência básica. Portanto, optou-se por não detalhar caso a caso cada um dos depoimentos destes intelectuais sobre a UnB. Intelectuais contrários à extinção das cátedras e da substituição das FFCL pelos institutos de ciência básica provavelmente existiam, mas suas concepções sobre a universidade brasileira

À medida que a ideia de departamento amadurecia, tendo em vista, principalmente, propostas concretas para sua instalação, como ocorreu com a criação da Universidade de Brasília, e, também, com a promulgação da Lei de Diretrizes e Bases, que serviu de motivo para a manifestação de ideias reformadoras do ensino superior brasileiro, o departamento passou a ser cogitado como organismo que deveria substituir a cátedra como princípio de organização da universidade. (Chamlian, 1977, p.105)

A LDB de 1961 criou o Conselho Federal de Educação – CFE. É entre os membros do CFE que a questão da manutenção ou não das cátedras eclode, pois a LDB não obrigava sua adoção; constavam, porém, da Constituição então em vigor. Existia a possibilidade de as cátedras serem encaradas como o auge da carreira no magistério superior dentro do próprio departamento, conciliando ambos os sistemas. Ou que a definição de departamento fosse a de reunião de cátedras afins. Nos anos de 1962 e 1963, o destino das cátedras e a definição de departamento polarizariam dois membros do CFE: Almeida Júnior e Maurício Rocha e Silva. O primeiro tentando reajustar a função das cátedras nos departamentos e o segundo defendendo a incompatibilidade dos dois sistemas na estrutura universitária. O ápice dos debates ocorre em março e abril de 1963.

Em março de 1963, Antônio Ferreira de Almeida Júnior – aposentado no ano anterior como catedrático de Medicina Legal na Faculdade de Direito da USP e membro do CFE – publica na seção de Estudos Especiais da *Documenta* (n.12, mar. 1963, p.12) o texto intitulado "Conselhos departamentais e departamentos". Nele, o autor, citando a lei de criação de departamentos nas universidades francesas, propõe que a substituição das cátedras pelos departamentos seja feita gradualmente.

> À concepção de uma reforma rígida, que substituiria um sistema por outro, convém preferir uma transformação contínua e de adaptação permanente.

---

foram raramente publicadas nos periódicos pesquisados, como é o caso de Almeida Júnior – membro do CFE –, que será tratado em seguida. Para acompanhar a destruição do projeto da UnB após a instauração da ditadura militar em 1964, é apropriado consultar o livro de Darcy Ribeiro. *UnB: invenção e descaminho* (1978). E o texto de 1966 intitulado "A ex--Universidade de Brasília. Significação e crise". Apêndice 2 do livro de Darcy Ribeiro (1969, p.239-60).

Somente assim poderá o ensino superior representar o órgão capaz de animar o progresso científico, de assegurar o seu desenvolvimento técnico e de conservar seu valor humano.

Almeida Júnior defende o modelo adotado pela Escola Politécnica da USP:

> Segundo o aprovado em 1962 pela congregação da prestigiosa Escola [Politécnica]: "Departamento é a unidade didático-científico-administrativa constituída pela reunião das cátedras afins e de suas disciplinas e demais serviços auxiliares". Das funções atribuídas à nova entidade, destacam-se as duas seguintes, que, segundo cremos, objetivam aquilo que há de mais específico no departamento: a) estabelecer articulação harmônica entre as cátedras e as disciplinas que constituem, visando o aproveitamento mais eficaz do pessoal, material e instalações, tendo em vista as atividades didáticas e científicas; b) estimular e favorecer o desenvolvimento e a realização de trabalhos e pesquisas. (ibidem, p.14)

Almeida Júnior opta pela definição de departamento como a reunião de cátedras afins. O autor defende que o departamento será responsável por sanar uma das principais críticas às cátedras: a multiplicação de pessoal, material e instalações para cadeiras semelhantes. O departamento organizaria a divisão destes recursos entre cátedras afins.

No mês seguinte, abril de 1963, o conflito entre os conselheiros eclode quando uma escola superior particular gaúcha – a Faculdade de Ciências Econômicas de São Leopoldo – indaga ao CFE se seu plano de carreira deve obrigatoriamente incluir professores catedráticos. O CFE decide negativamente, baseando-se principalmente no Estudo Especial "Universidades sem cátedras" de Maurício Rocha e Silva. Almeida Júnior (*Documenta*, n.13, abr. 1963, p.15-27), voto vencido, rebate os argumentos de Maurício Rocha e Silva. Porém, não é necessário resumir a posição de Almeida Júnior nesse longo texto. Ele próprio faz isso três meses depois, quando declara seu voto sobre o tema no CFE:

> Voto pela obrigatoriedade das cátedras e dos concursos até mesmo nas escolas superiores livres. É o que está nos itens VI e VII do art. 168 da Constituição da República, conforme demonstram nossos mestres de Direito. [...] Os

pronunciamentos posteriores, que se opuseram à argumentação acima citada, não convencem. A do ilustre Conselheiro Maurício Rocha e Silva ladeou inteiramente o problema constitucional – que representa o ponto nevrálgico do debate para cuidar tão somente do aspecto didático. [...] [Assim como] os professores Miguel Reale e Washington de Barros Monteiro, entendemos que os itens VI e VII do art. 168 formam um todo coerente, cujo objetivo consiste em assegurar às escolas superiores do país a admissão de professores de alto nível, garantidos pela liberdade de cátedra e pela vitaliciedade. Estas duas últimas condições decorrem do concurso de títulos e provas, e se no Brasil o sistema tem ensejado abusos, tais abusos se devem à inércia dos órgãos responsáveis pelas instituições do ensino superior. (Almeida Júnior, *Documenta*, n.16, jul. 1963, p.17-8)

Maurício Rocha e Silva – um dos fundadores da Sociedade Brasileira para o Progresso da Ciência, catedrático de Farmacologia na Faculdade de Medicina de Ribeirão Preto da USP e membro do CFE – defendia que o sistema departamental nas universidades era incompatível com as cátedras. Em seu estudo especial, "Universidades sem cátedras", o autor recorda que na LDB, com raras exceções, todos os artigos em que se encontrava a ideia de cátedra como unidade básica do ensino superior "foram sabiamente vetados pelo presidente da República e o veto acolhido pelo Congresso Nacional". Maurício Rocha e Silva (*Documenta*, n.13, abr. 1963, p.8) afirma que é dever do CFE elevar o nível do trabalho acadêmico brasileiro aos padrões internacionais.

Em que país do mundo civilizado, se excetuarmos os da Península Ibérica, o ensino superior, na sua totalidade, está submetido a esse rigidíssimo princípio de se organizar em cátedras, e cada cátedra com seu catedrático como um dono, proprietário, a que todos os outros que aí trabalham devem obediência, fidelidade e quase adoração? [...] Se considerarmos o país em que o ensino se reveste das suas características mais democráticas, os Estados Unidos da América, a cátedra desapareceu, dando lugar ao departamento chefiado por um "chairman", contratado por tempo determinado. (ibidem, p.8-9.)

No que se refere à argumentação de que a Constituição exige o sistema de cátedras, Maurício Rocha e Silva destaca que ela possibilita este sistema, mas não o obriga. O veto ao art. 74 da LDB indica qual a interpretação a ser dada à possibilidade existente na Constituição. O autor atribui à cátedra a esterilidade do trabalho intelectual no país.

> Mas, então, por que insistir nessa imutabilidade do sistema de cátedras e na vitaliciedade do mais alto cargo da carreira do magistério? Por que não admitir a legitimidade do outro sistema, o do departamento, com um chefe eleito pelos membros do próprio departamento? Por que só um homem terá direitos, e os outros que também são homens e, muitas vezes, homens já ilustres pela sua contribuição à ciência e ao ensino, só terão deveres de obediência ou servilismo? Nunca se viu uma forma tão absoluta de exploração do homem pelo homem, a mais abjeta de todas, a exploração do trabalho intelectual! Se tal situação fosse útil para a produtividade do departamento, talvez pudéssemos alegar uma razão pragmática, embora repulsiva. Mas a realidade aí está. Quantas vezes não foi a cátedra esvaziada dos seus elementos humanos, pelo mau temperamento do catedrático? Quantas vezes nem mesmo foi possível organizar a cátedra, simplesmente pelo desinteresse ou incapacidade do catedrático? Todos nós conhecemos casos em que essa situação se estabeleceu pelo desejo deliberado do catedrático de afastar bons elementos. De início, transformam a sua cátedra numa eterna ruína, em prejuízo daqueles que lá poderiam estar, dos seus alunos, da universidade em geral e de todo o país. (ibidem, p.11.)

Maurício Rocha e Silva é contrário à manutenção das cátedras no sistema departamental. Defende que a cátedra inviabiliza o departamento e que o sistema correto foi o proposto pela Universidade de Brasília:

> Há aqui um conflito dialético em que a existência de uma torna impossível a criação do outro. A cátedra mata o departamento, como talvez o contrário também seja verdadeiro: a ideia de departamento exclui a cátedra. [...] O sistema correto foi o proposto pela Universidade de Brasília, em que a unidade básica é o departamento e o chefe é eleito dentre seus membros. Cada departamento terá um certo número de professores que se encarregarão dos diferentes cursos e trabalhos realizados no departamento, mas todos em pé de igualdade, correspondendo a iguais deveres, iguais direitos num sistema de integração que é o único aceitável num departamento cuja função é realizar os grandes trabalhos de uma universidade. (ibidem, p.12-3)

A concepção departamental de Maurício Rocha e Silva é aceita pela maioria do Conselho Federal de Educação. O sistema de cátedras não é imposto aos estabelecimentos particulares de ensino superior. No caso da UnB, é adiada indefinidamente a efetivação de professores por concurso de cátedras (Fávero, 1977, p.234).

A coexistência entre o sistema de cátedras e de departamentos será finalizada com os decretos de reforma das universidades federais no final de 1966 e início de 1967, no começo da ditadura militar. O Decreto-Lei n.53 de 18.11.1966, estabelece:

> Art. 1º – As universidades federais organizar-se-ão com estrutura e métodos de funcionamento que preservem a unidade das suas funções de ensino e pesquisa e assegurem a plena utilização dos seus recursos materiais e humanos, vedada a duplicação de meios para fins idênticos ou equivalentes. (*Documenta*, n.62, nov. 1966, p.47)

Com esse artigo, não seria possível a existência de cadeiras semelhantes em unidades diferentes de uma mesma universidade federal.

Desfazendo qualquer dúvida sobre o sistema a ser adotado pelas universidades federais, o Decreto-Lei n.252, de 28.2.1967, estabelece:

> Art. 2º – As unidades universitárias dividir-se-ão em subunidades denominadas departamentos, cujos chefes constituirão, na forma dos Estatutos e Regimentos, o Conselho Departamental a que se refere o art. 78 da Lei n.4.024, de 20 de dezembro de 1961 [LDB]. (*Documenta*, n.66, fev. 1967, p.117)

Os quatro parágrafos seguintes do Art. 2º do Decreto-Lei n.252/67 definem detalhadamente o sistema departamental a ser instituído nas universidades federais (ibidem, p.117-8). Nesses parágrafos, o departamento não é concebido como junção de cadeiras afins, mas como fora originalmente introduzido na UnB. Poucos dias depois desse decreto, em 15.3.1967, passa a vigorar a Constituição elaborada na ditadura militar. A nova Constituição suprime qualquer menção às cátedras. No ano seguinte, com a Lei de Reforma Universitária – n.5.540, de 28.11.1968 – as cátedras desaparecem definitivamente do ensino superior brasileiro.

Helena Coharik Chamlian (1977, p.134-6), no último capítulo de seu trabalho, fez um balanço pertinente dos resultados da substituição das cátedras pelos departamentos:

> Iniciemos pela configuração das cátedras como cargos públicos. Estas, pelas características de que se revestiam, ou seja, denominação própria, número certo, concurso e vitaliciedade, significavam um verdadeiro entrave para o estabelecimento de uma carreira docente. Com sua extinção e consequente abolição dos privilégios conferidos aos catedráticos, a carreira foi incorporada ao departamento. Em decorrência, desvincularam-se os cargos e funções do magistério dos campos específicos do conhecimento, que ficaram integrados no departamento e preconizou-se a existência de mais de um docente em cada nível da carreira. Assim, os cargos do magistério superior não se caracterizaram mais como cargos isolados e sim de carreira, mantido o concurso para os cargos iniciais e finais desse escalonamento, conforme estabelecido na Constituição de 1967. Desse modo, todas as limitações que a cátedra apresentava, enquanto cargo docente, desapareceram com o estabelecimento de uma carreira que já se estrutura em cargos desde o seu primeiro nível. A vitaliciedade, concedida ao indivíduo que assumia o cargo de catedrático, foi abolida. Em seu lugar, está prevista a estabilidade, direito conferido a qualquer funcionário público que, mediante concurso, assuma um cargo. [...] Com a Reforma Universitária, todas as funções privativas dos catedráticos foram transferidas para o departamento. Assim, além de ensinar, os professores devem dedicar-se à pesquisa, concebida aliás como faceta de uma única função, o ensino de nível universitário. Devem desincumbir-se, ainda, das demais tarefas atribuídas ao departamento. Portanto, se por um lado com a extinção das cátedras, os direitos foram redistribuídos e os privilégios abolidos, o departamento trouxe, por outro, maiores encargos ao corpo docente na sua totalidade e, consequentemente, uma maior participação na realização das tarefas comuns.

Mesmo com a extinção das cátedras pela Reforma Universitária, segundo Helena Coharik Chamlian (ibidem, p.7), algo desse sistema ainda perdurava na década de 1970:

> De qualquer maneira, a Reforma Universitária, que introduziu o regime departamental, não conseguiu eliminar alguns dos privilégios fundamentais do

professor catedrático, mesmo que ele se chame agora de professor titular. Na atual estrutura de poder universitário, o mando encontra-se fundamentalmente nas mãos dos professores titulares. A diferença fundamental talvez seja a de que ao invés de um único, por área de saber, podemos encontrar vários.

Essa autora destaca algo que será tratado na sequência deste capítulo: a substituição da cátedra pelo departamento está intimamente relacionada com uma nova concepção para a universidade, a de que ela deva enfatizar a pesquisa científica.

> Assim, o departamento substituía a cátedra como unidade de organização da estrutura universitária brasileira. Parece-nos que um dos determinantes da nova estruturação reside na ênfase dada à pesquisa, que as finalidades da universidade contêm. Nessa medida, através desta organização, suas menores partes – departamentos – não abrangem mais parcelas diminutas do saber, ou seja, a disciplina, mas envolvem áreas de conhecimentos afins. Estas, por sua vez, garantem a colaboração interdisciplinar que é fundamental para os objetivos visados pela universidade. (ibidem, p.116)

A universidade como produtora de ciência e, portanto, tendo a pesquisa como propósito privilegiado será tema de parecer conjunto do CFE escrito por Valnir Chagas, Newton Sucupira e Maurício Rocha e Silva. Publicado em maio de 1962, o texto intitulado "A investigação científica dos currículos normais dos institutos de ensino" está dividido em três partes; cada uma assinada por um dos autores. Tratam da interpretação do artigo 66 da LDB: "o ensino superior tem por objetivo a pesquisa, o desenvolvimento das ciências, letras e artes, e a formação de profissionais de nível universitário".

Os três autores reconhecem que a LDB, ao priorizar a pesquisa e o desenvolvimento das ciências, alterou a lógica da universidade: a formação profissional vem como objetivo derradeiro do ensino superior. Valnir Chagas afirma que a pesquisa é a função principal da universidade:

> Resta, pois, a consideração da pesquisa como fim, incluída que está entre as grandes funções da universidade moderna. Quer-nos parecer que este é o primeiro objetivo do tema proposto, seja pela importância que há de ter a investigação pela urgência com que ela deve ser cultivada como atividade científica

para os progressos de desenvolvimento nacional, seja que apenas se esboça em nossas instituições de ensino superior. (*Documenta*, n.3, maio 1962, p.158)[8]

Newton Sucupira escreve parecer muito próximo da análise de Valnir Chagas e aponta para a necessidade de reestruturação das universidades brasileiras:

> Cremos poder concluir que a pesquisa deve ser introduzida nos currículos normais, segundo a expressão usada no comunicado do enunciado do tema, não somente no próprio interesse do ensino e da expansão da pesquisa na universidade, mas ainda em função das exigências de se proporcionar uma adequada formação científica ao técnico moderno, do qual tanto depende o esforço de desenvolvimento do país. (ibidem, p.175) [...] Daí a necessidade urgente de se fazerem reformas substanciais de nossa organização universitária, para que possa adaptar-se às exigências e ao espírito da pesquisa científica. Há, certamente, indícios inequívocos de uma renovação de nossa consciência universitária, que principia a orientar-se para a investigação científica. A atual política de criação de institutos de pesquisa dentro da universidade é uma prova dessa renovação. (ibidem, p.171)

Maurício Rocha e Silva é o mais incisivo dos três pareceristas quanto à necessidade de reforma no ensino superior brasileiro:

> [O art. 66 da LDB] Trata-se de um artigo revolucionário, que deve entrar como uma cunha em nosso anacrônico sistema universitário, e que, por si só, justificaria uma imediata e radical reforma da universidade brasileira, tornando, por assim dizer, ilegal o sistema até agora posto em prática. Pareceu evidente a intenção do legislador de inverter a ordem de valores existente em nossas universidades. Se tomarmos a sequência de valores estabelecida pelo artigo 66, em que primeiro se menciona a pesquisa, o desenvolvimento das ciências, das letras e das artes como a base do ensino, o que pretendeu o legislador foi sugerir uma reforma profunda em nosso sistema universitário e estabelecer a pesquisa como a base em que se deve assentar o ensino. É a reforma por que todos nós

---

8 A investigação científica dos currículos normais dos institutos de ensino. Parecer 43/62.

ansiamos, a única que poderá vir a tornar a universidade o verdadeiro esteio do desenvolvimento do país.

[...] Mas, agora, demos uma olhada ao panorama universitário brasileiro. Onde e como teriam os alunos oportunidade de aprender a pesquisa, o método científico?(ibidem, p.168-9)

Como visto anteriormente, o veto à obrigatoriedade das FFCL como órgão integrador das universidades baseava-se na suposta constatação de que elas exercem, quase que exclusivamente, a função de formadoras de professores de grau médio. Se a prioridade do ensino superior deveria ser a pesquisa e o desenvolvimento das ciências, onde e como isso poderia ser feito? Esta questão de Maurício Rocha e Silva balizará as propostas de destino das FFCL.

A visão anteriormente descrita dos novos propósitos do ensino superior provavelmente era compartilhada por outros intelectuais do período. Possivelmente para debater esta nova concepção universitária, em fevereiro de 1963 realiza-se em Brasília o Simpósio sobre a Estrutura das Faculdades de Filosofia:

Organizado pela diretoria do Ensino Superior do Ministério da Educação e Cultura, em boa hora realizou-se em Brasília, entre 13 e 15 de fevereiro do corrente ano, este Simpósio sobre a Estrutura das Faculdades de Filosofia. O conclave, que reuniu os diretores de diversas Faculdades do Brasil, além dos convidados especiais, destinava-se a um amplo debate em torno do papel das Faculdades de Filosofia no contexto universitário brasileiro atual, daqui o haver sido adotada a seguinte sequência nos tópicos a serem discutidos: I – Origem e evolução da faculdade de filosofia no Brasil. Sua estrutura atual. Legislação vigente. Relator: professor Valnir Chagas. II – A faculdade de filosofia no contexto da reforma universitária. Crítica da estrutura e dos métodos de funcionamento das faculdades de filosofia. Restabelecimento ou redefinição de seu plano original. Relator: professor Valnir Chagas. III – O ensino das ciências na universidade e nas escolas superiores isoladas; grupo A (ciências matemáticas, físicas e naturais) – relator: professor Paulo Sawaya; grupo B (ciências humanas) – relator: professor Darcy Ribeiro. IV – O ensino das letras na universidade e escolas superiores isoladas. Relator: professor Heron de Alencar. V – Formação de professores do ensino médio e de especialistas em educação.

Relator: professor Newton Sucupira. Aliás, sob o mesmo aspecto, coube ao professor Florestan Fernandes apresentar um sugestivo trabalho intitulado "A formação de profissionais e especialistas nas faculdades de filosofia". (*Alfa*, n.3, mar. 1963, p.191-2)[9]

Até a revista da OEA – *La Educación* (n.33, jan./mar. 1964, p.145) –[10] informou sobre esse simpósio. No entanto, a *Documenta* – órgão oficial do Conselho Federal de Educação – não menciona o simpósio em parte alguma; nada publicou sobre ele. Trata-se de um daqueles "silêncios ensurdecedores" que afetaram periodicamente a revista mensal do CFE. Se não fosse tema consensual, não deveria merecer espaço na publicação oficial. Isto é, a *Documenta* raramente publicava polêmicas; como órgão oficial do CFE, apresentava as resoluções consensuais desse conselho. No caso anteriormente abordado, entre Almeida Júnior e Maurício Rocha e Silva quanto às cátedras, foi Almeida Júnior, como consta da própria *Documenta*, quem solicitou a publicação dos debates. O silêncio absoluto da *Documenta* acerca do simpósio sobre a estrutura das Faculdades de Filosofia demonstra quanto este encontro deve ter sido conflituoso.[11] Entretanto, pode-se inferir o que foi tratado no simpósio sobre as FFCL por outras publicações.

Pouco depois do encontro em Brasília, Newton Sucupira escreveu editorial da *Revista Brasileira de Estudos Pedagógicos*. Nesse texto, trata da possibilidade da criação de institutos de pesquisa nas universidades. O autor constata que isso seria incompatível com o sistema de cátedras de então e com a configuração das FFCL:

> Ora, para que tais institutos pudessem ser introduzidos nas universidades já existentes tornar-se-iam necessárias certas modificações de sua estrutura

---

9 Simpósio sobre a estrutura das Faculdades de Filosofia. *Alfa*. Órgão do Departamento de Letras da FFLC de Marília (SP).
10 *La Educación*. Órgão da Divisão de Educação da União Pan-Americana. Washington, D. C., Organização dos Estados Americanos.
11 Procurou-se em Brasília pelos anais deste simpósio junto aos arquivos do MEC, do Inep e no Arquivo Nacional. Infelizmente, não foram localizados documentos referentes a este simpósio em nenhuma dessas três instituições. Por haver sido organizado pela Diretoria do Ensino Superior do MEC, algo sobre este simpósio poderia ter sido publicado por esse ministério. A revista *MEC*, publicação bimestral do Setor de Divulgação do MEC, não registrou nada a respeito do simpósio sobre as FFCL. O periódico *Arquivos MEC*, publicação trimestral do Serviço de Documentação do MEC, inicia sua edição apenas no final de 1965.

e, sobretudo, da mentalidade de nossos catedráticos. Doutra forma teríamos a existência de sistemas concorrentes, sobretudo no que diz respeito às faculdades de filosofia. Com efeito, a missão dessas faculdades não é somente a de formar professores de ensino médio, mas também a de promover a pesquisa científica básica e exercer a função integradora da universidade. Infelizmente a tradição de nosso ensino superior à base de faculdades profissionais não permitiu que ela pudesse realizar sua missão desde quando foram fundadas. Por isso mesmo tornou-se ela uma faculdade como as demais, profissionalizou-se como as outras. Em princípio uma reforma universitária poderia ser orientada no sentido de restituir às faculdades de filosofia seu verdadeiro papel dentro da universidade, reorganizando-se em departamentos que centralizariam toda pesquisa científica básica. Contudo, nesta altura cremos que seria muito difícil quebrar uma tradição já bem cristalizada. (*Revista Brasileira de Estudos Pedagógicos*, n.91, jul./set. 1963, p.4)

O autor se refere às FFCL com a nostalgia de quem contempla seu declínio. Seriam "necessárias certas modificações de sua estrutura". A Reforma Universitária poderia salvá-las, mas Newton Sucupira não acredita mais nisso. Da forma em que se configuraram, as FFCL não poderiam ser apenas reformadas: "Contudo, nesta altura cremos que seria muito difícil quebrar uma tradição já bem cristalizada". É provável, frente às discussões ocorridas no simpósio em Brasília, que Newton Sucupira vislumbrasse o fim das FFCL na reformulação universitária iminente.

Paulo Sawaya, um dos fundadores da Sociedade Brasileira para o Progresso da Ciência, professor do Departamento de Fisiologia Geral e Animal da FFCL da USP e um dos relatores durante o simpósio sobre as FFCL do tema referente ao ensino da ciência na universidade, foi mais claro sobre suas conclusões. Em julho de 1963, proferiu em Campinas (SP) conferência na 15ª Reunião Anual da SBPC. O autor cita explicitamente mais de uma vez que apresentava reflexões provocadas pelos debates do simpósio sobre as Faculdades de Filosofia do qual participara recentemente. O autor constata algo ressaltado anteriormente neste trabalho:

A Lei de Diretrizes e Bases no seu artigo 79 retirou a obrigatoriedade de as universidades se constituírem como uma Faculdade de Filosofia, Ciências e Letras. Com isto, estas Faculdades perderam, nos casos de universidades que as não possuírem, a faculdade integradora que delas tanto se exige por ministrarem o ensino básico. (*Ciência e Cultura*, v.15, n.4, dez. 1963, p.344)[12]

Paulo Sawaya apresenta o que gerou maior tensão no simpósio sobre as FFCL; o que se propôs como solução para a situação dessas faculdades:

> Voltando ainda ao Simpósio de Brasília devo lembrar que, a meu ver, e pode ser que me engane, ali se procurou antes mostrar as deficiências das Faculdades de Filosofia que os seus êxitos. Houve acesa discussão sobre o destino das Faculdades de Filosofia, propondo alguns a sua substituição pelos Institutos Centrais, outros a bipartição em Faculdades de Ciências e Faculdades de Filosofia e Letras, outros a tripartição em Faculdades de Filosofia, Faculdades de Ciências e Faculdades de Educação. (ibidem, p.342-3)

Duas semanas após o simpósio sobre as FFCL, parecer do CFE de 4.3.1963, com redação de Valnir Chagas e assinado também por Josué Montello, F. J. Maffei e Maurício Rocha e Silva demonstra o consenso chegado por esses signatários quanto às FFCL. Trata-se de uma consulta de outra faculdade particular gaúcha também de São Leopoldo – a FFCL Cristo Rei – sobre a possibilidade de fragmentação desta FFCL. Embora tenham recusado esse pedido específico, os pareceristas deixam claro sua visão sobre as FFCL:

> É imperioso que se proceda à revisão do plano atual dessas escolas [FFCL], seja para redefini-lo à luz da realidade presente, seja para reintegrá-lo em sua concepção original. Nas universidades, esta última alternativa torna-se cada vez mais improvável, porquanto o que nelas se esboça como tendência é a criação de institutos centrais, segundo o modelo de Brasília, ou um desmembramento daquela faculdade em diversos estabelecimentos autônomos, separando-se em qualquer hipótese o setor de Educação. (*Documenta*, n.13, abr. 1963, p.40)[13]

As diversas soluções encontradas pelos intelectuais que participaram do simpósio sobre os destinos da FFCL foram referência importante para a

---

12 *Ciência e Cultura*. Órgão oficial da Sociedade Brasileira para o Progresso da Ciência.
13 Desdobramento da Faculdade de Filosofia. Parecer 31/63.

Reforma Universitária brasileira. De qualquer maneira que se interpretem os escritos anteriormente citados, contemporâneos ao simpósio, fica evidente que as FFCL não permaneceriam sem reformulação de sua estrutura e de suas incumbências. Esboça-se como tendência "a criação de institutos centrais, segundo o modelo de Brasília, ou um desmembramento daquela faculdade em diversos estabelecimentos autônomos". Neste simpósio, realizado no início de 1963, encontra-se a configuração inicial da Reforma Universitária.

A reformulação do ensino superior brasileiro deveria ter ocorrido em 1964. Era uma das reformas de base do governo de João Goulart (*Capes*, n.136, mar. 1964, p.1). Seu último discurso sobre o tema, três semanas antes do golpe militar, demonstra tal intenção:

> Na mensagem que devo dirigir ao Congresso, dentro de alguns dias, no capítulo referente à autêntica Reforma Universitária empreendida pelo meu governo, para atender às exigências do nosso desenvolvimento, darei conta de medidas, que espero mereçam igualmente apoio dos professores e estudantes, destinadas a corrigir a estrutura fragmentária, que pulveriza, dentro da mesma universidade, instalações, equipamentos e pessoal para tarefas idênticas, provocando a desproporção entre seus orçamentos e o número de alunos matriculados e, por conseguinte, dando baixa rentabilidade ao investimento público. A centralização do ensino e da pesquisa em grandes setores básicos, a serviço de toda a universidade, com eliminação dos núcleos dispersos pelas suas várias unidades, representará substancial economia de meios, por um lado, e, por outro, a possibilidade de ampliar as matrículas nas escolas, seja no ciclo básico, seja no ciclo profissional. Sem qualquer lesão da autonomia universitária, o Ministério da Educação e Cultura exercerá a ação estimuladora e supletiva que lhe cabe, cooperando com as Universidades na criação desses setores básicos ou na consolidação dos que, de modo mais ou menos desenvolvido, já existem em algumas delas. Com a criação desses institutos, possibilita-se de imediato a absorção de todos os excedentes dos exames vestibulares, isto é, de candidatos que, embora aprovados, não obtêm vagas nas escolas da atual estrutura universitária. [...] A Reforma Universitária, empreendida pelo meu governo, tem bases no firme apoio de professores e estudantes universitários, os quais de há muito compreenderam que a ciência e a tecnologia constituem forças fundamentais de progresso e que a Reforma Universitária deve prosseguir, se não à

frente, pelo menos em perfeito sincronismo com as outras reformas de estrutura que os novos tempos brasileiros nos impõem.

No discurso de João Goulart existem elementos novos na abordagem da criação dos institutos básicos: sua vinculação a um ciclo básico de estudos nas universidades brasileiras. Este ciclo básico resultaria na absorção dos excedentes. João Goulart, por duas vezes, menciona que a Reforma Universitária seria executada com apoio de professores e estudantes. O golpe militar de 1964 abortou esta iminente reforma, aliás, como as demais reformas de base de então.

Com a ditadura militar, o enfoque sobre o apoio de professores e estudantes à Reforma Universitária muda radicalmente. O primeiro discurso de Castello Branco (*Capes*, n.141, ago. 1964, p.2-5) sobre o tema ilustra essa mudança:

> É do conhecimento de todos a grave e lamentável situação que a Revolução encontrou no setor da educação, onde o Poder Público não pecou apenas pela omissão, mas também pela complacência e, por vezes, pela ação deletéria. Era com a própria orientação, com apoio ostensivo e, mais do que isso, com a ajuda perdulária do Ministério da Educação e Cultura, que se desenvolvia uma obra de agitação e subversão. [...] A ação do Governo deverá estender-se à comunidade estudantil. [...] Nesse ponto é flagrante que precisamos nos entender melhor. Uma universidade não é um campo neutro, frequentado pelos que têm gosto pelas delícias intelectuais, nem é apenas centro de formação de profissionais liberais, ou de pesquisadores e professores. É muito mais do que isso. Representa um organismo vivo, em permanente e recíproca comunicação com os anseios e aspirações populares, que deve atender ou corrigir, quando necessário. Daí haver notado Amoroso Lima ser "uma ilusão pensarmos em ter universidades modelares, em um país desorganizado e caótico". Aliás, já que vos lembrei o nome do ilustre educador, não poderemos esquecer as palavras que, em 1958, proferia contra a "perigosa tendência de infiltrar a universidade de preocupações políticas, especialmente entre o corpo discente, que poderá ser amanhã completamente desastrosa". É que aí, como em tudo, deve haver uma boa medida, um equilíbrio. [...] Se ao professor não cabe fazer proselitismo com o objetivo de impor ideias ou ideologias, ao estudante compete não ficar a serviço de qualquer grupo, servindo por vezes de joguete nas mãos que desejam

a subversão. É preciso não marcar a vida do estudante de hoje, possivelmente o dirigente de amanhã, com a vinculação à subversão, à corrupção, ou à vadiagem onerosa dos falsos movimentos estudantis.

Castello Branco demonstra ter clareza de que a universidade não é um campo neutro. Não haverá universidade organizada em uma sociedade desorganizada. Com o intuito de equacionamento social, Castello Branco expõe qual o papel que professores e estudantes devem ter na universidade, possibilitando sua organização segundo os moldes dos novos ocupantes do poder.

Neste novo contexto, ainda há a concepção de que a universidade é local de investigação científica e de que os institutos de pesquisa são mais apropriados para isso:

> Bem compreendestes que a universidade moderna tem o seu dinamismo nas atividades de investigação. E foi por assim entender que vos empenhastes na instalação e equipamento dos vossos institutos de pesquisa, aos quais está certamente reservada função tão importante quanto a das escolas superiores. (ibidem, p.1)

Cerca de um ano depois do golpe militar, Maurício Rocha e Silva (*Documenta*, n.38, jun. 1965, p.16), agora presidente da SBPC, volta a abordar o tema da possível reformulação do ensino superior brasileiro sob os auspícios da LDB:

> A Lei de Diretrizes e Bases é um aquário, de águas às vezes turvas, onde podem ser pescados peixinhos e peixões, desde que utilizado o instrumento poderoso da exegética do seu texto.[14]

Maurício Rocha e Silva destaca o que a LDB não contém; indicando, portanto, o que essa omissão possibilita:

---

14 Palestra realizada em 28 de abril de 1965 no Centro Acadêmico Rocha Lima, da Faculdade de Medicina de Ribeirão Preto, da qual era professor. Também na *Revista Brasileira de Estudos Pedagógicos*, n.101, jan./mar. 1966, p.124-34. As citações são da edição da *Documenta*.

Em algum lugar, já disse que os vetos apostos a alguns dos artigos da Lei, como fora aprovada pelo Congresso, podem ser considerados uma tentativa de reforma do ensino superior, suprimindo as drásticas regulamentações que eram impostas ao processo de escolha do professor catedrático (art. 75), à obrigatoriedade do ensino se fazer por meio da cátedra (art. 74), e a obrigatoriedade de toda universidade possuir uma Faculdade de Filosofia, Ciências e Letras, nos moldes tradicionais do Brasil (art. 79), todos vetados em parte ou totalmente no ato de sancionar a Lei de Diretrizes e Bases.

Maurício Rocha e Silva chama a atenção para algo que parece não ser óbvio: desde os vetos à LDB de 1961 estão dadas as bases para a Reforma Universitária. Após abordar outros assuntos, o autor conclui conclamando para que essa reforma seja feita, sempre com o propósito de que a universidade passe a desenvolver pesquisa científica:

É contra essa mentalidade retrógrada de formar apenas médicos, engenheiros ou advogados que nos devemos insurgir, porque o Brasil precisa muito mais do indivíduo que descobre as causas de que do que corrige sintomas, daquele que investiga as razões profundas do nosso subdesenvolvimento, do que daquele que dá esmolas para resolver momentaneamente um mal secular. E descobrir causas e investigar razões é o objetivo da pesquisa científica. Nisso a Lei de Diretrizes e Bases não é omissa, pelo contrário, é muito explícita; no seu art. 66 diz textualmente: "A finalidade do ensino superior é a pesquisa, o desenvolvimento das ciências, artes e letras e a formação de profissionais de nível superior". Se insisto neste ponto, para terminar, é porque tenho a profunda convicção de que é nesse artigo da Lei de Diretrizes e Bases que devemos fundamentar a nossa Reforma Universitária. (ibidem, p.20)

Os Decretos-Lei n.53, de 18 de novembro de 1966, e n.252, de 28 de fevereiro de 1967, retomam a Reforma Universitária. A associação compulsória entre ensino e pesquisa consagrada por esses decretos visava não aprofundar a diferenciação entre faculdades de formação profissional e os institutos de ciência básica. Os dois decretos apresentam novamente a possibilidade de substituição das FFCL por institutos de ciência básica. O desmembramento das FFCL possibilitaria que a pesquisa científica adquirisse autonomia em institutos universitários próprios. A Sociedade

Brasileira para o Progresso da Ciência teve participação ativa no desenrolar da reestruturação universitária nessa direção. Acompanhar como a SBPC apresentou o tema pode esclarecer o papel centrífugo que os cientistas desempenharam na dissolução das FFCL.[15]

Em 9 de julho de 1967, Maurício Rocha e Silva fez o discurso inaugural da 19ª Reunião Anual da SBPC, realizada no Rio de Janeiro. Esse discurso foi posteriormente publicado como editorial da revista *Ciência e Cultura*, órgão oficial da SBPC. O tema da reunião da SBPC e de seu discurso de abertura foi a Reforma Universitária. Nesta ocasião, Maurício Rocha e Silva analisou os Decretos-Lei n.53/66 e n.252/67. Segundo o presidente da SBPC, esses dois decretos lançaram as bases da verdadeira Reforma Universitária no país. Segundo Maurício Rocha e Silva, o Decreto-Lei n.53 tornou obsoleta no regime federal de ensino superior a FFCL. O autor demonstra júbilo ao comentar que o presidente da 19ª Reunião Anual da SBPC e reitor da UFRJ – Raymundo Moniz de Aragão – provavelmente falaria naquele encontro sobre sua contribuição pessoal na elaboração desses decretos:

> Esperamos com ansiedade o discurso do presidente desta Reunião que nos dirá da sua contribuição pessoal para a elaboração dos dois Decretos mencionados. (*Ciência e Cultura*, v.19, n.3, set. 1967, p.541)

Maurício Rocha e Silva destaca a importância do art. 4º do Decreto-Lei n.53/66 (*Documenta*, n.62, nov. 1966, p.48):

> Art. 4º – As unidades existentes ou parte delas que atuem em um mesmo campo de estudo formarão uma única unidade na universidade [...]. Nas universidades em que houver Faculdade de Filosofia, Ciências e Letras, esta sofrerá transformação adequada à observância do disposto neste artigo.

Com esse decreto, as FFCL deveriam ser transformadas em unidades que comportassem um mesmo campo de estudo. Elas poderiam ser transformadas em institutos. No entanto, surge uma questão: embora a pesquisa

---

15 Sobre a SBPC, veja o livro *A construção da ciência no Brasil e a SBPC* (1990), de Ana Maria Fernandes.

científica pudesse ser executada separadamente das FFCL, organizando-se em institutos universitários autônomos, os futuros químicos, matemáticos, físicos, biólogos não poderiam mais exercer a profissão de professores? A solução encontrada foi enfatizada por Maurício Rocha e Silva (*Ciência e Cultura*, v.19, n.3, set. 1967, p.540):

> A formação do professor secundário será feita através de um sistema análogo ao da formação de qualquer outro profissional, que terá que completar os seus créditos nas unidades fundamentais para ter acesso às unidades do Ciclo profissional. Vê-se aqui a grande superioridade deste sistema sobre o superado sistema de Faculdades de Filosofia, Ciências e Letras. Até agora, todo esse complicado sistema de Faculdade de Filosofia, tinha como função precípua formar professores secundários, o que, convenhamos, era o método mais caro e absurdo de formar professor secundário num país que precisa dele a mancheias. [...] Um professor de química para o curso secundário terá a sua formação básica nas unidades fundamentais e fará créditos de acordo com o que for estabelecido pela sua unidade profissional, que será a Faculdade de Educação, mas a sua formação será totalmente distinta da do químico que vise ao doutoramento em Química ou que se encaminha para uma das profissões cuja base é a química. O mesmo se poderia dizer para o professor de Física, de Biologia, de Matemática, de Filosofia, de Letras.

Maurício Rocha e Silva (*Ciência e Cultura*, v.19, n.4, dez. 1967, p.633) reforçará essa solução no número seguinte da revista *Ciência e Cultura*:

> A Faculdade de Filosofia, na sua função de formar professores secundários, sobreviverá numa Escola ou Faculdade de Educação que terá a mesma importância ou status das outras unidades profissionais.

Em 1963, Paulo Sawaya, ao descrever na 15ª Reunião Anual da SBPC os resultados do simpósio sobre as FFCL, relatou que alguns participantes propuseram a repartição das FFCL em duas: Faculdades de Ciências e Faculdades de Filosofia e Letras, pressupondo que as ciências humanas ficariam nesta última. Porém, se isso ocorresse, os químicos e biólogos, por exemplo, que desejassem também ser professores teriam de cursar disciplinas pedagógicas na Faculdade de Filosofia e Letras. Portanto, provavelmente tenha sido este o motivo de que, em 1963, alguém tenha proposto a divisão em três: Faculdades de Filosofia, Faculdades de Ciências e Faculdades de Educação. Assim, as Faculdades de Educação seriam espaço comum dos herdeiros da FFCL. Como os cientistas almejavam se ordenar em institutos universitários, esta solução foi viabilizada. Os defensores da universidade como formadora de pesquisadores e cientistas não desejavam que estes perdessem a possibilidade de ocupar a carreira de professores de grau médio. Em julho de 1967, o discurso de Maurício Rocha e Silva na abertura da 19ª Reunião Anual da SBPC confirma esta preocupação.

Em decorrência dos Decretos-Lei n.53/66 e n.252/67, o Conselho Federal de Educação aprovou em 9 de maio de 1968 a Indicação n.11:

> Para reduzir os efeitos do descompasso acima referido entre as necessidades da escola média e a deficiência de professores regularmente formados, sugere o aproveitamento, no magistério em nível médio, de portadores do diploma de curso superior mediante frequência das matérias pedagógicas em Faculdades de Educação. As disciplinas em que a carência de professores é mais aguda são: Matemática, Ciências Físicas e Biológicas, Física, Química e Biologia, bem como as disciplinas específicas do ensino médio técnico. (Vasconcelos, *Documenta*, n.86, maio 1968, p.132)

Essa indicação visava aumentar o número de professores de grau médio. Ela legitimava que graduados em institutos de ciência básica, após o fim das FFCL, pudessem se tornar professores, contanto que complementassem nas Faculdades de Educação sua formação como docentes.

Após o intervalo provocado pelo golpe militar de 1964, retoma-se três anos depois o projeto de reestruturação das universidades brasileiras. Em 1967 e 1968, se agrava o problema dos excedentes, isto é, alunos que tiraram as notas mínimas nos exames para cursar o ensino superior, mas não conseguiram vagas nas universidades públicas. Os conflitos estudantis por acesso ao ensino superior público e contra a ditadura se intensificam. A urgência na reformulação do ensino superior brasileiro torna-se patente. Com a formação do consenso em grande parte da intelectualidade brasileira da necessidade de substituição das cátedras pelos departamentos e das FFCL pelos institutos de ciência básica é chegada a hora de elaboração da Lei de Reforma Universitária.

3
A REFORMA UNIVERSITÁRIA
E A DITADURA MILITAR

> *É na participação viva dos acontecimentos que temos condições de nos revelar. Por isso somos vulneráveis. Não ficamos atrás da cortina. Estamos sendo vistos e ouvidos. Cada palavra nossa é peso e medida de nosso julgamento.*[1]

Em seu início, a ditadura brasileira convivia com o parlamento ativo, com a imprensa sem censura prévia e com o judiciário razoavelmente atuante. Neste cenário, é possível vislumbrar o que se pretendia para a modernização da universidade brasileira acompanhando os debates parlamentares sobre a Reforma Universitária. A Lei de Reforma Universitária foi elaborada antes do estrangulamento completo das opções ao projeto autoritário de sociedade concretizado com o AI-5. Seguir a difícil elaboração da Lei n.5.540, de 28.11.1968, que forneceu as normas para a renovação do ensino superior no Brasil, possibilita testemunhar a gradativa ruptura ocorrida na sociedade brasileira na segunda metade da década de 1960. Até então, eram formuladas diversas possibilidades de futuro. Nessa época, fecha-se o leque de opções e destroem-se, no término do período estudado, alternativas ao que propunham os ditadores. Nas últimas décadas, esse dispositivo legal foi analisado por diversos estudiosos da educação brasileira. No entanto, ao ler algumas das análises, verifica-se que dedicam atenção à ação parlamentar na configuração dessa lei apenas nas vésperas de sua elaboração. Nesta parte do trabalho, pretende-se acompanhar o debate parlamentar

---

1 José Bonifácio – presidente da Câmara dos Deputados. *Anais da Câmara dos Deputados*, 30 nov. 1968, Brasília, v.35, p.457.

sobre a Reforma Universitária pelo período de dois anos legislativos – 1967 e 1968 – que desembocam quase simultaneamente na Lei n.5.540/68 e no AI-5. Isso coloca a Reforma Universitária em uma perspectiva mais ampla, possibilitando melhor compreensão da renovação do ensino superior ocorrida em momentos decisivos da escalada autoritária brasileira do final da década de 1960. Duas obras são referência importante na compreensão da Lei de Reforma Universitária. A dissertação de mestrado de 1986 de Maria Auxiliadora Nicolato (1986) e o livro de 1987 de Dermeval Saviani (2002). Maria Auxiliadora Nicolato estudou a configuração no Conselho Federal de Educação, na década de 1960, dos principais tópicos referentes à Reforma Universitária; os relatórios elaborados em 1968 sobre a reforma; e a tramitação no Congresso Nacional do projeto de lei que desembocará na Lei n.5.540/68. Este último tema, importante para esta parte específica do atual livro, aborda as discussões parlamentares em outubro e início de novembro de 1968. O livro de Dermeval Saviani trata da elaboração da LDB de 1961 – Lei n.4.024/61; da Reforma Universitária de 1968 – Lei n.5.540/68; e da Reforma do Ensino Primário e Médio de 1971 – Lei n.5.692/71. Neste extenso panorama, no que se refere à Reforma Universitária, são privilegiadas as discussões parlamentares durante a votação da lei em 6.11.1968. No atual livro pretende-se colocar a tramitação final da lei de Reforma Universitária em uma perspectiva temporal mais ampla. Os debates parlamentares de outubro e novembro de 1968 sobre a Reforma Universitária serão mais bem compreendidos se inseridos no contexto de extermínio das possibilidades de redemocratização pretendida por parte da elite política brasileira em 1967 e 1968. Neste sentido, utilizando como referência o trabalho dos dois autores citados, o foco será ampliado.

A Reforma Universitária foi debatida na Câmara dos Deputados desde o início da década de 1960. No atual livro, optou-se por acompanhar a discussão em seus dois anos finais – 1967 e 1968 – porque esse debate chega a seu auge nesse período. Os 409 deputados da 6ª Legislatura foram eleitos para o mandato de 1967 a 1971. Sua eleição ocorreu sob o regime do bipartidarismo imposto pela ditadura. Ou eram do partido do governo – a Aliança Renovadora Nacional – Arena (270 deputados) – ou faziam parte da oposição – o Movimento Democrático Brasileiro – MDB (139 deputados). Tomaram posse em fevereiro de 1967, antes da nova Constituição que vigorou a partir de 15 de março daquele ano. Porém, já conheciam essa

Constituição, elaborada em janeiro de 1967. Os deputados dessa legislatura tinham consciência dos limites da atuação parlamentar sob o regime ditatorial. No entanto, ao menos no início de sua legislatura, tinham o propósito de que a atividade parlamentar sob a Constituição de 1967 pusesse fim ao arbítrio da ditadura; emoldurando o regime em uma legalidade precária, porém melhor do que a vigência dos Atos Institucionais. Estes deputados tinham esperança de que sob sua atuação se pudesse voltar à democracia. Para esta pesquisa, acompanharam-se os debates parlamentares sobre a Reforma Universitária desde o início da 6ª Legislatura do Congresso Nacional – 1.2.1967 – até o Ato Institucional n.5 – AI-5 – 13.12.1968. O AI-5 encerra, por mais de uma década, qualquer possibilidade de retorno ao regime democrático. A fonte privilegiada desta parte da pesquisa foram os *Anais da Câmara dos Deputados*. Para a história dos *Anais*, é apropriado consultar a "Síntese histórica dos Anais da Câmara dos Deputados", elaborada por Casimiro da Silva Neto (2003, p.711-21) na indispensável obra de referência sobre o tema intitulada *A construção da democracia*.

Os *Anais da Câmara dos Deputados* registram a atividade diária das sessões dessa Câmara. Sua disposição, portanto, é semelhante ao cotidiano legislativo. As sessões da Câmara dos Deputados, e também seus *Anais*, eram divididas em duas partes: Expediente e Ordem do dia. Os *Anais da Câmara dos Deputados* subdivide o Expediente em seis partes: Ofícios; Projetos lidos, a imprimir; Projetos apresentados; Requerimentos de informações apresentados; Discursos do pequeno expediente; Discursos do grande expediente. A segunda parte do funcionamento das sessões da Câmara – Ordem do dia – era destinada à discussão e votação dos projetos em pauta. Isso era chamado de Discussão e votação da matéria do avulso.

Nos *Anais da Câmara dos Deputados*, pesquisar os Ofícios apresentados possibilitou verificar, por exemplo, quando a Comissão Parlamentar de Inquérito – CPI – sobre o ensino superior foi instalada em 1967 e quais seus integrantes. Entretanto, a pesquisa nesta parte dos *Anais* trouxe resultados secundários para este livro. O levantamento dos projetos lidos, a imprimir ou dos projetos apresentados não foi útil a esta pesquisa, pois não era propósito inventariar todos os projetos educacionais apresentados. No entanto, esse acompanhamento foi feito no intuito de entender a discussão da Lei n.5.540, de 28.11.1968, que reformou a estrutura universitária brasileira. Os requerimentos de informações apresentados constituem as solicitações por parte dos deputados de informações aos outros poderes da República. Podem-se vislumbrar quais os interesses dos deputados verificando, por exemplo, quem pedia ao Ministério da Educação informações sobre a situação do ensino superior. No entanto, esses requerimentos de informações foram inúteis nesta pesquisa, pois não se publicavam nos Anais as respostas que os deputados recebiam. De grande importância para este livro foram os debates parlamentares dispostos nos Discursos do pequeno expediente, nos Discursos do grande expediente e na Discussão e votação da matéria do avulso; esta última mais conhecida como Ordem do dia.

Os Discursos do pequeno expediente eram coloquialmente chamados de "pinga-fogo". Era o momento em que os deputados faziam discursos breves – cerca de cinco minutos – sem interrupções ou apartes de outros deputados. Após o "pinga-fogo", a primeira parte da sessão da Câmara – o Expediente – era encerrada com os Discursos do grande expediente. A solicitação de oportunidade para esses discursos era feita em dias anteriores, dependendo da ordem dos inscritos. Eram discursos de trinta a quarenta minutos. Esses discursos recebiam frequentes apartes de deputados. Era o momento, por excelência, do debate parlamentar. Ocorriam cerca de dois a quatro por sessão, podendo aumentar de número em momentos de tensão. A segunda parte da sessão da Câmara, completando a atuação parlamentar, ocorria com a Discussão e votação da matéria do avulso. Além do encaminhamento e votação dos projetos em pauta, este momento era também utilizado para o debate parlamentar. Frequentemente nem se votava projeto algum, e a Ordem do dia era espaço para a discussão das questões prementes do período.[2]

Ao acompanhar os debates parlamentares, não se pretende discutir se os fatos relatados pelos deputados demonstram a compreensão correta da verdade. O propósito é verificar como a elite política brasileira apresentou no Parlamento o desenrolar dos acontecimentos ligados à Reforma Universitária no início da ditadura. A interpretação dos acontecimentos apresentada nos discursos parlamentares comporta preponderante propósito político. O debate parlamentar está intrinsecamente condicionado por intenções

---

2 Para facilitar a localização das fontes, serão usadas as seguintes abreviaturas: *Anais da Câmara dos Deputados* – Anais; Discursos do pequeno expediente – Dpe; Discursos do grande expediente – Dge; Discussão e votação da matéria do avulso (Ordem do dia) – Dvma.

políticas. A interpretação dos acontecimentos apresentada na Câmara dos Deputados depende das intenções políticas dos parlamentares. Não importa se no futuro a interpretação dos acontecimentos por parte dos parlamentares aqui relatada se mostre possivelmente equivocada. Pretende-se destacar como os deputados agiram em função de sua análise política contemporânea aos fatos abordados.

Na Câmara dos Deputados, os debates parlamentares não separavam em compartimentos diferentes os pronunciamentos sobre o ensino superior, a necessidade de reformas na estrutura universitária e a atuação do movimento estudantil. Em momentos diferentes, um desses aspectos ganhava ênfase, sem desvincular-se dos demais. Inicialmente, esses três temas aparecem amalgamados sob a discussão do problema dos excedentes; posteriormente, serão resumidos apenas nos dois últimos. No início de 1967, muitos candidatos ao ensino superior, principalmente ao curso de Medicina, tiraram as notas de acesso à universidade, mas não conseguiram vagas para cursar esta carreira. Até o final da década de 1960, o vestibular não era classificatório por ordem de notas obtidas pelos candidatos. Obter a nota de aprovação à carreira acadêmica era legalmente suficiente para cursar o ensino superior. No entanto, as universidades não possuíam vagas para todos os candidatos aprovados. Os aprovados, mas não matriculados, eram os excedentes. A primeira menção ao tema ocorre em março de 1967. Milton Reis (MDB-MG) elogia a escolha do deputado Tarso Dutra (Arena-RS) para o Ministério da Educação e Cultura – MEC – e destaca o problema dos excedentes. Segundo Milton Reis, cerca de quatrocentos estudantes da Guanabara – GB –, embora tivessem obtido as notas necessárias para ingressar no curso, não conseguiram vagas nas faculdades de Medicina e de Ciências Econômicas. Milton Reis solicita que o futuro ministro amplie o horário de funcionamento dos cursos de Medicina para que sejam alojados os candidatos excedentes. O deputado afirma que, em alguns dias da semana, não havia aulas de manhã ou de tarde. Com professores mais bem remunerados e pleno uso da infraestrutura existente, seria possível resolver o problema dos excedentes (*Anais*, Dpe, 7 mar. 1967, v.1, p.339-40).

A partir de então, o tema dos excedentes não mais abandonará as discussões parlamentares. Esse tema conduz a muitas solicitações de informação por parte dos deputados ao MEC. Algumas pedindo a esse ministério que envie ao Congresso sugestões de projetos na área do ensino superior. Para exemplificar, será citado Pedro de Faria (MDB-GB): "Pode o MEC encaminhar alguma sugestão ao Poder Legislativo para evitar a repetição de tristes e lamentáveis movimentos, anulando o descrédito internacional do nosso país no campo da educação?" (*Anais*, Dvma, 17 mar. 1967, v.2, p.299). Este é apenas fragmento de um exemplo dos requerimentos de informações apresentados pelos deputados tendo como destinatário o MEC. Eles serão constantes tanto em 1967 quanto no ano seguinte. Os *Anais da Câmara dos Deputados* não registravam as respostas obtidas por essas solicitações de informações.

Nem todos os deputados acreditavam na capacidade legislativa como resposta ao problema dos excedentes. Braga Ramos (Arena-PR) ressaltou a capacidade ociosa das universidades. Destacou também a necessidade do regime de dedicação exclusiva do corpo docente como maneira de ocupar a ociosidade da infraestrutura universitária, possibilitando assim duplicar o número de vagas. Entretanto, apesar de indicar ao ministro Tarso Dutra essas soluções, Braga Ramos não propõe projetos nesse sentido. Lamenta que não tenha sido editado um Ato Institucional que acabasse com os excedentes:

> *Braga Ramos* (Arena-PR):[3] Parece-nos que o ex-presidente Castello Branco, no uso daquelas atribuições que decorriam da revolução de 1964, deixou de editar o ato institucional que este país aplaudiria, ou seja, aquele que duplicasse o número de vagas nas escolas e permitisse às escolas superiores receber todos os estudantes que desejam preparar-se para enfrentar as grandiosas tarefas do futuro. Infelizmente esse ato institucional não veio. [...] Parece-me que as soluções para os grandes problemas são sempre simples. (*Anais*, Dpe, 28 mar. 1967, v.2, p.434)

A solução simples foi encontrada. No mesmo dia do discurso de Braga Ramos, o presidente Costa e Silva baixou o Decreto n.60.516/67 determinando que as universidades matriculassem os excedentes.

---

3 Braga Ramos, dentista, foi professor e diretor da Faculdade Estadual de Farmácia e Odontologia de Ponta Grossa (PR). Em 1961, foi secretário de Educação e Cultura do Paraná.

A ditadura, em seu período inicial, convivia com o judiciário ainda atuante. As universidades públicas recusaram-se a cumprir o decreto presidencial. As faculdades particulares de Medicina, como as da Santa Casa de São Paulo e a de Taubaté, por exemplo, entraram com mandatos de segurança nos tribunais e também se recusaram a cumprir o decreto de matrícula compulsória dos excedentes (*Anais*, Dpe, 11 abr. 1967, v.4, p.248-9). Porém, Costa e Silva conseguiu o que pretendia; isto é, a responsabilidade de os excedentes não cursarem o ensino superior não era do Executivo. O Decreto n.60.516/67 era claro. Quem obstruía os estudos dos candidatos que tiraram as notas de aprovação nos exames de ingresso ao ensino superior eram as universidades e faculdades que se recusavam a obedecer à presidência; e, também, o Judiciário, que concedia mandatos de segurança em favor dessas escolas.

Sob essa tensão do início do ano letivo de 1967 ocorre a invasão policial da Universidade de Brasília – UnB. Em 20 de abril, o embaixador norte-americano visitou a UnB em cerimônia de doação à biblioteca dessa universidade – por parte do governo dos Estados Unidos – de cerca de 3,5 mil livros. Estudantes da UnB recepcionaram o embaixador com manifestação de protesto contra a Guerra do Vietnã. Segundo discursos parlamentares, após o término da visita, a polícia militar invadiu a universidade com autorização do reitor da UnB – Laerte Ramos de Carvalho. Em sua biblioteca, espancou os manifestantes e prendeu quem estava presente. Quer fossem estudantes, professores ou funcionários. As prisões foram executadas sem levar em consideração se os presentes eram manifestantes ou não. A biblioteca da UnB e seus arredores passaram por um violento arrastão por parte da polícia militar, com cacetadas e prisões de quem estivesse em seu caminho. Pancadarias semelhantes já ocorriam em outras capitais; no entanto, esta foi a primeira a afetar filhos dos deputados desta legislatura – estudantes da UnB.

Diversos deputados se manifestam em protesto contra a invasão policial da Universidade de Brasília. Esse incidente foi visto como momento de decisão por parte do governo. Exige-se que Laerte Ramos de Carvalho seja demitido, demonstrando-se assim desacordo com a repressão. Cid Rocha (Arena-PR) usa uma expressão que descreve bem o momento. O que estava em jogo era a "democracia renascente" (*Anais*, Dpe, 24 abr. 1967, v.5, p.779). Até então, o governo de Costa e Silva era apresentado como democrático.

Nos discursos parlamentares existia uma nítida divisão da história recente. Castello Branco representava a ditadura. A presidência de Costa e Silva, sob a égide da Constituição de 1967, ambas em vigor desde 15 de março, representava a "democracia renascente". A atitude de Costa e Silva frente à invasão da UnB era o primeiro teste das características democráticas de seu governo. Portanto, o alvo dos discursos parlamentares não era o presidente Costa e Silva – bastião da "democracia renascente" –, mas o reitor da UnB – Laerte Ramos de Carvalho. Dependendo do que Costa e Silva fizesse com Laerte Ramos de Carvalho, ele seria definido como democrata ou ditador. Como exemplo, pode-se citar o discurso de Matheus Schmidt:

> *Matheus Schmidt* (MDB-RS):[4] Vi até a notícia de que o reitor da Universidade pretende punir os alunos responsáveis pela manifestação. Mas não vi até agora nenhuma declaração clara, nenhuma declaração nítida, de que pretenda o Governo fazer com os responsáveis pelo massacre da classe estudantil de Brasília, os responsáveis pelo que houve no campus da Universidade, para que sejam punidos.
>
> É preciso, portanto, que S. Exa. o Sr. presidente da República aproveite a oportunidade para se definir, para dizer ao país ao que veio, para dizer se deseja governar realmente com outros métodos de governo mais democráticos, ou se pretende apenas dar continuidade à obra do governo passado. (*Anais*, Dpe, 24 abr. 1967, v.5, p.781)

Inicia-se, com esse episódio, uma gradativa aproximação entre deputados da Arena e o MDB quanto à atitude que deveria ser tomada pela presidência para a preservação da "democracia renascente". A primeira delas: a demissão de Laerte Ramos de Carvalho do cargo de reitor da UnB. Para exemplificar alguns dos discursos de deputados da Arena, pode-se citar Wilson Braga:

---

4 Matheus Schmidt, advogado, era ex-aluno da UnB dos cursos de Planejamento Governamental e de Finanças Públicas. Eleito anteriormente pelo PTB, era, então, 2º vice-presidente da Câmara dos Deputados. O AI-2, em 1965, extinguiu todos os partidos políticos e criou o bipartidarismo entre Arena e MDB.

Wilson Braga (Arena-PB):[5] Violências várias já tinham sido praticadas, em todo o território nacional, contra universitários, em passeatas em vias públicas, mas como essa em que os policiais invadiram o recinto da Universidade, penetraram em sua biblioteca para espancar indefesos jovens universitários dentro de sua própria sala de estudos, nós ainda não havíamos contemplado neste imenso país. [...] Aqui não poderíamos deixar de lançar o nosso protesto contra essas arbitrariedades, fazendo apelo a S. Exa. o presidente da República, para que não só determine abertura de inquérito rigoroso, com a punição imediata dos responsáveis, mas para que defina uma política de diálogo com os estudantes. (*Anais*, Dpe, 24 abr. 1967, v.5, p.782)

Durante a Ordem do dia de 24 de abril de 1967 – primeira sessão após a invasão da UnB –, a demissão de Laerte Ramos de Carvalho foi exigida por diversos deputados. Mário Piva afirmou que foi Laerte Ramos de Carvalho quem levou a polícia para o *campus* da UnB, provocando os conflitos. O deputado destaca a violência policial:

Mário Piva (MDB-BA):[6] A ação policial foi de tal ordem, a violência foi tão indiscriminada, tão generalizada, que entre as setenta pessoas aprisionadas estavam professores que se encontravam na biblioteca no instante do acontecimento. (*Anais*, Dvma, 24 abr. 1967, v.5, p.826)

Neste momento dos debates, o único deputado que se manifesta em favor do reitor da UnB é o vice-líder da Arena – Geraldo Freire:

Geraldo Freire (Arena-MG):[7] E, apesar de sua pouca maturidade, no que condiz com a direção da sua vida, porque é muito jovem, ele, com a maturidade própria do espírito de educador, vem-se conduzindo de forma irrepreensível. (*Anais*, Dvma, 24 abr. 1967, v.5, p.829)

---

5 Wilson Braga, advogado, no início da década de 1950, como secretário de Relações Internacionais da UNE, foi ligado ao PCB. Em 1954, elegeu-se deputado estadual pela UDN. Em 1962, foi eleito como o candidato mais votado do Partido Socialista Brasileiro – PSB. Em 1965, com a adoção do bipartidarismo, filiou-se à Arena.

6 Mário Piva, economista e jornalista, era professor catedrático da Universidade da Bahia.

7 Geraldo Freire, advogado, vice-líder da Arena na Câmara dos Deputados, antes do bipartidarismo havia sido filiado à UDN.

Nesta altura dos debates frequentemente se divide a história recente entre ditadura e redemocratização. Castello Branco foi o ditador. Costa e Silva havia substituído quase todos os responsáveis pelo governo anterior. Laerte Ramos de Carvalho havia sido escolhido como reitor da UnB por Castello Branco – era homem da ditadura. Portanto:

> *Chagas Rodrigues* (MDB-PI):[8] Não se explica, nem à luz dos critérios do próprio Governo, que se mantenha uma das piores autoridades do Governo passado, que é este reitor, que só envergonha a cultura brasileira. (*Anais*, Dvma, 24 abr. 1967, v.5, p.829-30)

Costa e Silva é caracterizado como democrata sincero. Porém, sua sinceridade será desacreditada caso não demita Laerte Ramos de Carvalho:

> *Unírio Machado* (MDB-RS):[9] Os estudantes não poderão acreditar na sinceridade do presidente da República e do Ministro [da Educação] enquanto não for demitido o reitor da Universidade de Brasília, que se vem fazendo useiro e vezeiro no apelo a medidas policiais e à intervenção de forças armadas quando os universitários promovem manifestações. (*Anais*, Dvma, 24 abr. 1967, v.5, p.832-3)

Não se pretende concluir se a visão dos deputados aqui apresentada era ou não correta, mas realçar os efeitos políticos dessa apresentação da história recente. Nesse sentido, merece destaque o racha que esse debate provoca na Arena, aproximando setores deste partido das posições defendidas pelo MDB. Para exemplificar essa postura, pode-se citar a intervenção de Osmar Cunha, longamente aplaudida segundo os *Anais da Câmara dos Deputados*:

> *Osmar Cunha* (Arena-SC):[10] Quero, primeiro, prestar a minha homenagem e a minha reverência ao Deputado Geraldo Freire [Arena-MG], cuja palavra,

---

8 Chagas Rodrigues, advogado, anteriormente filiado ao PTB, havia sido governador do Piauí entre 1959 e 1963. Em 1964, era vice-presidente nacional do PTB.
9 Unírio Machado, advogado, desde 1954 foi deputado federal pelo PTB.
10 Osmar Cunha, advogado e professor universitário, havia sido prefeito de Florianópolis (SC) entre 1954 e 1958 pela coligação PSD-PTB. Desde 1960, era presidente da Associação Brasileira de Municípios.

neste instante, não representa a unanimidade do pensamento da Arena nesta Casa; pelo menos não representa o meu pensamento. (*Muito bem. Palmas.*) Tenho também filhos na Universidade de Brasília, e minha filha, que não estava envolvida no incidente chegou a casa em prantos, revoltada com a brutalidade criminosa da polícia militar de Brasília que, a esta altura, não deveria mais existir. Quero, também, deixar o meu repúdio à atuação do reitor da Universidade de Brasília, que, desde que assumiu a direção daquela entidade, só serviu para ser causa eficiente de constantes incidentes a acidentes. (*Palmas.*) Assim, meu caro Deputado [Mário Covas – MDB-SP], nós nos solidarizamos, neste instante, com a palavra de V. Exa., porque estamos ao lado do estudante. (*Muito bem; muito bem. Palmas prolongadas.*) Estamos ao lado da mocidade do Brasil. (*Muito bem. Palmas.*) Não queremos uma mocidade que se forme no terror (*Palmas.*) e que se forme no medo. (*Palmas prolongadas.*) Tenho a certeza de que o Sr. presidente da República não compactua com esses desmandos e há de a eles pôr cobro com a demissão do reitor da Universidade, que se mostrou mais uma vez incapaz para dirigir um estabelecimento de ensino superior. (*Muito bem; muito bem. Palmas prolongadas*). (*Anais*, Dvma, 24 abr. 1967, v.5, p.830)

No dia da invasão da UnB, 20 de abril de 1967 – portanto, sem ter este fato como motivo, pois o texto fora redigido na véspera –, *O Estado de S. Paulo* destaca a instabilidade da Arena. O artigo, sem assinatura de autor, intitula-se "Crise na Arena é uma luta de posições". O texto aborda a fragilidade constitutiva deste partido:

Rio, 19 – A crise que começa a corroer a Arena de baixo para cima surpreende os comandos de um partido, que se formou e até aqui viveu na base das soluções de autoridade, impostas em termos irrecorríveis e definitivos, foi definida, com precisão e objetividade, por uma alta figura do governo, como uma bomba de retardamento, deixada pelo marechal Castello Branco e que, agora, ameaça explodir nas mãos do presidente Costa e Silva. [...] A Arena, substancialmente, representa a cúpula udenista [UDN], assentada sobre as bases pessedistas [PSD], pessepistas [PSP], trabalhistas [PTB] e pedecistas [PDC]. [...] Um governo como o do marechal Castello Branco, armado de todo o instrumental de força, pôde impor a sua vontade absoluta e sufocar os protestos. Mas, o presidente Costa e Silva está percebendo que a crise poderá levá-lo a situação paradoxal de uma Arena dominada precisamente pelos antigos núcleos do PSD e do PTB, que são majoritários dentro da legenda e não mais se conformam com a subalternização a que foram condenados.[11]

A invasão da UnB detonou nas mãos de Costa e Silva a "bomba de retardamento" deixada por Castello Branco. A Arena começa a se estraçalhar com esse acontecimento.

Nos debates parlamentares, em abril e maio de 1967, o mais incisivo deputado a se manifestar contra Laerte Ramos de Carvalho é Hélio Navarro (MDB-SP). Ao descrever o reitor da UnB, usa termos pesados. O trecho a seguir fornece uma breve mostra da contundência do deputado ao se referir a Laerte Ramos de Carvalho:

> *Hélio Navarro* (MDB-SP):[12] Os tribunais espanhóis de Inquisição sentiriam inveja de sua assessoria administrativa. Seu comandante-em-chefe é um coronel da cavalaria, o qual deve ser a encarnação de alguma alma penada. Este mestre-escola de aluguel, este teórico da barbárie, ao defrontar com uma crise na universidade, vociferou: "só há uma forma de entender-se com essa cambada: é na borracha." Essa cambada, Sr. presidente, são, para aquele alquimista do terror, os universitários e as universitárias do Distrito Federal. [...] A primeira providência que se impõe é o imediato afastamento do Torquemada de Brasília, o Sr. Laerte Ramos. Não mais se admite a contemporização com esse divinizador da vingança e da turbulência. (*Anais*, Dvma, 26 abr. 1967, v.6, p.66-7)

Hélio Navarro faz vários outros discursos onde qualifica de maneira semelhante Laerte Ramos de Carvalho. Nesses discursos, há um ponto em comum: caracterizar Laerte Ramos de Carvalho como membro da ditadura alijada do poder desde 15 de março de 1967.[13] Novamente, é oportuno ressaltar que não se pretende concluir se os discursos parlamentares refletem a verdade, mas compreender como a história recente foi apresentada com propósitos políticos no Congresso Nacional. Hélio Navarro afirma que Laerte Ramos de Carvalho insuflara de propósito os conflitos estudantis com a intenção de favorecer a volta da ditadura – representada por Castello Branco:

---

11 Crise na Arena é uma luta de posições. *O Estado de S. Paulo*. São Paulo, 20 abr. 1967, p.3.
12 Hélio Navarro, formado em Direito pela USP em 1965, havia sido presidente do Centro Acadêmico XI de Agosto.
13 Veja, por exemplo, *Anais*, Dpe, 3 maio 1967, v.6, p.811-2.

Hélio Navarro (MDB-SP): Senhor presidente, o ex-ditador Castello Branco conspira. Seus prepostos têm feito reiterados pronunciamentos, dos quais ressumam a indignação e irritação, em face das anunciadas revisões da política nacional, daquele que durante três anos sufocou e atrasou este país. [...] Para investir contra seu ex-ministro da Guerra [Costa e Silva], [...] é imprescindível a criação de um clima aparente de agitação em larga escala e de ameaça de subversão da ordem pública e social. Sob este ponto de vista, nada mais acertado que fomentar a intranquilidade nos meios universitários. Para tanto, dispõe o Sr. Castello Branco de dois homens-chave: os Srs. Laerte Ramos e Suplicy de Lacerda. Daí as pressões exercidas sobre o Sr. Tarso Dutra [ministro da Educação], com o objetivo de arrancar a indicação desse último para a reitoria da Universidade Federal do Paraná. Tais pressões são mais do que sintomáticas: são o reflexo nítido de propósitos escusos daquele que pretende retornar ao poder. De outra parte, o Sr. Laerte Ramos, homem da sua absoluta confiança, tem agido à altura da missão impatriótica que lhe foi cometida. Determinando o espancamento dos estudantes, na Universidade de Brasília, no último dia 20 de abril, ele forçou uma série de manifestações de protestos e repulsas. [...] De conseguinte, esteja atento o Senhor presidente da República. A permanência do Sr. Laerte Ramos na reitoria da Universidade de Brasília e a possível nomeação do Sr. Suplicy de Lacerda para a reitoria da Universidade Federal do Paraná serão constantes motivos de desentendimento entre o governo e a classe universitária. Estes dois inimigos públicos e declarados dos estudantes são peças fundamentais no esquema de provocação e agitação montado pelo Senhor Castello Branco. (*Anais*, Dvma, 8 maio 1967, v.7, p.454-6)[14]

Será difícil comprovar se os incidentes da UnB em abril de 1967 teriam algum propósito de favorecer o recrudescimento da ditadura, representada então nos discursos parlamentares pela figura de Castello Branco. Se Castello Branco pretendia, em médio prazo, utilizar a possível crise institucional provocada pelos distúrbios estudantis para justificar sua volta forçada à presidência, seus planos foram impedidos pelo desastre aéreo que o matou em 18 de julho de 1967. Elio Gaspari (2002, p.261), em seu

---

14 Laerte Ramos de Carvalho continuou como reitor da UnB até novembro de 1967. Sobre Laerte Ramos de Carvalho, veja a tese de Bruno Bontempi Júnior (2001).

A ditadura envergonhada, refere-se à queda do avião que matou Castello Branco em um único parágrafo de seu livro:

> Era domingo, 2 de julho de 1967. Livre da impopularidade do cotidiano do poder e respeitado pela decência pessoal com que se conduziu no governo e fora dele, Castello Branco, o general que fora colocado na Presidência por um golpe militar, poderia vir a se tornar o principal obstáculo a qualquer surto ditatorial. Dezesseis dias depois da conversa com Krieger [líder da Arena no Senado], Castello voava pelo interior do Ceará, após uma viagem de reminiscências. O bimotor em que viajava entrou irregularmente no caminho de uma esquadrilha de jatos da FAB em voo de treinamento. "Eu senti que a asa bateu em alguma coisa. Achei que fosse algum pássaro", lembrou o aspirante Alfredo Malan. Filho de um amigo de Castello, o general Alfredo Souto Malan, ele só soube o que sucedeu quando pousou, no fim do exercício. O Piper Aztec em que viajava o ex-presidente perdera o estabilizador vertical e o leme, caíra voando em círculos e terminara numa capoeira. Com o pulmão dilacerado e duas pernas fraturadas, o marechal estava morto. Se o governo se preparava para romper a legalidade, acaba-se num acidente estúpido o único homem capaz de, sozinho, encarregar-se do setor militar.[15]

Hélio Navarro, dois meses antes da queda do avião que matou Castello Branco, apontava o ex-presidente como conspirador que pretendia aprofundar a ditadura. Elio Gaspari, 35 anos depois da morte de Castello Branco, descreve o ex-presidente como capaz de evitar o agravamento da ditadura por parte de Costa e Silva. São visões opostas; no entanto, têm algo em comum: Castello Branco estava no caminho de Costa e Silva. Parece implausível que um jato da FAB batesse por acaso no avião que conduzia Castello Branco pelos céus do Ceará.

Lira Neto, em sua biografia do ex-presidente, narra que Castello Branco receara viajar de avião em abril de 1963, pois seu sobrinho – o tenente--coronel aviador João Hipólito da Costa – lhe confidenciara os planos para derrubar o avião do então presidente João Goulart. (Lira Neto, 2004,

---

15 Casimiro da Silva Neto, em obra aqui citada, p.513, informa a data da morte de Castello Branco em 18 de julho. Lira Neto, em seu *Castello*: a marcha para a ditadura (2004, p.409), também registra a morte de Castello Branco em 18 de julho.

p.206). Ao descrever a queda do avião de Castello Branco, Lira Neto (ibidem, p.412) não relaciona os dois episódios; no entanto, afirma que "as suspeitas de atentado permaneceriam para sempre".

Para uma descrição detalhada da queda do avião de Castello Branco, Elio Gaspari indica a leitura de Hernani D'Aguiar. O coronel Hernani D'Aguiar – secretário da Presidência e chefe do Gabinete Pessoal do presidente Costa e Silva – descreve que o avião que transportava Castello Branco e o jato da FAB seguiram exatamente as instruções do controle de voo do aeroporto de Fortaleza. Portanto, "pode não haver culpados, individualmente, mas o funesto acontecimento provou, fora de qualquer dúvida, falha no sistema de segurança do Aeroporto Pinto Martins, em particular no que concernia ao seu controle de voo" (D'Aguiar, 1999, p.83). Hernani D'Aguiar não comenta se as investigações posteriores determinaram quem estipulou a rota de colisão dos dois aviões; e se isso foi acidental ou não. Morto em desastre aéreo, Castello Branco não era mais obstáculo para Costa e Silva.

Retornando aos debates sobre os incidentes da UnB, é em meio às discussões sobre os excedentes, a repressão ao movimento estudantil, a "democracia renascente" e conspirações para a volta da ditadura que pela primeira vez é proposta explicitamente nessa legislatura da Câmara dos Deputados a necessidade da Reforma Universitária. Quem a defende inicialmente é Bezerra de Mello:

> *Bezerra de Mello* (Arena-SP):[16] Desde que nasceu, a Universidade Brasileira apresenta defeitos graves, que até hoje não foram corrigidos. Nasceu sem rumo, cresceu a esmo e vive a muito custo. Hoje, graças a Deus, começa-se a pensar em reestruturá-la em profundidade, não só no papel, mas na prática. E esta reestruturação impõe-se a cada dia que passa. [...] Mas uma reestruturação ou reforma universitária de base para ser bem executada precisa ser bem planejada sob pena de fracassar. Estamos fartos de improvisações e de imitações. O transplante puro e simples de outros sistemas para o nosso meio tem-se revelado não só violento, mas até inexequível. A adoção de modelos importados tem trazido inúmeros inconvenientes ao ensino universitário, por falta de uma visão clara da realidade brasileira e dos nossos problemas fundamentais.

---

16 Bezerra de Mello, além de padre, era professor e psicólogo.

[...] Mais importante do que o número de estudantes, é certamente, a *qualidade do ensino* que lhes será ministrado. A multiplicação pura e simples de escolas, sem a preparação de um corpo docente especializado, sem a instrumentação adequada, fará baixar o padrão não só das novas universidades, mas até das já existentes, obrigando o pessoal docente e técnico a horas extras de trabalho ou a uma corrida inglória. É necessário pois, formar mais docentes, especializar maior número de técnicos, equipar melhor as escolas e estabelecer regime de tempo integral tanto para o professor como para o aluno.[...] Estou certo que o Ministro Tarso Dutra executará na sua gestão a reforma universitária que todos esperamos. (*Anais*, Dpe, 28 abr. 1967, v.6, p.526-7)

A proposta de Reforma Universitária será momentaneamente ofuscada pelo fim das ilusões parlamentares quanto à "democracia renascente". O marco a romper tais esperanças será a repressão constante ao movimento estudantil e a prisão do jornalista Helio Fernandes em Fernando de Noronha; esta última tendo como justificativa jurídica o AI-2.

É irônico que, mesmo após sua morte, Castello Branco tenha sido usado para sufocar a "democracia renascente". Helio Fernandes, motivado pela morte do ex-presidente, escrevera em julho de 1967 artigo não muito elogioso sobre o ex-ditador. Foi levado a Fernando de Noronha, tendo como base jurídica de sua prisão a aplicação do AI-2. Em julho, o Congresso da União Nacional dos Estudantes – UNE – realizado no Conjunto Residencial da Universidade de São Paulo – Crusp – foi desmantelado, com vários líderes estudantis presos. Estes dois acontecimentos são relatados frequentemente em conjunto quando da reabertura do Congresso Nacional em agosto de 1967; são apresentados como prova do retrocesso ao regime ditatorial. A percepção da história recente muda nos discursos parlamentares. Até a morte de Castello Branco, o MDB apresentava este ex-presidente como o ditador. Em 24 de janeiro de 1967 é promulgada a nova Constituição. Essa Constituição entra em vigor junto com a posse de Costa e Silva, em 15 de março daquele ano. Havia um entendimento tácito de que a presidência de Costa e Silva, por ser constitucional, era o espaço propício para a redemocratização. Para tanto, estava subentendido também que os Atos Institucionais não tinham mais validade. A Constituição em vigor desde 15 de março substituíra o arbítrio dos Atos Institucionais. A prisão de Helio Fernandes faz desmoronar essa apresentação da história recente. Alguns deputados até entenderiam a prisão do jornalista, mas se fosse utilizada como base jurídica do encarceramento a draconiana Lei de Imprensa então em vigor. Mas justificá-la sob o abrigo do AI-2 era enterrar as esperanças parlamentares de que atuavam em um período de redemocratização.[17] Entre vários exemplos possíveis de discursos de deputados sobre o tema na reabertura dos trabalhos do Congresso Nacional, pode-se citar José Maria Ribeiro:

> *José Maria Ribeiro* (MDB-RJ):[18] Discordando mais da oportunidade do que dos termos do artigo publicado pelo jornalista Helio Fernandes; condenando a oportunidade, pois os termos do artigo já haviam sido escritos várias vezes, não poderíamos silenciar, na reabertura dos trabalhos desta Casa, diante da violência que foi cometida contra a Constituição votada, e votada de que maneira por este Congresso. Senhor presidente, a invocação dos atos institucionais faz-nos voltar aos dias duvidosos, aos dias de ansiedade que viveu o povo brasileiro até o dia 15 de março. Senhor presidente, se válida for a fórmula imaginada e executada pelo Governo Federal, no confinamento daquele jornalista, estaremos, hoje, sem a Constituição promulgada em 24 de janeiro e em vigor desde 15 de março e estaremos sob o guante dos atos institucionais. E então, Senhor presidente, nesta Casa não mais poderemos falar em democracia política, não mais poderemos, aqui comparecer e criticar sequer levemente o Executivo, dizer que estamos num regime democrático. Que, então, caia a máscara, para que a

---

17 O primeiro Ato Institucional ditatorial de abril de 1964 tinha prazo estipulado de vigência de 180 dias. Esse Ato Institucional preservou o foro da Justiça comum para os crimes políticos. Como João Goulart foi deposto na segunda metade de seu mandato e não tinha vice, pois era o vice de Jânio Quadros, a Constituição de 1946 previa eleições indiretas para o presidente que terminaria seu mandato. Castello Branco foi eleito pelo Congresso Nacional para um mandato-tampão até as eleições presidenciais de 1965. Nesse ano, Castello Branco arrancou do Congresso Nacional a prorrogação de seu mandato até 15 de março de 1967. No entanto, foi mantida em 3 de outubro de 1965 a eleição para governador em doze dos 21 estados da Federação. Os candidatos governistas não se elegeram na Guanabara e em Minas Gerais. Três semanas após essa eleição, Castello Branco decreta o AI-2, dissolvendo os partidos políticos de então. O AI-2 cancelava as eleições diretas para presidente e transferia para a Justiça Militar os processos políticos. Com a posse de Costa e Silva, em 15 de março de 1967, os deputados presumiam que o AI-2 estava extinto e a nova Constituição normatizaria o Estado de Direito. Para mais detalhes, consultar Casimiro Pedro da Silva Neto (2003, p.472-550).
18 José Maria Ribeiro, advogado, ligado ao PTB, havia sido em 1961 chefe do Gabinete Civil do Governo do Estado do Rio de Janeiro.

história possa registrar a consciência dos homens públicos neste momento que vive a nação brasileira. (*Anais*, Dpe, 1º ago. 1967, v.15, p.466)[19]

David Lerer apresenta a prisão de Helio Fernandes e a repressão ao Congresso da UNE como duas faces da mesma moeda, indicando o fim das esperanças de redemocratização do regime:

> *David Lerer* (MDB-SP):[20] O presidente Costa e Silva havia obtido, com a declaração de que não pretendia usar as leis totalitárias que herdou, uma trégua política no país. Obteve, com algumas intenções positivas no terreno da política externa e econômica, um desafogo na nação cansada. As duas primeiras provas sérias, porém, – UNE e Helio Fernandes – vieram demonstrar a fragilidade das esperanças democratas. Toda sorte de violências foi cometida contra os estudantes durante o mês de julho, visando a realização do Congresso da UNE. Desde a brutal invasão do Crusp em São Paulo até a prisão de líderes acadêmicos, ocorrida nos últimos dois dias. Protestamos contra a prisão dos Acadêmicos Aluísio Nunes Ferreira Jr., presidente do XI de Agosto, José Dirceu, presidente do 22 de Agosto da Faculdade de Direito da Universidade Católica, e José Arantes, presidente do Grêmio da Faculdade de Filosofia da USP. Estas prisões, prenúncio de outras, atingem toda a classe estudantil. O MDB considera-se atingido pela arbitrariedade e pede a libertação dos presos. [...] Confiamos na ação da Justiça brasileira, que não se corrompe e não se curva. A Justiça trará Helio de volta, temos certeza. A Oposição espera simplesmente que o Governo cumpra a decisão da Justiça. É o único caminho. Não há outro. Aliás, há: é o caminho do precipício. (ibidem, p.474-5)

Estes são apenas dois exemplos, entre diversos, que sinalizam na mesma direção. As dúvidas sobre os caminhos da redemocratização também são compartilhadas por deputados da Arena. Flores Soares é exemplo dessa proximidade de análise entre Arena e MDB:

---

19 Quando um parlamentar, em seu discurso, dirige-se ao sr. presidente, está se referindo ao presidente da Sessão da qual participa na Câmara dos Deputados. Quando se tratar do presidente da República, isso será mencionado pelo deputado.

20 David Lerer, médico, antes da obrigatoriedade do bipartidarismo em 1965, foi filiado ao PSB.

Flores Soares (Arena-RS):[21] Mas o que a Nação precisa saber, o que a Nação tem o direito de saber, é se está em plena vigência a Constituição (*Muito bem.*) ou se voltamos aos famigerados Atos Institucionais. Recordo a V. Exa. [Raul Brunini – MDB-GB] e à Casa, a luta que travamos aqui, quando recebemos o Projeto da Constituição. Dizia-se então que, ainda que fosse imperfeita, ainda que pudesse merecer as mais acerbas críticas, ninguém poderia deixar de reconhecer que passaríamos a uma nova fase, regulada pela Constituição. Recordo também perante V. Exa. e à Casa, a luta travada no Capítulo dos direitos individuais. Foi esse um dos cavalos-de-batalha. Pois bem, se alguma coisa se conseguiu para defender na nova Carta política os direitos individuais, é de perguntar: Isso está ou não em vigor? O Governo tem ou não força para fazer cumprir a Constituição que jurou? (*Muito bem.*) Esta a tese que defendo, tese que nós todos temos obrigação de defender porque ai de nós se estiver ainda em vigor o Ato Institucional n.2. (*Anais*, Dge, 2 ago. 1967, v.15, p.742)

Nos pronunciamentos parlamentares envolvendo a legitimidade da prisão de Helio Fernandes também existe espaço para o humor. O líder do Governo na Câmara – Ernani Sátyro (Arena-PB) – apresenta aos demais deputados argumentos de que o jornalista não estava preso, mas apenas confinado em Fernando de Noronha; livre, portanto. Alguns deputados do MDB destacam a hilaridade das afirmações. Votara-se recentemente a ida de uma Comissão Parlamentar a Fernando de Noronha. Ernani Sátyro avisa:

Ernani Sátyro (Arena-PB):[22] Que vá a Comissão, que verifique. Mas, se quiserem, podem até não ir. (*Riso*) Talvez Vossas Excelências nem precisem ir.
Doin Vieira (MDB-SC):[23] Atenção! Mas queremos garantia para a volta.

Ernani Sátyro afirma ser desnecessária a visita da Comissão à ilha, pois tinha em mãos um telegrama interceptado do próprio Helio Fernandes:

---

21 Flores Soares, advogado e professor catedrático da PUC-RS. Ligado à UDN, havia sido secretário do Estado da Fazenda do Rio Grande do Sul entre 1956 e 1958.
22 Ernani Sátyro, advogado, chefe de Polícia da Paraíba, deputado federal pela UDN desde 1950, sendo seu último presidente em 1965. Era, então, o líder do Governo na Câmara.
23 Doin Vieira, economista e professor universitário, havia sido secretário da Fazenda de Santa Catarina entre 1962 e 1964.

Ernani Sátyro: "Vivo, aqui, em completa liberdade." (*Riso*)
João Herculino (MDB-MG):[24] Cercado por tubarões...
Ernani Sátyro: "Vivo aqui em completa liberdade..." (*Riso*)
A risada é para ele.
"...dentro de 27 quilômetros..."
Peço ao meu nobre colega João Herculino que, pelo menos, tenha a gentileza de ouvir a leitura do telegrama com o mesmo apreço que sempre tenho por V. Exa.
João Herculino: É que pensei que o telegrama fosse de Millôr Fernandes, e não do Helio. (*Riso*)
Ernani Sátyro: "...cercado de solidão por todos os lados. Faço o que quero, na hora em que quero. (*Riso*) O diabo é que não há nada o que fazer..." (*Riso*)
Está bom, não está? [...] Não considero que o jornalista Helio Fernandes esteja preso; ele está com domicílio determinado, está confinado, admitimos a expressão, mas não está preso.
João Herculino: É uma ilha! (*Anais*, Dvma, 4 ago. 1967, v.16, p.134-8)

Márcio Moreira Alves tem menos senso de humor. Associa a prisão de Helio Fernandes à prisão em São Paulo de padres e estudantes; vislumbrando o futuro fechamento do Congresso Nacional:

Márcio Moreira Alves (MDB-GB):[25] Nobre Deputado [Ernani Sátyro], estou acompanhando com grande encanto, como de hábito, o malabarismo jurídico que Vossa Excelência, mais uma vez, produz nesta Casa, para justificar legalmente atos ilegais, que depois são repostos na sua legalidade pelos tribunais. Congratulo-me com V. Exa. por haver denunciado à Casa o crime do Comandante de Fernando de Noronha, Major Costa e Silva, que feriu o Artigo 150, § 9.º, da Constituição da República, ao violar a correspondência do jornalista Helio Fernandes. Mas o que me parece importante no episódio do jornalista, e nos que se sucedem – como as prisões em São Paulo, de padres e estudantes, o cerceamento da liberdade do jornalista Flávio Tavares etc. – é o

---

24 João Herculino, contador, em 1965 havia sido vice-líder da bancada do PTB na Câmara dos Deputados. Em 1967, foi um dos fundadores do Centro de Ensino Unificado de Brasília – Ceub.

25 Márcio Moreira Alves, advogado e jornalista, era importante articulista do jornal carioca *Correio da Manhã*.

processo de ilegalidade progressivo no qual o Governo imerge, razão pela qual eu temo – e espero que a presença do Deputado José Bonifácio na Presidência desta Casa não seja um mau prenúncio, posto que nenhum Congresso Nacional foi fechado na história do país sem a presença de um Andrada – que se feche este Congresso por pura inutilidade, já que as leis que vota, a Constituição que aprova, de forma imposta, e tudo o mais da estrutura legal é destruído pelas interpretações falaciosas e pelas pressões militares, às quais o Governo se vê obrigado a submeter-se. Este o augúrio que desejava fazer a V. Exa. (ibidem, p.135)

João Herculino, ainda nessa Ordem do dia, destaca:

João Herculino (MDB-MG): É uma ditadura mentirosa, covarde, que não quer aparecer diante do mundo como ditadura. Finge de democracia. Isso é uma democracia de brincadeira. [...] Precisam da Câmara aberta. Precisam do Congresso aberto. [...] Não têm coragem de enfrentar a opinião pública do mundo. Querem passar por democracia, por isso precisam de nós. (ibidem, p.145)

Quanto ao possível fechamento do Congresso Nacional, o presidente da Câmara dos Deputados – José Bonifácio – responde a Márcio Moreira Alves:

José Bonifácio (Arena-MG):[26] Permito-me recordar ao jovem e brilhante Deputado Márcio Moreira Alves que, como S. Exa. acentuou, assinalou-se sempre a presença de um Andrada, estas, suas palavras – nos Congressos dissolvidos, e eles pertenceram a todos os Congressos deste país. Mas de outro lado, há registro histórico de que eles a cada Congresso dissolvido, promoveram em seguida a construção de outro. O jovem parlamentar, pois, não deve recear-se de ver interrompida a sua promissora e brilhante carreira política. (ibidem, p.142)

---

26 José Bonifácio, advogado, era presidente da Câmara dos Deputados. Em 1945, foi um dos fundadores da UDN e, desde 1946, deputado federal por esse partido.

A prisão de Helio Fernandes acaba com as ilusões parlamentares sobre a redemocratização do país em médio prazo. Tal ponto foi destacado neste livro, pois é a partir daí que muda o enfoque sobre o movimento estudantil nos discursos da Câmara dos Deputados. Até então, a ênfase era dada à legítima reivindicação de vagas para os excedentes. De agora em diante, os conflitos estudantis serão abordados como parâmetro da ação governamental a indicar o fechamento das possibilidades do jogo político. Um trecho do discurso de Doin Vieira ilustra como a discussão sobre o movimento estudantil não é feita de maneira a separá-la de outros temas do contexto político analisado:

> *Doin Vieira* (MDB-SC): Desejaria, nesta oportunidade, ressaltar ao nobre Líder [Pedro Vidigal – Arena-MG], que estamos vivendo um drama – drama trágico – em muitos atos. O primeiro deles, terá sido a repressão aos estudantes, seus espancamentos e o impedimento da realização de suas reuniões. No segundo ato, tivemos invasão de conventos e prisões de sacerdotes, já em São Paulo, um pouco mais próximo. Num terceiro ato, temos as violências contra a liberdade de imprensa, a prisão e confinamento de jornalistas, inclusive credenciados nesta Casa. Portanto, o drama se aproxima de Brasília e do Congresso. Haverá um quarto ato, nobre Deputado, e nos perguntamos: Qual será? – E por isso estamos preocupados e aflitos. (ibidem, p.148)

Um dos objetivos do MDB é convencer os deputados da Arena de que o progressivo retrocesso político afetará a todos. Tenta-se, em discursos e apartes, desmontar os argumentos apresentados pelo Executivo. A função desses discursos é impedir a unidade da Arena em torno da lógica autoritária. Uma das tarefas dos embates parlamentares é alertar para que a Arena também resista ao aprofundamento da ditadura. A repressão ao movimento estudantil fornece argumentos para esse processo de convencimento. Por exemplo, em discurso de Geraldo Freire (Arena-MG) defendendo que o Executivo não usava de métodos violentos, Mário Covas (MDB-SP) pede um aparte e utiliza incidentes da repressão aos estudantes para desmontar a exposição do vice-líder do partido do governo. No entanto, não se trata apenas de ataque à lógica governamental; busca-se o convencimento dos deputados da Arena para que desacreditem nos argumentos autoritários apresentados pela ditadura no início do segundo semestre de 1967. O efeito em Geraldo Freire foi desconcertante; ele não consegue manter seu argumento original da não violência governamental. Certamente, isso afetou outros deputados da Arena:

> *Mário Covas* (MDB-SP):[27] Permite, V. Exa., um aparte?
> *Geraldo Freire* (Arena-MG):[28] É uma honra para mim, eminente Líder.
> *Mário Covas*: V. Exa. sabe o que aconteceu durante o mês de julho, em São Paulo, quando os estudantes estavam em férias, num dos prédios em que moravam estudantes sem recursos? Durante a noite, a polícia – e não havia medida judicial a ser tomada – tirou do edifício jovens, moças e até professores...
> *Geraldo Freire*: Rapazes e moças, quer Vossa Excelência dizer? V. Exa. disse jovens e moças.
> *Mário Covas*: Rapazes e moças, e até professores. E, às três horas da manhã, levou-os às estradas distantes de São Paulo, onde foram abandonados. V. Exa. considera isso violência ou não? Se amanhã formos a essa tribuna e declararmos isto, V. Exa. dirá que a Oposição está radicalizando. No entanto, a mesma polícia que fez isso ou o mesmo secretário da Segurança Pública que determinou isso – a pedido, custa-nos crer, de um reitor universitário [Gama e Silva – reitor licenciado da USP e ministro da Justiça] – declara que o fato de informarem jornais acerca do congresso e acerca do fato de ele ter sido realizado sem que a polícia tivesse tomado conhecimento, representava uma maneira de informar que, por si só, já constituía um atentado à segurança nacional [referência ao Congresso da UNE no Crusp]. Considera V. Exa. isso uma violência ou não? Se amanhã formos a essa tribuna e citarmos esse fato, V. Exa., e certamente seu companheiro de vice-liderança, hão de dizer que estamos radicalizando as nossas afirmações. (*Anais*, Dvma, 10 ago. 1967, v.16, p.858)

O Executivo também tinha seus instrumentos de convencimento de que seus procedimentos eram os mais apropriados. Um deles era levar seus ministros para prestar esclarecimentos ao Congresso Nacional. O principal objetivo dos depoimentos ministeriais e respostas às questões dos parlamentares era manter a unidade do partido do governo – a Arena. Com

---

27 Mário Covas, engenheiro, foi eleito deputado federal em 1962 pelo Partido Social Trabalhista – PST. Era, então, líder do MDB na Câmara dos Deputados.
28 Geraldo Freire, advogado, deputado federal pela UDN desde 1954, era vice-líder da Arena na Câmara dos Deputados.

essa finalidade, Tarso Dutra (Arena-RS) – deputado licenciado e ministro da Educação e Cultura – comparece à Câmara dos Deputados em 26 de setembro de 1967. Em seu discurso, Tarso Dutra realça que fora à Câmara espontaneamente; inclusive em "deferência às próprias forças da Oposição que, embora nela [na Câmara] minoritárias, cumprem uma legítima missão constitucional e democrática de auxiliar a administração pública pela crítica vigilante e construtiva" (*Anais*, Dvma, 26 set. 1967, v.22, p.118). Tarso Dutra ressalta que as supostas intrigas entre os ministros são invenção da imprensa. Utiliza a maior parte de seu discurso para criticar a imprensa. Finaliza citando o presidente da República e destacando que o regime democrático não deve ser perturbado por quem deturpa a verdade:

> *Tarso Dutra* (Arena-RS):[29] O presidente da República declarou, como chefe da Nação e líder do povo brasileiro, que o país "já se encontra em plena democracia, restando consolidá-la para evitar que tenham êxito os assaltos eventuais de seus inimigos. Disto é que cuida o Governo, inclusive quando insiste em promover o desenvolvimento geral do país". Para terminar, Sr. presidente e Srs. Deputados, apenas direi que não será nunca o Governo, com a sua orientação séria e construtiva, a ação eficaz e patriótica, e a configuração justa e humana, que haverá de comprometer a excelência e as virtudes do regime democrático, mas aqueles que mistificam a opinião, deturpam a verdade, perturbam as atividades produtivas e, por isso, intranquilizam a Nação! (ibidem, p.120)

O destaque dado à imprensa deve-se ao fato de que uma conversa informal do ministro, previamente combinada como sigilosa, em almoço com quatro repórteres – dois do *Jornal do Brasil*, outro do *Correio da Manhã*, e o quarto de *O Globo* –, ter sido publicada no dia 20 de setembro pelo *Jornal do Brasil*. Tarso Dutra afirma que ela foi distorcida. Mário Covas – líder da Oposição – interpela o ministro para separar o que fora realmente afirmado e o que sofrera distorção. Mário Covas foi hábil em utilizar a reportagem publicada como pauta para Tarso Dutra confirmar possíveis deturpações; conseguindo assim, também, conferir o que o ministro afirmara de fato. Quanto ao tema da Reforma Universitária, Tarso Dutra ressalta que:

---

29 Tarso Dutra, advogado, deputado federal pelo PSD desde 1950, licenciou-se da Câmara dos Deputados para assumir o Ministério da Educação e Cultura.

Tarso Dutra: Referia-me apenas ao apego às fórmulas tradicionais que sempre encontrei pela frente, no Ministério da Educação e Cultura, toda vez que queria iniciar uma reforma de qualquer dos níveis do ensino em nosso país. Falei em termos gerais, sobre o espírito conservador existente dentro de toda a área educacional do país. Não me referi em especial a qualquer universidade, muito menos a todas elas, em conjunto, como aqui se diz. No entanto, a informação foi deturpada a tal ponto, que nenhum reitor de universidade ficou excluído – todos são retrógrados, todos são inimigos das reformas – quando não se falou nem em reitor nem em universidade. Falou-se de forma geral, sobre as dificuldades que há para uma administração promover reformas de maior envergadura, de maneira geral. (ibidem, p.124-5)

Mário Covas e Tarso Dutra discutem longamente o tema da posse, caso fossem eleitos candidatos do MDB no Rio Grande do Sul – estado do ministro. Tarso Dutra afirma novamente que suas palavras foram distorcidas e que estava em vigor o regime democrático; portanto, os candidatos, quando eleitos, seriam empossados.

Segundo o ministro, o AI-2 foi editado para debelar a crise militar provocada pelo resultado das eleições diretas de governadores em 3 de outubro de 1965 – especificamente no caso da Guanabara e de Minas Gerais:

Tarso Dutra: É exatamente para evitar a reprodução, a presença, no quadro político brasileiro, desses fatores de perturbação democrática, que me ocorreu a ideia de aconselhar – se pudesse fazê-lo – os adversários de meu Estado, para que não fossem logo fixar-se em candidaturas que pudessem, não da parte do Governo, mas de outras áreas políticas [referência aos militares], como já tem acontecido, acarretar perturbações inconvenientes aos interesses nacionais. (ibidem, p.132)

Estão previstas eleições municipais para novembro do ano seguinte. Tarso Dutra aconselha ao MDB não escolher candidatos que afrontassem os militares. Em seguida, o ministro é novamente questionado sobre a Reforma Universitária; responde a Luiz Garcia (Arena-SE):

Tarso Dutra: Uma das diretrizes fundamentais da política atual do Governo, na área da educação, da cultura, da ciência e da tecnologia, é exatamente a completa reforma universitária, que não deve ficar apenas no ciclo básico profissional, de tal forma que a própria noção de escola de ensino superior desaparecerá, para estar presente no país apenas a universidade em si, toda ela, estruturada no englobamento de institutos básicos, departamentos de ensino, centros de ensino. Conforme a afirmação que fiz na Escola Superior de Guerra, tão deturpada na entrevista que supostamente concedi ao *Jornal do Brasil*, a universidade brasileira está situada como uma das áreas de atraso na evolução do ensino em nosso país. (ibidem, p.137)

Nenhum deputado contesta a visão do ministro. É razoável supor que muitos parlamentares concordassem que "a universidade brasileira está situada como uma das áreas de atraso na evolução do ensino em nosso país". Antes de expor em resumo suas ideias sobre a Reforma Universitária à Câmara dos Deputados, Tarso Dutra apresentou em detalhes sua análise sobre o tema a outra instância política: a Escola Superior de Guerra.

Logo após a visita do ministro da Educação, a Câmara dos Deputados decide criar seus próprios mecanismos de deliberação sobre a Reforma Universitária. Em 6 de outubro de 1967, Paulo Macarini (MDB-SC) discursa comunicando a solicitação de Comissão Parlamentar de Inquérito – CPI – sobre o ensino superior (*Anais*, Dpe, 6 out. 1967, v.24, p.67). Quatro dias depois, o ofício desta CPI é entregue com a assinatura de 123 deputados do MDB e 33 deputados da Arena. A CPI do ensino superior daria subsídios à Câmara dos Deputados para a completa reformulação da universidade brasileira. A CPI foi instalada no final do ano legislativo – em 29 de novembro –, funcionando efetivamente no ano de 1968 (*Anais*, 30 nov. 1967, v.32, p.616).

A CPI do ensino superior teve problemas de coerção por parte do DOPS ao depoimento de suas testemunhas. Em 7 de março de 1968, Ewaldo Pinto – presidente da CPI – envia ofício ao presidente da Câmara dos Deputados:

Ewaldo Pinto (MDB-SP):[30] Em face do constrangimento criado à testemunha Honestino Monteiro Guimarães,[31] pela presença, no recinto desta

---

30 Ewaldo Pinto, técnico em educação, era professor e jornalista. Desde março de 1967, era vice-líder do MDB na Câmara dos Deputados.
31 Honestino Monteiro Guimarães, na ocasião de seu depoimento na CPI sobre o ensino superior, era aluno no curso de Geologia da UnB e presidente da Federação dos Estudantes

Comissão, de elementos do DOPS, tenho a honra de solicitar providências de V. Exa. junto às autoridades competentes, no sentido de serem fornecidas à mesma, garantias de locomoção (saída e volta a CPI quantas vezes forem necessárias). A indébita interferência aqui descrita configura o crime de tentativa de impedimento, por ameaça, do regular funcionamento de Comissão Parlamentar de Inquérito, nos termos do item I do artigo 4º da Lei 1.579-52. (*Anais*, Ofícios, 13 mar. 1968, v.2, p.5)

Ewaldo Pinto solicita que as reuniões da CPI sejam reservadas, mencionando, entre outros artigos, o parágrafo 2º do artigo 43 do Regimento Interno:

> *Ewaldo Pinto*: Serão reservadas, a juízo da Comissão, as reuniões em que haja matéria que deva ser debatida com a presença, apenas, dos jornalistas, funcionários a serviço da Comissão e técnicos ou autoridades, devidamente convidados. (ibidem, p.5)

O tema da Reforma Universitária opõe membros da Câmara dos Deputados – especialmente os deputados da CPI do ensino superior – e a repressão representada pelos elementos do DOPS. Isso ocorre em pleno Congresso Nacional.

Deputados da Arena – participando dos trabalhos da CPI do ensino superior – mobilizam-se em conjunto com parlamentares do MDB para a efetivação da Reforma Universitária. Por exemplo, pode-se citar a descrição que Arnaldo Nogueira (Arena-GB) faz da atuação desta CPI:

> *Arnaldo Nogueira* (Arena-GB):[32] Venho a esta tribuna [...] [alertar sobre o problema] da educação, ou melhor, o problema da reforma universitária, que se faz urgente, imprescindível e inadiável. Na semana passada, o orador que ocupa

---

Universitários de Brasília – FEUB. Em 10 de outubro de 1973, foi preso no Rio de Janeiro; tinha então 26 anos de idade. Levado para Brasília, esteve detido no Pelotão de Investigações Criminais e também no Centro de Informações da Marinha – Cenimar. Desde então, está desaparecido. Disponível em: <http://www.torturanuncamais.org.br>. Acesso em: 14 jul. 2004.

32 Arnaldo Nogueira, economista e jornalista, havia sido presidente da UDN da Guanabara entre 1960 e 1962 e diretor geral da Rádio Nacional do Rio de Janeiro. Elegeu-se deputado federal em 1962 pela UDN.

esta tribuna, em companhia dos Deputados Monsenhor Vieira (Arena-PB), Dayl de Almeida (Arena-RJ), Lauro Cruz (Arena-SP), Osny Régis (Arena-SC), Clóvis Stenzel (Arena-RS), sob a presidência do nobre colega Ewaldo Pinto (MDB-SP), esteve na capital de São Paulo, de segunda a sexta-feira, num trabalho penoso, árduo, difícil, a ponto de chegarmos, às 9 ou 10 horas da noite ao hotel, completamente extenuados. [...] Ouvimos os depoimentos dos Srs. Professores Zeferino Vaz, Paulo Tolle e Ulhôa Cintra. Tivemos, como disse, tarefa difícil, mas proveitosa. [...] Após a semana passada em São Paulo, em contato direto e objetivo com tais problemas, podemos dizer, sem nos antecipar às conclusões da Comissão, tão nobre e dignamente presidida pelo nobre Deputado Ewaldo Pinto (MDB-SP), que vemos uma situação caótica no meio universitário, no meio do ensino superior em nossa Pátria; estudantes que não querem estudar; governo que não cumpre o dever de pagar as verbas votadas pelo poder competente; alguns professores, muitos, que não querem ensinar; alguns professores, muitos, mal pagos, mal remunerados. [...] Acreditamos que o trabalho desta Comissão Parlamentar de Inquérito, que será longo, poderá apontar rumos a serem seguidos pelo Executivo, que não deverá proceder como faz com muitas Comissões Parlamentares de Inquérito, que concluem os seus trabalhos e os veem engavetados nas altas esferas. (*Anais*, Dvma, 22 mar. 1968, v.3, p.602-3)

A atuação de deputados da Arena em sintonia com a presidência da CPI – concedida ao MDB – aproxima os dois partidos, ao menos no que se refere à Reforma Universitária. No discurso de Arnaldo Nogueira, pode-se notar que a atuação unitária de membros dos dois partidos tem como contraposto o Executivo, que ignora as verbas votadas pelo poder competente e engaveta as recomendações de suas comissões. A unidade momentânea da Arena e MDB na CPI do ensino superior possibilita a oposição de ambos em relação ao Executivo. Isso é fruto da atuação conjunta em torno do tema da Reforma Universitária.

Em 28.3.1968, o estudante secundarista Edson Luís de Lima Souto é morto a tiros pela polícia militar no Rio de Janeiro. Estava em uma manifestação contra o fechamento do restaurante estudantil conhecido como "Calabouço". Esse assassinato provoca maior aproximação entre setores da Arena e o MDB. Nos discursos parlamentares sobre o tema, deputados do MDB demonstraram sua indignação de maneira veemente. O texto a seguir privilegiará os discursos de deputados da Arena. Essa atenção específica deve-se à hipótese de que os temas da Reforma Universitária e do movimento estudantil gradativamente solaparam a unidade da Arena, levando setores deste partido para uma postura mais apropriada à Oposição. Em 29 de março, a maioria dos debates parlamentares tratou da morte de Edson Luís. Na Arena, um dos deputados mais eloquentes na condenação ao assassinato foi Feu Rosa.

> *Feu Rosa* (Arena-ES):[33] Como ex-universitário, ex-presidente de entidades representativas da classe, já havendo participado de comícios, passeatas e conclaves em Vitória e em inúmeras outras capitais do país, não posso ocultar o meu sentimento de revolta, angústia e asco diante dessas atitudes violentas e criminosas.
> [...] A reação do Governo foi imensamente desproporcional. Contra 100 ou 200 jovens (se chegam a tanto), desarmados, inermes, impetuosos, sem comando central e sem treino de ataques ou arremetidas, lançam batalhões de militares instruídos, preparados e armados de metralhadoras, tudo indicando que o objetivo era um massacre. [...] Seja qual for a minha filiação político-partidária, não posso renegar as minhas origens. (*Anais*, Dpe, 29 mar. 1968, v.4, p.686-7)
> [...] Nobre Deputado [Chagas Rodrigues – MDB-PI], sou da Arena, mas me solidarizo com V. Exa., porque, nessa questão de estudantes, não há distinção ou coloração partidária. (*Muito bem. Palmas.*) (ibidem, p.714)

Em 28.3.1968, o deputado Último de Carvalho (Arena-MG) apresentara informe com o timbre do Gabinete Militar da Presidência da República afirmando que os estudantes do "Calabouço" portavam uma bandeira "do Vietcong" (ibidem, p.713). Quem vem desmenti-lo é outro deputado da Arena:

> *Bezerra de Mello* (Arena-SP):[34] Desejo acrescentar às palavras do Deputado Hermano Alves [MDB-GB], que a bandeira que se disse ser do Vietcong – e eu estive presente no Rio, ontem à noite, e fui testemunha ocular do fato – nada mais era, nobre colega, do que a bandeira do Calabouço. É uma bandeira branca

---

33 Feu Rosa, advogado, foi filiado à UDN.
34 Bezerra de Mello, além de padre, era professor e psicólogo.

e vermelha, e tem um distintivo que é uma colher e um garfo, em forma de X. Era só, a bem da verdade, o que queria declarar neste aparte. (ibidem, p.715)

Entre os diversos discursos de deputados do MDB, pode-se exemplificar seu teor com a intervenção de João Herculino:

> *João Herculino* (MDB-MG):[35] Vejo que tinha razão quando afirmei que só poderíamos culpar pelo que aconteceu ontem no Rio de Janeiro a situação criada, neste país, pelo golpe de 1º de abril. O aparte ainda pouco dado pelo ilustre Deputado Padre Bezerra de Mello [Arena-SP], que foi testemunha ocular da ocorrência, vem demonstrar claramente isto. Os que tomaram a bandeira do Restaurante Calabouço pela bandeira do Vietnã foram os mesmos que tomaram a bandeira do Japão, na Universidade de Brasília, pela bandeira da Rússia, foram os mesmos que pegaram os livros de capa vermelha existentes na biblioteca da Universidade de Brasília e os atiraram fora porque, se possuíam capa vermelha, certamente tinham de ser livros comunistas; foram os mesmos que aqui, nesta Casa, disseram que nós – porque naquela ocasião eu era ainda iniciante do curso de Direito – usávamos boina vermelha, que é a cor da pedra do anel de bacharel em Direito, porque éramos comunistas. Nobre Deputado [Chagas Rodrigues – MDB-PI], o episódio de ontem não foi um fato novo, foi a continuação daquilo que se iniciou em 1º de abril de 1964 e que vai agora ser comemorado neste país respingado pelo sangue do jovem que morreu, que morreu ontem e dos jovens que ontem foram feridos. (ibidem, p.715-6)

Quem tenta defender o Executivo é o deputado Benedito Ferreira (Arena-GO), e o bate-boca ocorre entre os próprios deputados da Arena. Benedito Ferreira descreve como alguns estudantes do "Calabouço" organizaram uma "gang" (ibidem, p.724). Nesse momento, é atacado pelo deputado Bezerra de Mello (Arena-SP):

> *Bezerra de Mello* (Arena-SP): Tenho um sobrinho que estuda na Guanabara e frequenta o restaurante do Calabouço. Não posso permitir que V. Exa. diga que meu sobrinho pertence à "gang" do Calabouço. V. Exa. vai me desculpar, mas tem de medir as suas palavras.

---

35 João Herculino, contador, foi líder da Bancada do PTB.

> *Benedito Ferreira* (Arena-GO):[36] V. Exa. está tumultuando o meu discurso.
> *Bezerra de Mello*: V. Exa. tem de manter a sua responsabilidade, eis que está falando da mais alta tribuna do país e para a família de um Deputado, que sou eu. E não admito que V. Exa. diga que meu sobrinho pertence à "gang" do Calabouço, porque lá não existe "gang". Lá existem estudantes. Vi, ontem, no Rio, crianças, no Calabouço, meninos de 15, 16 e 17 anos – a quem acompanhei – na rua, correndo com eles da polícia, até a Assembleia Legislativa. E não se tratava de "gang"; tratava-se de estudante em aulas e outros, fazendo refeições.
> *Benedito Ferreira*: Sr. Deputado, se V. Exa. estivesse acompanhando o meu discurso com o interesse que é de sua obrigação, além de parlamentar, de padre e de educador, se V. Exa. me estivesse dignificando com sua atenção por certo não teria proferido esse aparte.
> *Bezerra de Mello*: V. Exa. está desmedido nas suas palavras. Meça-as, porque V. Exa. tem responsabilidade.
> *Benedito Ferreira*: Sr. presidente, peço-lhe me assegure o direito de usar a tribuna.
> *Bezerra de Mello*: Tenha responsabilidade. Não venha falar ao público dessa tribuna para dizer que no Calabouço existem "gangs" de estudantes, de pseudoestudantes, porque meu sobrinho não é pseudoestudante: ele é estudante de verdade! (ibidem, p.724-5)

Na Ordem do dia, Márcio Moreira Alves (MDB-GB) fez descrição em detalhes dos acontecimentos do dia anterior no Rio de Janeiro. A sessão foi interrompida algumas vezes por tumultos envolvendo Haroldo Leon Peres (Arena-PR) e deputados do MDB. No entanto, encerrando a sessão, foi feita por Bezerra de Mello a descrição mais contundente do assassinato de Edson Luís:

> *Bezerra de Mello* (Arena-SP): Estava eu, Sr. presidente, com o Deputado Epílogo de Campos, no 11º andar – Conselho Deliberativo da CAPES – a CAPES tem duas sedes, a do Conselho Executivo, que se localiza na Av. Marechal Câmara, e a do Conselho Deliberativo, que está situado no edifício do DOPS, a Av. presidente Roosevelt, 23. Às 18:30 horas, mais ou menos, ainda estávamos no crepúsculo, ou num lusco-fusco, em que ainda se enxergava sem

---

36 Benedito Ferreira era empresário.

a luz elétrica as pessoas, quando ouvimos estampidos e gritaria e corremos, eu e uma funcionária do CAPES, até a janela, que dava visão para o edifício da Igreja de Santa Luzia, para a Embaixada Americana, para a rua Santa Luzia e para outras ruas adjacentes, quando uma grande multidão, sobraçando um corpo, gritava, açulada pelos policiais: "assassinos! assassinos!" Na hora do *rush*, que todos os senhores conhecem, no Rio de Janeiro, àquela hora crepuscular, e o sangue ainda escorria daquela criança de 17 anos – um crepúsculo, portanto, de sangue – desci eu, o mais depressa possível, pelo elevador do edifício e corri também para acompanhar os acontecimentos, porque algo de grave deveria estar-se passando. Atravessei a Av. Graça Aranha, a Av. Rio Branco e a Cinelândia. E os estudantes – não eram homens, não eram jovens, mas eram crianças de 17 anos para baixo – corriam desesperadamente com um corpo, que parecia já um cadáver. Foi então, Sr. presidente, que eu engrossei aquela multidão e ingressei no Palácio, na Casa de Leis, a Assembleia Legislativa do Estado da Guanabara, e lá deparei, realmente, com a cena mais lancinante, com a cena mais triste e vergonhosa, e me lembrei, naquele momento – porque as lágrimas rolaram pelas minhas faces – da Bíblia e me lembrei das crianças de Ramah e me lembrei daquelas crianças trucidadas por Herodes, mandadas trucidar também por uma polícia que as tomava e as jogava para cima e a aparava com suas baionetas. E eu vi o coração rasgado daquela criança, as faces ainda jovens, cor de maçã, porque o sangue não se tinha esvaído totalmente, como que sorridente, despido da cintura para cima, deitado numa mesa de um porteiro, ainda calçado com sapatos rotos de estudante pobre que trabalhava para poder estudar – estudante cujo coração uma bala assassina, de um bando assassino, de canalhas assassinos (*muito bem*) havia transfixado. [...] É este, Sr. presidente, o significado desta chacina, deste massacre, desta barbárie, deste vandalismo, desta tortura, desta carnificina, para a qual tem de haver um *basta!* Não haverá Governo, nem Arena, nem Oposição. Aqui nós somos homens, irmãos todos, para dizer realmente um *basta!* [...] Eu defendo o Governo, Sr. presidente. Sou do partido dele, e nem por isso acho que deva concordar sempre com ele. Se fosse da Oposição, o defenderia também, quando achasse que o Governo tivesse razão. Mas desta vez, não. Não posso compreender que, depois do que houve, continue acontecendo o que acaba de ser relatado pelo nobre líder da Oposição. E, ontem, não poderia jamais, no Governo, vamos dizer assim, pacífico, do Sr. Marechal Costa e Silva, desencadear-se de repente uma chacina. Mas eu soube, Sr. presidente, e aqui está uma grave denúncia à qual ninguém se referiu. Disseram que no meio dos estudantes estavam os pseudoestudantes. Tudo isso nós já sabemos. Mas não se disse que no meio dos estudantes, hoje, estão pseudoestudantes, não subversivos da esquerda, mas altamente subversivos da direita. (*Muito bem*) E ontem isto aconteceu na Guanabara. E provo a V. Exa. Estavam misturados, fazendo-se de estudantes, elementos da própria polícia. E quando, porque lá permaneci impertérrito, os estudantes não quiseram que o cadáver fosse levado para a autópsia no Instituto Médico Legal, a Comissão que estava composta de estudantes e de pseudoestudantes – alguns eram da própria polícia, porque se infiltraram naquele rolo – levou o cadáver para a sala de enfermaria da Assembleia Legislativa, e lá, pelo menos dois que não eram estudantes foram apontados por pessoas que permaneciam no local, como pertencentes à polícia. Por isto, Sr. presidente, não posso confiar em que os fatos sejam apurados como deveriam ser. Estou pedindo uma Comissão Parlamentar de Inquérito, para que nós, os homens do povo, os homens imparciais, averiguemos mesmo a verdade, que não deixamos seja escamoteada. [...] Os estudantes, as crianças do Calabouço, não foram atacadas por polícia militar, mas por um grupo de cangaceiros muito bem-armados. [...] É lamentável, Sr. presidente, que estes acontecimentos tenham esta interpretação que sempre se dá, ou se quer dar para salvar algumas aparências. Não havia comunistas ali. O que há, no Brasil, são rapazes que querem falar, como eu falei, que querem dizer, aos 17 anos, o que eu disse e que tinha a liberdade de dizer, na escola, em casa e na rua, em passeata ou fora dela. Mas hoje, não se tem mais a liberdade, porque se trancafiam as bocas, arrebatam-se os corações com balas. [...] Só vejo duas saídas para o Governo, e acredito que ele está nesse dilema. Não dormiu ontem, não vai dormir hoje, e não dormirá amanhã e enquanto não resolver este dilema: ou o Governo parte para uma ditadura, ou o Governo terá de dar anistia a todos (*muito bem*), terá de perdoar a todos, para que possa haver o diálogo. É *conditio sine qua non*. (*Anais*, Dvma, 29 mar. 1968, v.4, p.780-3)

Em seu discurso, o deputado Bezerra de Mello (Arena-SP) inverte os argumentos frequentemente utilizados por outros deputados da Arena de que o movimento estudantil estava infiltrado por "pseudoestudantes subversivos de esquerda". Bezerra de Mello destaca a atuação de subversivos de direita. Na avaliação do deputado, o dilema do Executivo era bastante evidente: ou diálogo com anistia ou ditadura.

Seis dias depois de seu discurso, Bezerra de Mello apresenta o requerimento para a Comissão Parlamentar de Inquérito – CPI – sobre a repressão ao movimento estudantil com a assinatura de 137 parlamentares. A CPI foi instalada em 15 de maio de 1968, tendo como relator o deputado Oswaldo Zanello (Arena-ES) (Silva Neto, 2003, p.516). Como apresentado anteriormente neste livro, quase um ano antes destes acontecimentos, em 28.4.1967, Bezerra de Mello fora o primeiro deputado dessa legislatura a levantar na Câmara dos Deputados a bandeira da Reforma Universitária. Agora, é o deputado a encabeçar o requerimento de CPI sobre o assassinato do estudante Edson Luís.

O dilema governamental entre anistia e ditadura é percebido por boa parte da Câmara dos Deputados. Em 1º de abril de 1968, Mario Piva, como líder da Oposição, responde a uma questão de Benedito Ferreira (Arena-GO), que afirmara a disposição democrática do Executivo:

> Mario Piva (MDB-BA):[37] Vou dar a exata proporção, como V. Exa. pede. No dia 27 de outubro de 1965, quando não estava mais em vigor o Ato Institucional n.1, reunimo-nos nesta casa para apreciar dois projetos enviados pelo Governo. Às 3 horas da manhã, nobre Deputado – e V. Exa., naquela época, ainda não nos dava a satisfação de exercer mandato na Câmara Federal – chegava a ordem do Governo – porque as forças somadas nesta Casa não davam o *quorum* necessário para aprovar aqueles projetos – para que se encerrasse a sessão. A sessão foi encerrada. No dia seguinte, às 10 horas, lia-se no Palácio do Planalto o Ato Institucional n.2. Ninguém acreditava mais em Ato Institucional. Pois bem. Há dez dias, antes desse movimento estudantil, vem-se falando reiterada e seguidamente em novo Ato Institucional. Se V. Exa. não acredita, eu acredito. E não considero boato, porque essas Forças Armadas, que V. Exa. chama de disciplinadas e eu chamo de Forças Armadas sem convicção, pois não posso admitir que se bandeiem para o lado da força e nada mais, e deixem de cumprir o seu legítimo dever constitucional. (*Anais*, Dvma, 1º abr. 1968, v.4, p.934.)

No dia seguinte, sobre o mesmo assunto, o Líder do MDB na Câmara – Mário Covas – interpela diretamente o líder da Arena – Ernani Sátyro:

---

37 Mário Piva, economista e jornalista, era professor catedrático da Universidade da Bahia.

Mário Covas (MDB-SP): Então V. Exa. evidentemente será ouvido com toda a atenção. Quero crer que amanhã já possa dizer, efetivamente depois das consultas feitas, se virá ou não novo ato institucional.

Ernani Sátyro (Arena-PB): Não preciso fazer consulta.

Mário Covas: Então, responda-me, por favor.

Ernani Sátyro: Disse a V. Exa. que o fato não era verdadeiro, que não existia nenhum ato institucional, que ninguém foi convocado para isso. V. Exa. está indagando sobre hipóteses.

Mário Covas: Melhor. V. Exa. poderá responder com maior facilidade.

Ernani Sátyro: O que eu digo é que não há nada. Afirmei que não existiu nenhuma reunião, que não há nenhum ato institucional feito, que não fomos convocados para nenhum entendimento dessa espécie. Se V. Exa. não se dá por satisfeito com minha resposta, não sei como possa satisfazer V. Exa.

Mário Covas: Aguardaremos os esclarecimentos de V. Exa. na devida oportunidade. (*Anais*, Dvma, 2 abr. 1968, v.4, p.1.179-80)

As manifestações estudantis em protesto pelo assassinato de Edson Luís levam os deputados do MDB a ver claramente que sua interpretação do presente estava ultrapassada. Se eles consideravam, até então, legislar em uma não democracia, os estudantes vieram alertar com seus *slogans* de "abaixo a ditadura" que se tratava de ditadura mesmo. Discurso de Otávio Caruso da Rocha é sintomático desta mudança:

Caruso da Rocha (MDB-RS):[38] Veja, Deputado [Benedito Ferreira – Arena-GO], que aqui nesta Câmara há dois partidos políticos, o MDB e a Arena. É posição clara e firmemente defendida pelo MDB a de que o presente Governo e regime constituem, sem qualquer dúvida científica, uma semiditadura ou uma semidemocracia, se o quiser V. Exa., o que no fundo é o mesmo. V. Exas., através do eminente Líder Ernani Sátyro têm, reiteradamente, defendido um zelo teórico por uma democracia também teórica, embora, mesmo na teoria, muito limitada. Isto em primeiro lugar. Em segundo lugar, também é um fato que, dentro da limitada teoria da semidemocracia vigente, se encontra assegurado o direito de manifestação de opinião. Nos últimos dias, uma parcela da população brasileira, justamente a mais esclarecida da população brasileira, isto é,

---

38 Caruso da Rocha, advogado, era professor de Direito.

a parcela constituída pelos estudantes de universidades e secundaristas, quer dizer, pelos cidadãos brasileiros que possuem um preparo cultural e humanístico muito superior ao da média, veio às ruas, com o objetivo de expressar, em dimensão sociológica, a sua opinião contrária, adversa, como a nossa do MDB, ao regime vigente. Fizeram-no sob um *slogan*: "Povo unido derruba a ditadura", o que, aliás, é perfeitamente certo. (ibidem, p.1.185)

Em 1º de maio de 1968, a repressão ao movimento estudantil atinge o filho do deputado Dnar Mendes (Arena-MG) – Raimundo, estudante do quinto ano do curso de Direito – preso em Belo Horizonte.[39] Dnar Mendes relata na Câmara dos Deputados as ocorrências em Minas Gerais. Narra "as violências que ali são praticadas, os lares que são invadidos sem o menor respeito aos mais comezinhos direitos inscritos em nossa Constituição" (*Anais*, Dge, 7 maio 1968, v.9, p.41). Dnar Mendes faz questão de frisar que não fala como pai, mas como cidadão, como cultor do Direito. Recebe imediata solidariedade de Último de Carvalho (Arena-MG):[40] "Os filhos de V. Exa., como disse, eu os conheci, foram criados com os meus. E não seria possível que crianças de ontem, jovens de hoje se desvirtuassem de tal maneira, se perdessem de tal forma que hoje fossem apontados, fossem presos e execrados como perturbadores da ordem, como subversivos" (*Anais*, Dge, 7 maio 1968, v.9, p.42). Dnar Mendes relata que, ao saber do ocorrido, seus outros dois filhos, acompanhados de advogado, foram à casa de Raimundo Mendes. Os três também foram presos por policiais e um tenente do CPOR do Exército lá escondidos. O discurso de Dnar Mendes exemplifica claramente os procedimentos e a lógica da repressão ao movimento estudantil:

Dnar Mendes (Arena-MG):[41] Dirigi-me [em 3 maio 1968] ao 12 RI, na parte do CPOR e procurei o Oficial de Dia e declarei que desejava conversar com o Coronel Otávio Aguiar Medeiros. Não demorou uns 15 minutos e fui atendido.

---

39 Raimundo Mendes era presidente da clandestina União Estadual dos Estudantes de Minas Gerais.
40 Último de Carvalho, engenheiro, filiado ao PSD desde 1946 e deputado federal por este partido desde 1954, chegando, em 1963, a líder do PSD na Câmara dos Deputados. Em 1967, tornou-se vice-líder da Arena na Câmara dos Deputados.
41 Dnar Mendes, advogado, era professor de Direito Constitucional na PUC-MG. Deputado estadual pela UDN desde 1947, elegeu-se deputado federal por este partido em 1962.

Comigo, estava meu filho Raul e no automóvel meu genro e minha filha. Vou relatar, com máxima fidelidade, o meu diálogo com o presidente do IPM estudantil, empregando quase as mesmas palavras usadas naquela oportunidade.

Dnar – Cel. Medeiros, estou aqui com dois objetivos, ouvir um relato seu das ocorrências em que está envolvido meu filho e solicitar sua autorização para vê-lo, pois regresso amanhã a Brasília.

Cel. Medeiros – Deputado, lamento profundamente essa situação e falo com sinceridade. Seu filho foi preso e já poderia tê-lo solto, mas ele não quer dizer a verdade, reconhecer certos fatos, é renitente em negá-los.

Dnar – Mas Cel., o depoente declara aquilo que na sua consciência entende declarar, o Sr. não pode forçar declarações que o Sr. julga como sendo a verdade.

Cel. Medeiros – Não, Deputado, ele precisa reconhecer os fatos, seu depoimento não é honesto, do contrário não posso soltá-lo. Ele precisa cooperar.

Dnar – Mas, Cel., o Sr. quer arrancar sua confissão sob pressão, isto não é possível.

Cel. Medeiros – Sob pressão como?

Dnar – Pela prisão e cansaço mental. Não quero dizer sob pressão também de maus tratos físicos, hipótese que não se pode desprezar. O Sr. não viu, Coronel, o que aconteceu recentemente no Rio, em que torturas foram feitas no Exército, tendo o subordinado mentido ao superior e daí o Comandante do 1º Exército ter dado uma declaração inexata? O Sr. presidente da República, em reunião com a bancada mineira, declarou que foi surpreendido pelo fato e pela mentira do inferior, e que já havia determinado a punição. Estou procurando transcrever, da maneira mais exata e mais fiel possível o nosso diálogo. Faço um parêntesis no diálogo para dizer a V. Exa. que por educação e pelo modo delicado como estava sendo tratado, não quis dizer ao Cel. Medeiros que, ali mesmo, no inquérito sob a sua direção, o estudante de engenharia Weber Vilares tentou matar-se no interior de uma cela no Quartel do 12 RI por não suportar a situação e os maus tratos conforme noticiaram os jornais e declaração do diretor da Escola de Engenharia, que adiante vou transcrever. Que outro preso está perturbado pelos maus tratos físicos, era um rapaz que foi torturado. O Cel. Medeiros estava muito contrariado com os jornais que reformavam os fatos, segundo me declarou. Continua o diálogo.

Cel. Medeiros – Não se trata de tortura, Deputado, ele precisa dizer a verdade e reconhecer os fatos.

> *Dnar* – Cel., em nenhuma legislação do mundo o depoente pode ser forçado a depor contra si próprio ou aquilo que a autoridade que faz o interrogatório deseja que ele diga. É o que está no Código de Processo Penal, quando o juiz se dirige ao réu para interrogá-lo. [...] O Sr. me desculpe, sou advogado há mais de 30 anos, o Sr. labora em equívoco nesta sua conceituação.
> *Cel. Medeiros* – Bem, Deputado, não chegaremos em acordo; eu tenho um modo de fazer inquirição e o Sr. outro; vamos mudar de assunto. (ibidem, p.43-5)

Em meados de 1968, este episódio é esclarecedor do diálogo entre o Estado de Direito e as Forças Armadas brasileiras. Os encarregados pela repressão ao movimento estudantil não entendem a lógica democrática. O Congresso Nacional – na figura de um deputado do partido governista – conversa diretamente com um membro da repressão – coronel do Exército – e chegam a um impasse.

Dnar Mendes apela ao general Itiberê Gouvêa do Amaral – seu conhecido – e consegue que seu filho seja transferido de uma cela comum para a enfermaria. Ele fora aconselhado a não fazer este discurso, pois seu filho poderia receber as consequências:

> *Dnar Mendes*: Fui advertido, Sr. presidente e Srs. Deputados, de que não deveria falar, por alguns colegas, pois poderia prejudicar meu filho que é refém dos militares. Mas a minha consciência me dita uma outra obrigação, a de denunciar ao meu Governo, da única tribuna que o povo me confiou, o que está ocorrendo em meu Estado, onde mais de 300 estudantes foram presos, em que o ambiente é dos mais carregados. (*Palmas*) Se sacrificá-lo, esse sacrifício embora me sangre o coração, será um benefício para a mocidade de minha pátria e um serviço ao meu país – (*Palmas prolongadas*). (ibidem, p.50)

Ao término do discurso de Dnar Mendes, Márcio Moreira Alves conclama aos demais deputados da Arena a combaterem a tortura aos presos políticos:

> *Márcio Moreira Alves* (MDB-GB): V. Exa., por ter tido um filho vítima deste criminoso [Cel. Medeiros], sobe hoje à tribuna, dá o seu testemunho, como dezenas e dezenas de vezes Deputados da Oposição fizeram nesta Casa sobre estudantes que não eram seus filhos. Como pode V. Exa., depois de

encerrado o episódio pessoal que o envolveu, como poderão os demais Deputados da Arena calar a seguir deste drama, a permitir que estudantes que não são nossos filhos continuem entregues à sanha não apenas desse oficial, Coronel Medeiros, como de dezenas de oficiais que nesta terra torturam presos políticos, espancam estudantes e não apenas continuam impunes, mas prestigiados e promovidos pelo Governo que V. Exa. defende? (ibidem, p.51)

Brito Velho (Arena-RS) afirma que algumas autoridades, ainda que continuem formalmente no mesmo partido dele, não são mais seus correligionários:

> *Brito Velho* (Arena-RS):[42] Determinadas autoridades são covardes. E é esta a grande explicação, nobre colega, para a conduta de alguns que se dizem nossos correligionários, mas que eu não tenho como meus correligionários (*muito bem*); porque são covardes, usam da violência; porque temem, agem com brutalidade. (ibidem, p.52)

Dnar Mendes recebe a solidariedade de vários outros deputados tanto da Arena quanto do MDB. A Câmara dos Deputados forma uma comissão – liderada por Aureliano Chaves (Arena-MG) – para visitar os estudantes presos em Minas Gerais e verificar as condições em que eles se encontravam. Essa comissão apresenta relatório de sua viagem no dia 16 de maio (*Anais*, Dvma, 16 maio 1968, v 10. p.643-71). Em suas visitas ao CPOR e ao DOPS, conversaram com os estudantes presos Raimundo Mendes – filho do deputado Dnar Mendes –, Rui Lemos dos Reis, José Carlos Moreira Mello, Luís Gonzaga de Souza Lima,[43] Robson Vieira Porto,[44]

---

[42] Brito Velho, médico e professor universitário, com cursos de pós-graduação pelas Universidades de Paris e de Genebra, havia sido secretário de Educação do Rio Grande do Sul entre 1960 e 1962. Eleito deputado federal em 1962, em 1964 foi vice-líder do bloco parlamentar UDN-PL na Câmara dos Deputados.

[43] Posteriormente tornou-se professor da Faculdade de Direito da Universidade do Estado do Rio de Janeiro.

[44] Posteriormente tornou-se professor da Faculdade de Medicina da Universidade Estadual de Montes Claros (MG).

Benedito Nobre Rabelo,[45] Leovigildo Pereira Leal[46] e Nilmário Miranda.[47] Conversaram também com o estudante Argeu Hering Lisboa. Às 2 horas da madrugada de domingo, 12 de maio, no hotel, a comissão conversou com seis professores universitários e treze estudantes em liberdade; provavelmente por motivos de segurança, o relatório não menciona seus nomes (ibidem, p.668). Arena e MDB atuaram em conjunto nessa comissão.

A clareza com que Bezerra de Mello definira o dilema do Executivo ainda perdurava na Câmara dos Deputados: ou diálogo com anistia ou ditadura. Em 24 de maio, após a visita da comissão dos deputados de ambos os partidos aos estudantes presos em Belo Horizonte, Paulo Macarini[48] (MDB-SC) – o mesmo que solicitara a CPI do ensino superior – apresenta o Projeto de Lei n.1.346/68:

> Que concede anistia, em todo o território nacional, aos estudantes e trabalhadores envolvidos nos acontecimentos que se sucederam à morte de Edson Luís de Lima Souto.[...] O justo protesto contra o barbarismo praticado desencadeou no país uma série de prisões indiscriminadas, de abertura de processos militares e de outras arbitrariedades que, em última análise, de nada contribuem para o preparo intelectual e político dos futuros dirigentes do país. (Silva Neto, 2003, p.516)

Em 9 de julho de 1968, Mário Covas (MDB-SP) fica sabendo pela imprensa do boato de que a Câmara dos Deputados indicara um representante para a comissão recém-criada pelo Executivo para elaborar a Reforma Universitária. Trata-se do Grupo de Trabalho da Reforma Universitária – GTRU –, criado pelo Executivo com o Decreto n.62.937, de 2 de julho.

---

45 Posteriormente tornou-se professor do Departamento de Sociologia e Antropologia do Centro de Ciências Humanas da Universidade Federal do Maranhão.

46 Em 1998, sob orientação de Emir Sader, defendeu tese de doutorado na Faculdade de Filosofia, Letras e Ciências Humanas da USP, intitulada *O marxismo e a Revolução Cubana*: a teoria e a prática.

47 Na década de 1990, além de deputado estadual, foi eleito deputado federal pelo PT em duas legislaturas. Em 2002, foi o candidato do PT ao governo de Minas Gerais, obtendo 31% dos votos. Foi ministro do Governo Federal como secretário especial de Direitos Humanos. Não foi possível localizar os destinos dos demais estudantes citados.

48 Paulo Macarini, advogado, foi secretário de Estado dos Negócios da Justiça e do Trabalho de Santa Catarina entre 1961 e 1962. Elegeu-se deputado federal pelo PTB em 1962.

Mário Covas questiona o presidente da Câmara dos Deputados sobre a veracidade da notícia e recebe uma negativa:

> *José Bonifácio* (Arena-MG): V. Exa. disse bem. Trata-se de uma notícia. A Presidência da Casa não indicou ninguém para participar dessa comissão referida por V. Exa. e noticiada pelos jornais. (*Anais*, Dvma, 9 jul. 1968, v.16, p.1.010)

No entanto, mesmo que a Presidência da Câmara dos Deputados não tenha indicado representante desta Casa para o GTRU, consta informalmente como um de seus membros o nome de Haroldo Leon Peres (Arena-PR) – vice-líder de seu partido.[49] Essa participação parlamentar será confirmada posteriormente por discurso de Daniel Faraco (Arena-RS) (*Anais*, Dpe, 19 ago. 1968, v.20, p.890).

No segundo semestre de 1968, deputados do MDB fazem diversos discursos sobre a prisão ilegal de estudantes. Esses relatos constituem farto material sobre os procedimentos das forças de repressão e a progressiva ilegalidade de seus atos. É constante nesses discursos a associação da repressão ao movimento estudantil à vontade de setores do Executivo em fomentar acontecimentos que justificassem a edição de novo Ato Institucional; isto é, entre a anistia e a ditadura, optassem decisivamente pela segunda. Como exemplo, pode-se citar o discurso de Mário Piva:

> *Mário Piva* (MDB-BA): O Governo está provocando os estudantes brasileiros e escolheu a Universidade de Brasília para dar curso a esta nova série de provocações, provavelmente para coonestar a adoção de medidas excepcionais, cujas minutas, segundo consta, se empilham nos porões do Palácio do Planalto e no sótão cheio de macaquinhos do Exmo. Sr. Ministro da Justiça [Gama e Silva]. Todos sabem – e a Mesa mais do que ninguém pode ser testemunha – da participação efetiva de membros do Movimento Democrático Brasileiro e da própria Arena, no intuito e no propósito de evitar que maiores ofensas, que acontecimentos mais graves ocorressem durante os episódios mais recentes. Devem

---

[49] Veja, por exemplo, Maria de Lourdes de Albuquerque Fávero (1977, p.65). No entanto, no Decreto de 2 de julho de 1968, que nomeia os membros do GTRU, não consta o nome do deputado Haroldo Leon Peres. Vide *Documenta*, órgão oficial do Conselho Federal de Educação, n.88, jul. 1968, p.182.

todos estar lembrados de que o nobre vice-líder Haroldo Leon Peres [Arena-PR] participou, juntamente com o Líder Mário Covas [MDB-SP], de uma Comissão importantíssima, ambos autorizados pelo presidente desta Casa, com o objetivo de evitar que o cerco da Universidade de Brasília se transformasse num massacre amplo. Através de medidas e de providências de ordem legal, conseguiram evitar que tal fato se consumasse. (*Anais*, Dge, 2 ago. 1968, v.19, p.120-1)

Na sequência, Mário Piva descreve a prisão ilegal de vários líderes estudantis, justamente quando eles foram convidados para o diálogo e se apresentaram para negociar com o Executivo o término da greve na UnB. É apropriado ressaltar que, cada vez mais, encontram-se no mesmo lado membros da Arena e do MDB quando da ação para refrear a repressão às liberdades democráticas; no momento, repressão ao movimento estudantil.

Diálogo com anistia ou ditadura – os possíveis caminhos apresentados no Parlamento – enfrenta seu primeiro momento de decisão com a votação em 21 de agosto de 1968 do Projeto de Lei n.1.346/68. Este projeto tramitava desde 24 de maio e concedia anistia aos estudantes e trabalhadores que tivessem participado de manifestações a partir de 28 de março, com data limite até 8 de agosto de 1968. Durante sua tramitação e votação, fica evidente na Câmara dos Deputados que esse projeto é uma das últimas tentativas em frear o caminho para a completa ditadura. Com sua aprovação, talvez fosse possível retomar o rumo da redemocratização do país. Em plenário, sua defesa foi feita com discursos de Getúlio de Moura (MDB--RJ) e de Mário Covas (MDB-SP). Ambos foram bastante cuidadosos em suas falas, na tentativa de convencimento dos deputados da Arena. Ambos citam a veemente manifestação de apoio à anistia feita no início daquela década por parte do vice-presidente Pedro Aleixo. Mário Covas salienta que a proposta de anistia feita pelo agora vice-presidente fora responsável pela saída da crise de 1961.[50] Nesta decisão crucial, o MDB sinaliza claramente que o presidente do Congresso Nacional e também vice-presidente da República Pedro Aleixo é sua referência privilegiada caso a opção pela ditadura seja substituída pelo diálogo. Ernani Sátyro – líder da Arena – argumenta que o MDB "quer forçar à Arena a concessão de uma anistia que não seria nunca uma vitória do Governo ou do partido, mas, sim, uma

---

50 A íntegra do processo de votação encontra-se em *Anais*, Dvma, 21 ago. 1968, v.21, p.208-38.

vitória dos inimigos do regime, que nos querem derrubar, que nos querem depor" (*Anais*, Dvma, 21 ago. 1968, v.21, p.226).

Antes do discurso de Ernani Sátyro, uma questão de ordem e uma reclamação, ambas apresentadas por deputados da Arena, são bastante significativas.

Dnar Mendes (Arena-MG) – cujo filho estava preso em Belo Horizonte como subversivo – afirma que deputados de seu partido questionaram sua ética em votar, pois estaria decidindo em interesse próprio. O deputado levanta esta dúvida como questão de ordem. O presidente da Câmara – José Bonifácio (Arena-MG) – decide que Dnar Mendes não está impedido de votar. José Bonifácio é aplaudido (ibidem, p.214-5).

Edílson Melo Távora (Arena-CE) apresenta reclamação. Este deputado afirma ter sido informado pela imprensa de que o general Jaime Portela – chefe da Casa Militar da Presidência – fecharia as portas do Gabinete Militar aos deputados da Arena que votassem a favor da anistia. Edílson Melo Távora apela ao presidente da Câmara para que o Regimento Interno seja modificado, possibilitando o uso da palavra por parte de deputados dissidentes do encaminhamento do líder partidário em caso de votações de matérias polêmicas:

> *Edílson Melo Távora* (Arena-CE):[51] O Deputado, ao votar favoravelmente a um Projeto destes, pode, intimamente, estar convencido de que assim estará auxiliando o Governo. [...] Sr. presidente, Srs. Deputados, não entendo como este projeto possa ameaçar o Governo. Realmente, ele generaliza demais e não impede que o Governo promova qualquer ação no sentido da consolidação das instituições democráticas. Enquanto anistia estudante, numa determinada faixa, ele não impede que amanhã o Governo aja contra aqueles que se coloquem contra a ordem pública. De maneira que considero este projeto uma simples mensagem de boa vontade. A Nação está comprimida, angustiada, a caldeira está fervendo, com a tampa fechada e, sem uma abertura, assim, uma votação dessas apresenta um alívio temporário. (ibidem, p.215-6)

---

51 Edílson Melo Távora, engenheiro, havia sido secretário de Agricultura e Obras Públicas do Ceará. Deputado federal desde 1958, foi reeleito em 1962 pela coligação UDN-PSD.

Antes da votação do projeto em si, é votada a subemenda da Comissão de Constituição e Justiça que organizava as diversas emendas do Plenário ao projeto. Esta subemenda é derrotada por 194 votos contrários e 145 favoráveis. Se as emendas ao projeto são rejeitadas, isso indica que o próprio projeto também o será. Sendo assim, Mário Covas solicita votação nominal. Em seguida, na mesma sessão de 21.8.1968, a anistia proposta pelo Projeto n.1.346/68 é votada e rejeitada. Com a contagem de votos nominais da primeira votação, é possível saber a divisão que este projeto causou na bancada da Arena.

Na votação nominal, 35 deputados se abstiveram de votar; 108 deputados do MDB votaram sim (ibidem, p.228-30).[52] Abaixo, a lista dos nove deputados do MDB ausentes:

Antônio Neves – PE
Chagas Freitas – GB
Erasmo Martins Pedro – GB
Franco Montoro – SP
Nadir Rosseti – RS
Oswaldo Lima Filho – PE
Paulo Brossard – RS
Pedro Marão – SP
Victor Issler – RS (ibidem, p.238)

Na votação nominal, 194 deputados da Arena votaram não (ibidem, p.230-2). No entanto, 37 deputados votaram com o MDB. Abaixo, a lista dos deputados da Arena que votaram positivamente à anistia:

Adhemar de Barros Filho – SP
Alexandre Costa – MA
Atlas Cantanhede – RR
Brito Velho – RS
Cardoso Alves – SP
Carvalho Leal – AM

---

52 A listagem completa dos votos parlamentares pode ser consultada na seção de "Publicações e Estudos" referente a esse dia no site da Câmara dos Deputados: <http://www.camara.gov.br>.

Clodoaldo Costa – BA
Dnar Mendes – MG
Edílson Melo Távora – CE
Feu Rosa – ES
Flores Soares – RS
Francelino Pereira – MG
Geraldo Guedes – PE
Harry Normanton – SP
Helio Garcia – MG
Hugo Aguiar – MG
Israel Novaes – SP
Jaeder Albergaria – MG
Jorge Said Cury – RJ
José Carlos Guerra – PE
José Esteves – AM
Juvêncio Dias – PA
Luís Athayde – BA
Luís Penedo – BA
Manoel de Almeida – MG
Marcial do Lago – MG
Marcos Kertzmann – SP
Monteiro de Castro – MG
Murilo Badaró – MG
Nunes Freire – MA
Osni Regis – SC
Pedro Gondin – PB
Rafael Magalhães – GB
Último de Carvalho – MG
Vicente Augusto – CE
Wilson Braga – PB
Yukishigue Tamura – SP (ibidem, p.228-30)

É importante destacar que nem todos os deputados da Arena que não votaram contra a anistia chegaram a votar explicitamente com o MDB em 21.8.1968. Ao todo, 25 deputados da Arena optaram por se ausentar do plenário da Câmara dos Deputados. Com exceção de Arnaldo Nogueira

(Arena-GB), que se encontrava no exterior em missão para a Unesco, esta é a listagem dos deputados da Arena que não compareceram à votação:

Adhemar Ghisi – SC
Aloysio Alves – CE
Bias Fortes – MG
Edmundo Monteiro – SP
Garcia Neto – MT
Gilberto Faria – MG
Grimaldi Ribeiro – CE
Joaquim Ramos – SC
José Carlos Leprevost – PR
José Meira – PE
Lopo Coelho – GB
Lyrio Bertolli – PR
Maia Neto – PR
Manso Cabral – BA
Marcílio Lima – MT
Ortiz Monteiro – SP
Passos Porto – SE
Renato Ribeiro – PB
Renato Archer – MA
Romano Massignan – SC
Ruy D'Almeida Barbosa – SP
Saldanha Derzi – MT
Veiga Brito – GB
Vieira da Silva – MA
Vingt Rosado – CE (ibidem, p.238)

Neste episódio, a divisão da bancada da Arena ficou explícita. Ao todo, 62 deputados deste partido ou se ausentaram ou votaram contra a orientação partidária. Isso significa que quase um quarto da bancada da Arena não seguiu a orientação governamental. Caso essa dissidência momentânea se consolidasse, hipoteticamente, a Oposição poderia contar com cerca de duzentos votos – muito próximo da metade da Câmara dos Deputados; porém, esta última hipótese é apenas uma conjectura. Se o dilema governamental era entre o diálogo com anistia ou a ditadura, com o resultado dessa votação perdeu-se a chance de deixar claro que a opção da maioria da Câmara dos Deputados era pelo diálogo. Sintomaticamente, Bezerra de Mello, deputado da Arena, que foi aplaudido ao sublinhar o dilema – anistia ou ditadura –, votou contra a anistia. Com certeza, o Executivo tinha seus mecanismos de convencimento. No entanto, essa queda de braço entre Governo e Oposição deixou o partido governista cindido. Quase um quarto dos deputados da Arena decidiu-se pelo diálogo e se aproximou de posições defendidas pelo MDB.

Na semana seguinte à derrota da anistia aos estudantes e trabalhadores que se haviam envolvido em manifestações contra a ditadura, as forças de repressão invadem a Universidade de Brasília – UnB. Diversos deputados manifestam indignação com essa invasão. Diferentemente da reação à invasão do ano anterior, agora o alvo dos discursos parlamentares deixa de ser o reitor da UnB. Desta vez é o próprio Governo; abaixo alguns exemplos:

> *Martins Rodrigues* (MDB-CE):[53] A Universidade de Brasília, há poucos instantes, foi invadida por soldados e agentes da polícia, armados de metralhadoras e de fuzis para prender estudantes que ali se encontravam, e balearam, inclusive, alguns moços. [...] É lamentável que tenhamos de registrar ainda nesta hora fatos como este, de tamanha gravidade, depois que o Governo, insensível às reivindicações estudantis, se recusou, através da Maioria desta Casa, a conceder anistia por crimes que não cometeram. Crimes estão sendo praticados, neste instante, pela polícia, pelos agentes do poder público. Estes os verdadeiros criminosos. (*Anais*, Dvma, 29 ago. 1968, v.22, p.731)
>
> *Doin Vieira* (MDB-SC): Sr. presidente, não se trata de repressão a manifestação de rua. São cerca de cinquenta policiais que estão dentro das salas de aula com bombas de gás lacrimogêneo, com metralhadoras e fuzis com baioneta calada. Sr. presidente, será essa a anistia que o Governo prometeu aos estudantes e, que os jornais divulgaram ontem? (ibidem)

---

53 Martins Rodrigues, advogado e professor, foi secretário do Interior e Justiça e secretário da Fazenda do Ceará entre 1935 e 1943. Havia sido membro do Conselho Nacional de Educação entre 1947 e 1955 e ministro da Justiça em 1961. Deputado federal pelo PSD desde 1954, em 1962 tornou-se líder deste partido.

> *Adhemar Ghisi* (Arena-SC):[54] Somos, Sr. presidente, como V. Exa. e a Casa sabem, Deputado do Governo, integrante, com muita honra para nós, da bancada da Aliança Renovadora Nacional. No entanto, não podemos de maneira alguma concordar com atitudes desta natureza que vêm, efetivamente, conturbar aquilo que se poderá denominar de paz política estabelecida na Capital Federal, entre as autoridades constituídas e os estudantes da nossa melhor organização de ensino superior. (ibidem, p.744)

Braga Ramos – presidente da Comissão de Educação e Cultura – lamenta que a invasão da UnB venha exatamente no momento da elaboração das reformas educacionais:

> *Braga Ramos* (Arena-PR): Repudio, com igual energia, os atentados aos parlamentares que tentaram intervir nos acontecimentos, num índice flagrante do baixíssimo grau de educação política de alguns que têm o dever de zelar pela integridade das instituições. Ao contrário disto, oferecem a esta angustiada Nação o degradante espetáculo de tamanho barbarismo e selvageria. Justamente na hora em que o Governo se adestra para enfrentar a grande batalha das reformas educacionais, vem a polícia federal e pretende reformar a Universidade com bombas de gás, cassetetes e armas de fogo, pondo em risco a vida de professores, congressistas, estudantes e até de pessoas que por pura casualidade se encontravam no *campus* universitário à espera de seus familiares. (*Anais*, Dpe, 30 ago. 1968, v.22, p.930)

A Comissão de Educação e Cultura da Câmara dos Deputados emite nota condenando a invasão da Universidade de Brasília. Em seu final, o texto ressalta que, com este tipo de atitude, "não terá sentido falar em reforma do ensino superior, já que sabem-no todos, Universidade supõe, antes de tudo, liberdade" (ibidem, p.964).[55] Brito Velho – deputado da Arena que votou com o MDB a favor da anistia – após a leitura da nota da

---

[54] Adhemar Ghisi, advogado, foi líder da bancada da UDN na Assembleia Legislativa de Santa Catarina e secretário do Diretório Regional da UDN entre 1964 e 1965.

[55] Esta nota é lida por Brito Velho e assinada por Brito Velho (Arena-RS), Márcio Moreira Alves (MDB-GB), Manoel de Almeida (Arena-MG), Mata Machado (MDB-MG), Getúlio Moura (MDB-RJ), Dayl de Almeida (Arena-RJ), Padre Nobre (MDB-MG), Lauro Cruz (Arena-SP), Ewaldo Pinto (MDB-SP), Arnaldo Nogueira (Arena-GB), Aureliano

Comissão de Educação e Cultura, manifesta seu desapontamento com os rumos da discussão sobre a Reforma Universitária. De que importa essa reforma sem liberdades pessoais e públicas?

> *Brito Velho*: Ora, Srs. Deputados, reformar a Universidade, sem que outras reformas concomitantes se façam, especialmente aquelas que condizem com as liberdades pessoais e públicas, nenhum significado teria. Seria como que brincar de reforma universitária, porque esta, para que seja válida, como dizíamos nós há alguns instantes, lendo a declaração de membros da Comissão de Educação e Cultura, para que seja válida, indispensável é que exista no país um clima de liberdade. [...] Antes de votarmos a lei ou antes de votarmos o conjunto de leis referentes ao assunto, havemos de fazer, nesta Casa e lá fora, a opção fundamental, porque se a opção não for feita ou nada será feito, ou não valerá a pena fazer alguma coisa. (ibidem, p.967)

Elio Gaspari, em seu *A ditadura envergonhada* (2002, p.315), usando como fonte os depoimentos do general Lyra Tavares e de Jarbas Passarinho, aborda o episódio envolvendo a invasão da Universidade de Brasília e a reação de Márcio Moreira Alves a este acontecimento:

> No dia 2 de setembro, durante aquele horário sonolento da manhã que na Câmara se denomina "pinga-fogo", no qual os parlamentares ocupam a tribuna para tratar de assuntos irrelevantes, o deputado Márcio Moreira Alves tomou a palavra para condenar uma invasão policial que acontecera dias antes na Universidade de Brasília.

Elio Gaspari (ibidem, p.316, nota 316) afirma que "a confusão sobre o texto deste discurso é tão grande que, passados 32 anos, o ex-ministro Jarbas Passarinho acusava Moreira Alves de ter chamado o Exército de 'valhacouto de gangsters'." Caso seja necessário suprimir a confusão sobre os discursos de Márcio Moreira Alves, é apropriado consultar os *Anais da Câmara dos Deputados*; estão todos lá. Elio Gaspari afirma que o ministro

---

Chaves (Arena-MG), Altair Lima (MDB-RJ), Maria Lúcia Araújo (MDB-AC), Reynaldo Sant'Anna (MDB-GB), João Borges (MDB-BA), Moury Fernandes (Arena-PE) e Aderbal Jurema (Arena-PE).

do Exército – Lyra Tavares – utilizou o discurso de Márcio Moreira Alves para criar o conflito entre o Executivo e a Câmara dos Deputados; isso é correto. Inserindo-se os discursos de Márcio Moreira Alves no contexto do período, talvez se elucide a atitude do ministro do Exército. O deputado trata explicitamente da tortura praticada sob conivência das Forças Armadas. A primeira manifestação de Márcio Moreira Alves ocorre no dia da invasão à UnB. O deputado faz um aparte contundente no discurso de Gastone Righi (MDB-SP). Isso não ocorre no "pinga-fogo", mas nos Discursos do grande expediente:

> *Márcio Moreira Alves* (MDB-GB):[56] Nobre Deputado Gastone Righi, eu estou chegando da Universidade. O testemunho de todos os mestres e de todos os alunos foi o da truculência inominável que ceifou a vida de um jovem, hoje. É preciso que se diga aqui, que não temos um Governo; nós temos no poder um bando, uma *gang*, um grupo que usa contra a Nação os seus sicários, pois que sicários apenas são esses homens que tiroteiam a juventude, como *gangsters* são os que mandam, os que armam suas mãos é o General Chefe de Polícia de Brasília, é o General Meira Matos, Chefe da Polícia Militar. Não é cabível, sobretudo, possa o General Costa e Silva, acobertar essa camarilha que infelicita esta Nação. (*Anais*, Dge, 29 ago. 1968, v.22, p.842)

No dia 2 de setembro, após os discursos de vários deputados no "pinga-fogo" condenando a violência policial na invasão da UnB, o discurso de Márcio Moreira Alves ocorre nos Discursos do grande expediente. Como tratado no início deste capítulo, os discursos do "pinga-fogo", como eram conhecidos os Discursos do pequeno expediente, eram breves – cerca de cinco minutos, sem apartes. Os Discursos do grande expediente eram o momento por excelência do debate parlamentar. Encerravam de maneira solene a primeira parte da sessão diária da Câmara dos Deputados – o Expediente. Tinham duração de trinta a quarenta minutos, com frequentes apartes de outros deputados. Não tratavam de assuntos irrelevantes. O ambiente não era sonolento. Um deputado da Arena se rebelara publicamente contra o Governo, comparando a repressão de então ao nazismo:

---

56 Márcio Moreira Alves, advogado e jornalista, era importante articulista do jornal carioca *Correio da Manhã*.

Hermano Alves (MDB-GB):[57] Essa minoria de agitadores e provocadores está-se aproveitando do nome das Forças Armadas, de modo geral, e do Exército, de modo particular, para manter-se no poder através da violência até mesmo para forçar os atuais detentores do Poder Federal, ou seja, o Marechal Costa e Silva e seus ministros, a terminarem ou concluírem o processo de instauração de um governo discricionário e autoritário em nosso país.

Paulo Freire (Arena-MG):[58] Nobre Deputado, eu ia dizer justamente isso que V. Exa. acaba de proferir. Faço, pois, minhas as palavras de V. Exa. E quero acrescentar que sou Deputado da Arena, mas não darei mais, em hipótese alguma, meu modesto voto para apoiar o Governo, enquanto ele não punir esses bandidos e criminosos que querem instalar aqui no Brasil o sistema de Hitler. (*Muito bem. Palmas.*) (*Anais*, Dge, 2 set. 1968, v.23, p.145-6)

Não se sabe se por ironia, se por identificação com a revolta de alguns deputados da Arena, se por algum simbolismo intencional ou se por defeito mesmo do microfone destinado aos deputados da Oposição, Márcio Moreira Alves discursa utilizando-se do microfone que caberia à Aliança Renovadora Nacional. Inicia assim seu discurso:

Márcio Moreira Alves (MDB-GB): Sr. presidente, um defeito no microfone me impeliu hoje para a direita. (ibidem, p.159)

Márcio Moreira Alves, ao inscrever-se previamente para os Discursos do grande expediente, afirma que preparara uma análise dos projetos governamentais para a Reforma Universitária. Porém, constatara que uma fotografia publicada na véspera pelo *Jornal do Brasil*, onde um miliciano arromba com sua bota um laboratório da UnB, era o exato retrato da política universitária do Executivo. Seu discurso trata então da tortura praticada por criminosos abrigados nas fileiras do Governo:

Márcio Moreira Alves: Todos conhecemos a espécie de rigoroso inquérito que este Governo abre sobre os criminosos que em suas fileiras se abrigam.

---

57 Hermano Alves, jornalista, era importante articulista do jornal carioca *Correio da Manhã*.
58 Paulo Freire, bacharel em Teologia pela Faculdade de Teologia da Igreja Presbiteriana do Brasil (Campinas, SP), na década de 1950 havia sido professor do Colégio Batista em Belo Horizonte. Em 1962, foi eleito deputado federal pelo PTB.

O IPM, aberto em Pernambuco pelo General Antônio Carlos Muricy, sobre torturas de presos políticos, concluiu que havia torturados, mas não apurou os torturadores. Seus nomes, é bem verdade, são conhecidos no Brasil inteiro. São conhecidos, também, no Ministério do Exército, que promove os torturadores, uma vez que no Brasil de hoje torturar um preso inerme parece ser motivo de promoção na outrora honrada e gloriosa carreira militar. Mas, no inquérito do IPM, os que quebraram as costelas e vértebras de Waldir Ximenes não foram apontados, nem aqueles que torturaram e seviciaram centenas de outros prisioneiros. [...] Portanto, o que nesses quatro anos nós aprendemos a esperar dos "rigorosos inquéritos" é que eles garantam apenas rigorosa impunidade dos criminosos que servem ao Governo. (*Muito bem.*) E mais: aprendemos também a saber que fazer passeatas, fazer greves, participar de congressos da UME ou da UNE é ser enquadrado na Lei de Segurança Nacional, mas jogar bombas, assaltar bancos, matar soldados é ser encaminhado à justiça civil. Este foi o tratamento que, por serem extremistas de direita, os terroristas aprisionados em São Paulo tiveram por parte deste Governo. (ibidem, p.160-1)

Márcio Moreira Alves, falando do microfone da Arena, se solidariza com os deputados deste partido que se manifestaram contra a invasão da UnB:

Márcio Moreira Alves: Quero dizer que, realmente, vi, com grande alegria e esperança, inúmeros Parlamentares da Arena se manifestarem contra o vandalismo, o crime oficializado na Universidade de Brasília. Neste plenário mesmo, vejo dois nobres Deputados com os quais tive a honra de assinar, juntamente com outros membros da Comissão de Educação e Cultura, desta Casa, um documento em protesto. (ibidem, p.162)

O deputado pronuncia, quase no final de seu discurso, a referência que será usada posteriormente pelo ministro do Exército para tentar processá-lo:

Márcio Moreira Alves: E, finalmente, a última pergunta, a que todos fazem nesta Casa, nas ruas, por toda a parte: quando será estancada a hemorragia da Nação? Quando pararão as tropas de metralhar na rua o povo? Quando uma bota, arrebentando uma porta de laboratório, deixará de ser a proposta de reforma universitária do Governo? Quando teremos, como pais, ao ver os nossos filhos saírem para a escola, a certeza de que eles não voltarão carregados em uma padiola, esbordoados ou metralhados? Quando poderemos ter confiança naqueles que devem executar e cumprir as leis? Quando não será a polícia um bando de facínoras? Quando não será o Exército um valhacouto [refúgio] de torturadores? Quando se dará o Governo Federal, a um mínimo de cumprimento de dever, como é para o bem da República e para a tranquilidade do povo? (ibidem, p.162-3)

No dia seguinte a esse discurso, Cardoso Alves (Arena-SP) – que votara ao lado do MDB pela anistia aos estudantes e trabalhadores – solidariza-se com Mario Piva (MDB-BA) e confessa consternação pela atitude de seu partido:

> *Cardoso Alves* (Arena-SP):[59] Vi, profundamente consternado, a anistia, que se constituiu em vigorosa afirmação de conciliábulos no meu Partido e fora dele, que se constituiu em testemunha democrática no *vis a vis* da vida parlamentar, ser fragorosamente derrotada neste Plenário, por Deputados que não tiveram a coragem de votá-la porque preferiram sopitar os ímpetos de sua consciência. [...] Vi quase com lágrimas nos olhos o Deputado Zanello [Arena-ES – Relator da CPI sobre a repressão ao movimento estudantil] protestar dessa tribuna e espero que muitos Zanellos tomem consciência da grandeza da repercussão popular e permaneçam fiéis às suas origens. O meu partido se tornará um partido envergonhado se não afirmar a sua vocação democrática e se não pretender afirmar na história o compromisso que assumiu com o povo e com o mundo no momento em que nasceu. (*Palmas.*) (*Anais*, Dge, 3 set. 1968, v.23, p.454-5)

É provável que a cisão na Arena com o episódio da votação da anistia aos estudantes e trabalhadores não tenha diminuído após a invasão da UnB. Não foi possível localizar o manifesto ou seus signatários, porém, Maurílio Ferreira Lima (MDB-PE) afirma que mais de setenta deputados da Arena

---

59 Cardoso Alves, advogado, foi eleito deputado estadual em 1962 pelo Partido Democrata Cristão – PDC. Entre 1962 e 1965, havia sido secretário e presidente do Diretório Regional do PDC.

assinaram documento contra a repressão à UnB. Somados à bancada do MDB, hipoteticamente, significariam praticamente a metade dos deputados da Câmara dos Deputados:

> *Maurílio Ferreira* (MDB-PE):[60] Sr. presidente, Srs. Deputados, a condenação das violências ocorridas na Universidade de Brasília foi feita pela quase totalidade desta casa. Mais de 70 deputados do Partido governista assinaram manifesto, condenando a brutal repressão policial. A totalidade da Oposição tomou destacada posição contra os espancamentos que enlutaram e traumatizaram esta cidade. (*Anais*, Dvma, 18 set. 1968, v.25, p.933)

Na Câmara dos Deputados, o tema da Reforma Universitária é obscurecido pelos violentos conflitos provocados pela repressão ao movimento estudantil. No entanto, o Grupo de Trabalho da Reforma Universitária entregara ao Executivo suas propostas de reformulação do ensino superior. Os deputados tomam contato com a reforma pela imprensa. Em outubro, alguns deputados querem saber quando ela será debatida no Congresso Nacional, pois em novembro ocorrerão eleições municipais em onze estados da Federação e a Câmara terá seus trabalhos prejudicados pelo chamado "recesso branco". Existe o temor de que o Executivo pretenda aprovar a Reforma Universitária com a Câmara esvaziada e por decurso de prazo:

> *Flores Soares* (Arena-RS): Sr. presidente, ontem tive oportunidade de suscitar uma questão de ordem perguntando: primeiro, se, como noticiam os jornais, as rádios e as televisões, o Poder Executivo já remeteu ao Congresso Nacional anteprojeto ou decretos-leis que consubstanciam a chamada reforma universitária. [...] É sabido que de 15 deste mês [outubro] ao dia 20 do próximo, não contaremos com número para votações nesta Casa. Portanto, se realmente entraram na Secretaria do Congresso, ou se proximamente vão entrar esses projetos de lei, não contaremos com número para votação. E eles serão aprovados por decurso de prazo, sem que sequer seja possível o "sim" ou o "não" da Câmara dos Deputados. (*Anais*, Dvma, 3 out. 1968, v.28, p.503)

---

60 Maurílio Ferreira, advogado, em 1958 tornou-se oficial de Gabinete do então prefeito do Recife Miguel Arraes, permanecendo nesse cargo até 1962.

No mesmo dia em que o deputado Flores Soares questiona pela tramitação da Reforma Universitária, 3.10.1968, novamente o tema torna-se secundário frente os conflitos na cidade de São Paulo envolvendo a Faculdade de Filosofia, Ciências e Letras da Universidade de São Paulo – FFCL-USP, situada à Rua Maria Antônia –, as forças de repressão e estudantes da vizinha Universidade Mackenzie.

A Universidade Mackenzie é tema tratado na Câmara dos Deputados desde o início de 1967. Naquele ano, a Universidade Mackenzie corria sério risco de ter seus bens imóveis desapropriados pelo Governo do Estado. Essa universidade seria provavelmente estatizada, transformando-se em universidade pública do estado de São Paulo (*Anais*, Dpe, 4 abr. 1967, v.3, p.339-42).[61] Marcos Kertzmann (Arena-SP), em 11 de maio de 1967, propõe que a intervenção no Mackenzie seja Federal, transformando-a numa Universidade Federal no Estado de São Paulo:

> *Marcos Kertzmann* (Arena-SP):[62] Sr. presidente, Srs. Deputados, a Universidade Mackenzie, no Estado de São Paulo, vem, desde algum tempo a esta parte, defrontando-se com uma série de dificuldades, algumas estruturais e outras originárias de antigas pendências entre a confissão religiosa responsável pela Escola e o Instituto que a administra. O agravamento do impasse levou a que o Governador Abreu Sodré, pouco depois de assumir o Governo, determinasse a desapropriação dos seus imóveis, conservando, todavia, a anterior direção e administração particulares. [...] De nosso ponto de vista, Sr. presidente, julgamos necessária e urgente uma intervenção do Governo Federal. [...] Com a incorporação do Mackenzie, não haveria necessidade de dispêndios paralelos com a construção de novos edifícios e custosas instalações, pois podem ser aproveitadas as atuais. [...] A federalização da Universidade, a nosso ver, parece ser a solução mais racional, pois encerraria uma crise já crônica e abriria perspectivas ainda mais amplas para a expansão do ensino superior no país. (*Anais*, Dpe, 11 maio 1967, v.8, p.273-4)

---

61 Também *Anais*, Dpe, 22 maio 1967, v.9, p.462-7.
62 Marcos Kertzmann, advogado com atuação junto à colônia judaica de São Paulo, iniciou sua vida política elegendo-se vereador em 1963 pelo Movimento Trabalhista Renovador – MTR.

A ameaça de estatização, quer seja estadual ou federal, pairava sobre a Universidade Mackenzie desde o início de 1967. Isso não ocorreu; os dirigentes dessa universidade provavelmente conseguiram negociar com os poderes públicos do período.

Os conflitos entre estudantes do Mackenzie e estudantes da USP ocorriam desde 1967. Em 30 de outubro de 1967, David Lerer (MDB-SP) denunciou os distúrbios provocados por alguns estudantes do Mackenzie:

> *David Lerer* (MDB-SP):[63] O que ocorreu em São Paulo é bem um retrato da conduta das autoridades: um grupo de estudantes do Mackenzie impede pela violência a eleição numa outra escola. A polícia espera a baderna chegar ao fim e invade a escola para prender os agredidos, deixando em paz os agressores. É uma completa subversão de valores. A invasão das Faculdades de Direito, de Filosofia e outras pela polícia, à revelia de seus diretores, é uma grave ofensa à autonomia e à dignidade universitária. (*Anais*, Dpe, 30 out. 1967, v.27, p.702)

Um ano depois, será o mesmo deputado a relatar a invasão da FFCL-USP – conhecida coloquialmente pelo nome da rua onde tinha suas instalações: Maria Antônia.

> *David Lerer* (MDB-SP): Desde a quarta-feira [2 out. 1968] elementos da polícia e da Delegacia de Ordem Política e Social [DOPS] encontravam-se na Universidade Mackenzie. Às onze horas [de 3 out. 1968], recomeçou, como estava dizendo, a artilharia por parte das fortificações do Mackenzie aos estudantes que recomeçaram o pedágio. Só que agora ela já se processava de forma mais severa, com bombas Molotov e bombas de ácido e lá pelas 13 horas começou-se a ouvir tiros vindos do Mackenzie. Os estudantes da Faculdade de Filosofia entraram na provocação e começaram a revidar. [...] A partir das 13 horas, começaram a ouvir-se tiros, e às 15:30 horas um ginasiano recebeu um tiro na cabeça; às 15:40 horas, dava entrada no pronto socorro do Hospital das Clínicas e, às 15:50, falecia apesar das medidas de urgência tomadas naquele nosocômio. Além dele, três outros ficaram feridos a bala, além de outros que tiveram queimaduras de primeiro, segundo e terceiro graus. [...] Às 20 horas

---

63 David Lerer, médico, antes da obrigatoriedade do bipartidarismo em 1965, foi filiado ao PSB.

os estudantes da Faculdade de Filosofia resolveram entrar para a sua Universidade. Saíram então os estudantes da Universidade Mackenzie, arrombaram as portas da Faculdade de Filosofia, derramaram gasolina e começaram a incendiá-la. A incendiá-la, Sr. presidente e Srs. Deputados. A polícia não tomou qualquer providência. Só o valoroso e abnegado Corpo de Bombeiros de São Paulo apressou-se em apagar os focos de incêndio. [...] Vejam, Srs. Deputados, a diferença entre a noite de ontem e aquela noite do mês de março ou abril deste ano, em que foi morto um rapaz, chamado Edson Luís de Lima Souto. Alguns meses atrás, naquela mesma sessão do Congresso Nacional, essas galerias se encheram de estudantes. A Casa estava cheia, e os debates eram generalizados entre os Deputados. Sucediam-se os discursos de protestos pela morte do estudante Edson Luís de Lima Souto. Ontem, isto já não se verificou. As galerias estavam vazias. Os Deputados conversavam, entre outras coisas também sobre os acontecimentos de São Paulo. Mas também conversavam sobre o discurso do Marechal Costa e Silva, sobre o golpe militar do Peru e sobre uma série de outros problemas. A morte de um estudante, ilustre Deputado, era um fato a mais. A morte de um estudante já era um fato de rotina. [...]

Abrahão Sabbá (Arena-AM):[64] V. Exa. sabe que morei muitos anos em São Paulo e todos conhecemos a situação dos estudantes da extrema direita. A polícia omitiu-se e deixou de cumprir a sua obrigação, que é manter a ordem. A polícia omitiu-se, porque estava mancomunada com estudantes para o massacre que houve.

David Lerer (MDB-SP): Nobre Deputado Abrahão Sabbá, depois do que V. Exa. disse, eu deveria descer desta tribuna e dar por findo o meu discurso. V. Exa. disse tudo. (*Anais*, Dvma, 4 out. 1968, v.28, p.637-9)

Nos debates que se seguiram ao discurso de David Lerer, respondendo a uma intervenção de Jonas Carlos (Arena-CE), o deputado Abrahão Sabbá analisa as ações das Forças Armadas:

Abrahão Sabbá (Arena-AM): O Deputado Jonas Carlos, absorvido pelos seus estudos de economia, não viu que as Forças Armadas estão excessivamente

---

64 Abrahão Sabbá, empresário, presidente da Federação das Indústrias do Amazonas entre 1962 e 1966 e então vice-presidente da Confederação Nacional da Indústria. Era deputado federal pelo PSD desde 1962.

unidas, estão unidas até demais, pois praticamente já depuseram o atual presidente. Estão só esperando criar-se um clima como o que já se começa a verificar em São Paulo para poderem dar o golpe final. (ibidem, p.645)

Como tratado anteriormente neste livro, em meados de 1967, o líder do MDB na Câmara – Mário Covas – utilizou a prisão de estudantes no Crusp para desarticular o discurso do vice-líder da Arena – Geraldo Freire. Então, o efeito foi desconcertante. No final de 1968, é motivo de consternação a David Lerer constatar que "a morte de um estudante já era um fato de rotina". É neste contexto que dá entrada no Congresso Nacional", no dia 7 de outubro, o projeto de Reforma Universitária (*Anais*, Dvma, 8 out. 1968, v.28, p.1.061).

Alguns deputados ressaltam que, com a violência da repressão ao movimento estudantil, a Reforma Universitária será ineficaz. Alertam para que o Executivo contenha os grupos minoritários nas Forças Armadas que praticam o terrorismo de direita:

Paulo Campos (MDB-GO):[65] Sr. presidente, encontram-se nesta Casa seis mensagens que visam promover a reforma universitária em nosso país. [...] A preliminar para que se possa alcançar êxito na reforma universitária que o Governo pretende é ele mesmo desmoralizar a violência neste país, pois de outra forma não será possível. [...] É preciso que esses grupos minoritários [a repressão de direita] sejam contidos, a fim de que possa o povo ter a condição natural de participar da vida nacional. O processo educacional é o mais alto do país. A reforma universitária não alcançará êxito neste clima. (*Anais*, Dvma, 9 out. 1968, v.29, p.289-90)

Aconteceu o que alguns deputados temiam. O Executivo enviou o projeto de Reforma Universitária exatamente no momento em que a maioria dos deputados encontrava-se envolvida com as eleições municipais em onze estados da federação:

---

65 Paulo Campos, advogado, era vice-líder do MDB na Câmara dos Deputados.

Getúlio Moura (MDB-RJ):[66] O Governo falou seguidas vezes na reforma universitária. Todos a reclamam há muitos anos. Mas o Governo remeteu seis mensagens relativas a essa reforma universitária no período mais difícil do Congresso Nacional. V. Exa. sabe as dificuldades que enfrenta a Mesa para obter maioria para a votação de projetos. É que grande parte desta Casa se encontra no interior, onde vão verificar-se, no dia 15 de novembro, eleições municipais. Foi até votada aqui uma resolução pela qual os Deputados desta Câmara tinham direito a faltar às sessões, sem prejuízo de seus *jetons*. Ora, V. Exa. verifica que as mensagens chegaram no dia 7 [de outubro] e têm de estar aprovadas até o dia 16 do próximo mês. Foi atingido o período exato do recesso. Agora, teremos apenas cinco dias para emendar seis mensagens, que o presidente [da República] enviou com os respectivos projetos. Sente-se, evidentemente, que o Governo queria que suas mensagens transitassem e fossem vitoriosas pelo decurso de prazo. O Governo não desejou a colaboração do Congresso.[...] Sr. presidente, ficaremos como pouco mais do que simples espectadores, porque não teremos, na realidade, votos capazes para fazer prevalecer qualquer uma das alterações que entendemos necessárias para tornar a reforma mais moderna, mais atuante, mais correspondente aos legítimos reclamos das classes estudantis deste país. (ibidem, p.316)

Desde meados de 1967, a discussão sobre a Reforma Universitária foi ofuscada pela progressiva repressão ao movimento estudantil. Durante sua tramitação, sob o encargo de uma Comissão Mista da Câmara dos Deputados e do Senado, a Reforma Universitária seria secundária em face da repercussão do pedido de licença feito pelo Executivo à Câmara dos Deputados para processar o deputado Márcio Moreira Alves por seus discursos quando da invasão da Universidade de Brasília – apresentados anteriormente neste livro.

Não é objetivo tratar aqui em detalhes o processo contra Márcio Moreira Alves.[67] O assunto é abordado porque possibilita compreensão

---

66 Getúlio Moura, advogado, foi deputado constituinte em 1946 pelo PSD. Nas décadas seguintes, reelegeu-se deputado federal pelo PSD. No governo de Juscelino Kubitschek, foi presidente da Rede Ferroviária Federal. Em 1963, havia sido vice-líder do PSD na Câmara dos Deputados e era, então, 2º vice-presidente da Câmara dos Deputados.

67 Além dos próprios *Anais da Câmara dos Deputados*, a melhor fonte para acompanhar o desenrolar do processo contra Márcio Moreira Alves, inclusive com a íntegra dos

dos motivos da Reforma Universitária ter sido relegada ao segundo plano nas discussões parlamentares nos meses de outubro e novembro de 1968, período de tramitação da futura Lei n.5.540/68. O tema também foi mencionado, pois os discursos que motivaram o processo contra Márcio Moreira Alves referem-se aos debates na Câmara dos Deputados sobre o movimento estudantil.

Desde 11 de outubro, diversos deputados, tanto da Arena quanto do MDB, pronunciam-se sobre o pedido de licença solicitado à Câmara dos Deputados para processar Márcio Moreira Alves. Em sua maioria, os deputados posicionam-se contra essa licença. Entre vários exemplos possíveis:

> *Dias Menezes* (MDB-SP):[68] Sr. presidente, Srs. Deputados, a Nação, ainda uma vez é surpreendida por drástica quão injustificável decisão do Governo, abrindo outra crise política de consequências imprevisíveis, ao pretender cassar o mandato do Deputado da Oposição Márcio Moreira Alves. Sobre trazer o país num clima ainda de maior insegurança, em face do já pouco que nos resta de franquias democráticas, toma o Governo a impertinente decisão no exato instante em que eleições municipais vão ser realizadas agora em onze unidades da Federação. (*Anais*, Dvma, 15 out. 1968, v.30, p.222)

Alguns deputados manifestam-se a favor da licença para que Márcio Moreira Alves pudesse ser processado. Por exemplo, o deputado Feu Rosa (Arena-ES), que até poucas semanas antes se posicionava ao lado do MDB contra a repressão ao movimento estudantil, apresenta argumentos favoráveis à concessão de licença para que Márcio Moreira Alves seja processado (*Anais*, Dvma, 18 out. 1968, v.30, p.941-2).

A questão central é: quais os propósitos do Executivo ao pressionar dessa maneira a Câmara dos Deputados? Parte da resposta encontra-se no efeito que isso provoca na Arena:

---

documentos sobre o tema classificados como confidenciais pelos ministros militares, é a obra de Casimiro Pedro da Silva Neto (2003, p.519-29).

68 Dias Menezes, jornalista, foi oficial de Gabinete do presidente Jânio Quadros. Deputado federal desde 1962, em 1964 tornou-se vice-líder do Partido Trabalhista Nacional – PTN. Era vice-líder do MDB desde 1966.

Francelino Pereira (Arena-MG):[69] A Arena decidiu ficar a postos no Plenário, para não deixar acusação sem resposta, seja ela oriunda ou não da Oposição. [...] É conveniente, portanto, que, daqui por diante, os pronunciamentos sejam vigiados, até porque, quando o plenário está vazio, os pronunciamentos se fazem com mais liberalidade e, desse modo, muitas vezes, injustiças são cometidas. (*Anais*, Dpe, 18 out. 1968, v.30, p.925-6)

O propósito do processo contra Márcio Moreira Alves é unificar a Arena. Este partido encontrava-se em processo de cisão. Vários de seus deputados discursavam contra o governo, em especial no que se refere à repressão ao movimento estudantil. Quase um quarto do partido não votara conforme a orientação governamental. Os pronunciamentos de membros da Arena seriam, desde então, vigiados. Não ficaria sem resposta acusação "oriunda *ou não* da Oposição".

Entre as várias preocupações do MDB, acrescenta-se mais uma: os desaparecidos. O Congresso da UNE, em Ibiúna, é desmantelado, com a prisão de muitos estudantes:

Francisco Amaral (MDB-SP):[70] Foram centenas de presos, liberando-se dias depois a grande maioria, divulgando a imprensa a relação dos que foram libertados e, na mesma ocasião, apontando alguns nomes de estudantes que permanecem presos. Acontece que cerca de 20 jovens, presos na mesma ocasião, pelo DOPS paulista, não figuraram na relação dos que foram libertados e nem no rol dos que se mantiveram presos, encontrando-se em lugar ignorado. (*Anais*, Dpe, 22 out. 1968, v.31, p.113)

Márcio Moreira Alves (MDB-GB) não se acovarda com o processo aberto contra ele por seus discursos parlamentares. O deputado continua a denunciar a tortura e assassinatos de estudantes, agora fatos que não causam mais espanto:

---

69 Francelino Pereira, advogado, foi diretor do Departamento de Administração Geral de Minas Gerais e chefe de Assuntos Municipais do Palácio da Liberdade no governo de Magalhães Pinto. Em 1962, foi eleito deputado federal pela UDN.

70 Francisco Amaral, advogado, jornalista e professor, havia sido diretor do Ginásio Estadual de Amparo (SP). Como deputado estadual, em 1966, foi líder do MDB na Assembleia Legislativa de São Paulo. Ainda em 1966, foi eleito deputado federal pelo MDB.

Márcio Moreira Alves: Sr. presidente, ontem, na Guanabara, o estudante de Medicina Luís Paulo Nunes Cruz, de 21 anos de idade, foi assassinado com uma bala na cabeça por agentes do DOPS que invadiram a Faculdade de Medicina no carro de polícia que tem o número 6-237. Foram feridos outros seis estudantes, estando Alberto Augusto Noronha em estado grave, com um tiro no peito. O Hospital das Clínicas teve seus corredores, enfermarias e salas saturadas de gás lacrimogêneo. Uma bala cravou-se a centímetros de uma cápsula de etileno, altamente explosiva, dentro do Centro Cirúrgico. Os doentes, mesmo em estado grave, tiveram de ser removidos das enfermarias. A polícia jogou bombas no Pavilhão da Pediatria. [...] E quem são os homens a quem está entregue a segurança, melhor diria, a insegurança dos cariocas? Luiz Igrejas, Coronel aposentado, ex-dirigente da LIDER, organização terrorista de direita que foi dissolvida pelo Marechal Castello Branco, e que é precursora do atual CCC. É ele o Chefe de Gabinete do secretário de Segurança, General Luiz França de Lima, nomeado por indicação do Marechal Costa e Silva. O chefe do Serviço Externo da Superintendência de Polícia Executiva, que ontem comandou o massacre no Hospital das Clínicas da Guanabara, é o detetive João Boneschi. Quem é? A 27 de maio de 1964, das 14 às 17 horas, este homem torturou, com espancamentos, no Cenimar, em companhia do agente Solimar Adilson Aragão. Em agosto de 1964, juntamente com Solimar e o alcaguete Sérgio Alex Toledo, torturou o engenheiro Arnaldo Mourthé. A 22 de julho de 1964, juntamente com o capitão de corveta Darcy, Sérgio Alex Toledo e Solimar torturou o ex-diretor da Associação de Marinheiros do Brasil, Avelino Capitani. A 22 de julho, entre 1 e 5 horas da manhã, torturou, com os mesmos comparsas, o ex-marinheiro Antônio Geraldo da Costa. Em agosto de 1964, no Cenimar, com os mesmos comparsas, torturou o bancário e estudante de Direito Guido Afonso Duque de Norte. Na noite de 22 a 23 de julho de 1964, torturou o ex-marinheiro Severino Vieira de Souza. Este homem com este passado, que havia sido posto de lado durante alguns anos na Secretaria de Segurança Pública da Guanabara volta agora, juntamente com o ex-dirigente da LIDER à evidência. (*Anais*, Dvma, 23 out. 1968, v.31, p.246-7)

Márcio Moreira Alves tinha seu mandato ameaçado de cassação por ter afirmado que o Exército era refúgio de torturadores. Constatando objetivamente que esses torturadores estavam retornando à ativa com incentivo das forças de repressão ao movimento estudantil, o deputado fornece explicitamente seus nomes, mencionados na citação anterior, à Câmara dos Deputados. Nessa Casa existe esforço para que Márcio Moreira Alves modere suas palavras. Isso irrita o deputado:

> *Márcio Moreira Alves*: Sr. presidente, após o discurso que acabo de proferir, ouvi, no plenário, reclamações contra o emprego da palavra *bandidos*, que fiz em referência aos elementos que assaltaram o Hospital das Clínicas da Guanabara. Não conheço nenhuma outra palavra para qualificar homens que jogam bombas dentro de berçários, que atacam a tiros um centro cirúrgico, que fazem com que doentes sejam removidos, inclusive com o soro intravenoso ainda pendurado nos braços. Portanto, Sr. presidente, creio ser parlamentar o emprego da palavra usada em referência a homens que assim agem neste país. (ibidem, p.249)

Desde a abertura do processo contra Márcio Moreira Alves e a vigilância aos discursos na Câmara dos Deputados, a manifestação de deputados da Arena em protesto contra a repressão ao movimento estudantil é menor, mas ainda assim existente:

> *Cunha Bueno* (Arena-SP):[71] Sr. presidente, raras vezes temos ocupado esta tribuna para tratar de problemas de natureza política. [...] É lamentável, Sr. presidente, que, num país democrático como o nosso, onde o aparelhamento policial está suficientemente atualizado para reprimir violências, esses episódios se reproduzam. Repito, Sr. presidente: é lamentável; e acredito que nenhum membro desta Casa, pertença ele à Arena ou ao MDB, possa deixar de dizer uma palavra de tristeza, e, mais do que isso, de revolta, em face das violências policiais, que, se não forem coibidas, fatalmente criarão o clima necessário para a implantação de uma ditadura. (ibidem, p.330-1)

Em outubro e novembro de 1968, a Reforma Universitária foi discutida simultaneamente pela Câmara e pelo Senado em uma Comissão Mista de ambas as Casas. O efeito imediato dessa votação foi a convergência de

---

71 Cunha Bueno, advogado, deputado federal pelo PSD desde 1950, havia sido vice-líder da bancada do PSD na Câmara dos Deputados e também diretor do Instituto Histórico e Geográfico de São Paulo.

interesses entre Arena e MDB. Os *Anais da Câmara dos Deputados* informam que a discussão da Reforma Universitária uniu como nunca visto os dois partidos:

> *Último de Carvalho* (Arena-MG):[72] Sr. presidente, o Congresso Nacional aprovou ontem [06 nov. 1968] o Projeto de Lei n.32-CN-68, que dispõe sobre a Reforma Universitária. E aprovou-o com os aplausos da nobre Oposição através de discurso pronunciado da tribuna principal, pelo eminente Líder Mata Machado [MDB-MG]. Assim, uma questão didática, que se transformara neste país num processo de subversão, teve ontem um desfecho inesperado, qual o de terem confraternizado com os centros políticos da Arena e do MDB, as extremas "esquerdas" e "direitas" desses mesmos partidos. [...] Sr. presidente, tenho a honra de pertencer a este Parlamento há mais de 14 anos; várias vezes, tenho sido Governo e Oposição e nunca presenciei uma unidade *tão unida*, como a que preside a elaboração dessa Reforma Universitária. Os eminentes Líderes do Governo e da Oposição, neste augusto plenário, assemelhavam-se a xifópagos, tal o interesse de não se desmembrarem uns dos outros. E o substitutivo foi aprovado sem protestos, sem verificação de *quorum*, felizes e sorridentes, todos. (*Anais*, Dvma, 7 nov. 1968, v.32, p.636-7)

A redação da proposta da lei de Reforma Universitária foi extremamente rápida em meados de 1968; levou cerca de dois meses. A discussão da proposta e sua votação no Congresso Nacional ocorreram de maneira rápida em outubro e início de novembro daquele ano. Em parte, isso foi possível porque há algum tempo existia um consenso mínimo no Conselho Federal de Educação (CFE) sobre os princípios básicos da reforma. Desde agosto de 1967, uma comissão do CFE discutia a Reforma Universitária; entre seus componentes estava Valnir Chagas (*Documenta*, n.74, jul./ago. 1967, p.141).[73] Depois de aproximadamente um ano de discussões dessa

---

72 Último de Carvalho, engenheiro, havia sido filiado ao PSD desde 1946 e deputado federal por esse partido desde 1954, chegando, em 1963, a líder da bancada do PSD na Câmara dos Deputados. Em 1967, tornou-se vice-líder da Arena na Câmara dos Deputados.

73 O presidente do Conselho Federal de Educação nomeou uma comissão, composta dos Conselheiros Clóvis Salgado, Raymundo Moniz de Aragão, Roberto Figueira Santos, Rubens Mário Garcia Maciel e Valnir Chagas, para estudos preliminares da reestruturação das universidades brasileiras.

comissão, quando o Executivo criou por decreto, em 2 de julho de 1968, o Grupo de Trabalho da Reforma Universitária, (*Documenta*, n.88, jul. 1968, p.182)[74] as ideias consensuais sobre a reformulação do ensino superior estavam claras para os principais membros do CFE. Alguns membros desse Conselho declararam que essa reforma consolidava a jurisprudência estabelecida pelo CFE nos últimos anos. Valnir Chagas – membro do Grupo de Trabalho da Reforma Universitária – descreveu a rapidez na elaboração do anteprojeto de lei:

> Na abertura do governo do Costa e Silva [março de 1967], nós nos reunimos, durante um mês, para rever toda aquela legislação. Trabalhei na Lei n.5.540, perdi oito quilos, dormindo duas horas por noite, porque o prazo era fatal. A lei não saiu tão ruim assim. Uma vez, um repórter disse: "O senhor acha que dá para fazer isso num mês?" E eu disse: "Tenho trinta anos de experiência, a gente já sabe o que tem para fazer". Desde os anos 50 a gente já vem tomando nota sobre o perfil de uma universidade do Brasil. Foi um trabalho de sistematização de sonhos. Uma lei boa, uma lei avançada. (Buffa; Nosella, 1997, p.163-4)

Em 2 de setembro de 1968, exatamente dois meses depois da criação do Grupo de Trabalho da Reforma Universitária (GTRU), Tarso Dutra – presidente do GTRU e ministro da Educação e Cultura – encaminha ao Conselho Federal de Educação a primeira versão do anteprojeto da lei de Reforma Universitária. É estabelecido o prazo de cinco dias para que o CFE faça as mudanças que considerar apropriadas. O CFE dá o prazo máximo de 48 horas para os conselheiros se manifestarem (*Documenta*, n.90, set. 1968, p.9).

João Barreto Filho – presidente do CFE – afirma que o prazo tão curto dado ao CFE para o aprimoramento do anteprojeto da lei de Reforma Universitária foi possível de ser cumprido porque vários pontos dessa reforma consolidavam a jurisprudência firmada pelo próprio CFE durante os últimos anos:

---

74 O Grupo de Trabalho da Reforma Universitária era presidido por Tarso Dutra – ministro da Educação e Cultura – e composto por Antônio Moreira Couceiro, Fernando Bastos D'Ávila, João Lyra Filho, João Paulo dos Reis Velloso, Fernando Ribeiro do Val, Roque Spencer Maciel de Barros, Newton Sucupira, Valnir Chagas e pelos estudantes João Carlos Moreira Bessa e Paulo Bouças. Os dois estudantes se recusaram a participar.

Vale ressaltar ainda que somente foi possível chegar-se à conclusão dos trabalhos no prazo extremamente curto de cinco dias, graças, de uma parte, à dedicação e ao esforço inaudito dos Senhores Conselheiros, e, de outro lado, à concordância de pontos de vista entre a jurisprudência firmada por este Conselho ao longo dos seis anos de seu funcionamento e a doutrina consubstanciada no documento elaborado por aquele Grupo [GTRU]. (ibidem, p.15)

Em sua declaração de voto, quando em 6 de setembro o CFE aprovou as mudanças ao anteprojeto da lei de Reforma Universitária, o conselheiro Celso Kelly ressalta a visão do anteprojeto como consolidação da jurisprudência do próprio CFE:

Dou minha aprovação [...] porque entendo que, em suas linhas gerais, os documentos que o Grupo de Trabalho formulou consubstanciam a boa doutrina e foram inspirados, em sua quase totalidade, na jurisprudência do Conselho Federal de Educação. (ibidem, p.47)

O anteprojeto da lei de Reforma Universitária elaborado pelo GTRU, após aprimoramento do Conselho Federal de Educação, é divulgado em 16 de setembro de 1968. O Executivo demorou três semanas para encaminhar esse projeto para discussão pelo Congresso Nacional.

Em 7 de outubro, o Congresso Nacional recebe a proposta de Reforma Universitária. A Câmara dos Deputados e o Senado têm quarenta dias para debater e votar o projeto. Caso isso não acontecesse, ele estaria aprovado por decurso de prazo em 16 de novembro. Ocorreu exatamente o que alguns deputados temiam. A tramitação da Reforma Universitária coincidiu com o Congresso esvaziado pelo "recesso branco", em função das eleições municipais que ocorreriam no dia 15 de novembro em onze estados da federação. Isto é, nos dois meses que precederam a eleição, os deputados ausentes não teriam seus vencimentos descontados. Boa parte dos parlamentares se encontrava fora de Brasília, participando das campanhas eleitorais nos municípios de sua influência. O Legislativo deveria votar a reforma no máximo em quarenta dias nas duas Casas. A Câmara dos Deputados e o Senado decidem formar uma comissão mista para elaborar um substitutivo ao projeto do Executivo. Em 6 de novembro de 1968, os parlamentares da Câmara e do Senado se reúnem em sessão conjunta. Nesse dia, debatem e aprovam o substitutivo da lei de Reforma Universitária elaborado pela comissão mista de ambas as Casas. Em 28 de novembro, com muitos vetos, o Executivo sanciona a lei de Reforma Universitária.

A Reforma Universitária foi votada em sessão conjunta do Senado e da Câmara dos Deputados em 6 de novembro de 1968. Nessa sessão, os parlamentares demonstram incômodo com o processo de redação e votação da reforma. Na abertura dos debates, o primeiro deputado a se pronunciar sobre a Reforma Universitária descreve sua elaboração:

> *Último de Carvalho* (Arena-MG): Quero dizer que o projeto e o substitutivo são um código de intenções. Apenas intenções. Quer dizer – se permite a imagem da gíria – uma espécie de passar o tijolo quente para alguém: o Governo passa para o Congresso o tijolo quente, a douta Comissão passa o tijolo quente para o Plenário. O Plenário, é claro, vai aprovar isso que aqui está. E não tem outro jeito. Vai aprovar e passar o tijolo quente para quem? Para as mãos do Sr. presidente da República que vai tê-las queimadas pelo tijolo quente que o douto Congresso não quis esfriar – desculpe – não pôde esfriar. Empreguei mal o termo, porque não teve tempo, se assim acontecer, suficiente para apreciar a matéria em toda a sua amplitude.[75]

O deputado, citando Ovídio de Abreu, destaca que "Não basta despachar o papel. É preciso resolver o negócio":

> *Último de Carvalho*: O problema é, portanto, polêmico e não foi tratado bem. Perdoe-me a Comissão. O problema não foi resolvido como os estudantes esperavam que fosse. A douta comissão deveria oferecer, ao projeto do Governo que escreveu muito e não disse nada, algo de substancial. No entanto, é um projeto de doutrinadores, de homens entregues a certa doutrina governamental que não resolve. [...] Não basta despachar o papel. É preciso resolver o negócio. E o Governo não quis resolver o negócio com o projeto que enviou a esta Casa, e a douta e respeitável Comissão especial apenas despachou o papel.[76]

---

75 *Diário do Congresso Nacional.* Brasília: Congresso Nacional, ano 23, n.95, 7 nov.1968, p.1.086.
76 Ibidem.

Provavelmente, o "negócio" a que se refere o deputado era a atividade contestadora do movimento estudantil. Último de Carvalho (Arena-MG), quando da prisão do filho de Dnar Mendes (Arena-MG), mostrou indignação quanto à arbitrariedade da repressão ao movimento estudantil. Agora o deputado postula alguma emenda ao projeto de Reforma Universitária que possibilite a anistia aos estudantes. Segundo o deputado, a Reforma Universitária deveria ter como pressuposto o esquecimento dos conturbados conflitos recentes:

> *Último de Carvalho*: Não é possível construir sobre a violência e com a violência. Para que se faça alguma coisa de grandioso, para os brasileiros, precisamos partir do esquecimento, esquecimento do passado, guardando apenas a lembrança da Pátria.[77]

Sem a possibilidade do esquecimento do passado, a Reforma Universitária não equacionaria os conflitos provocados pelo movimento estudantil:

> *Último de Carvalho*: Não adiantam reformas universitárias, não adiantam reformas de estruturas, se vamos construir, se vamos tentar estruturar sobre brasas dormidas, que estão para incendiar a Nação. [...] Não é possível que uma reforma universitária possa ser lançada, possa ser votada, ser transformada em código dos universitários e das universidades, sobre o fogo que aí está, sobre chamas que se apagaram nas ruas, entretanto, prontas a voltarem às mesmas ruas.[78]

Maria Auxiliadora Nicolato (1986, p.312-3) resumiu a emenda que Último de Carvalho propôs:

> Coube ao Deputado Último de Carvalho apresentar o mais veemente protesto contra a não aceitação de uma emenda proposta. Acreditando que a lei deveria ser enérgica com vistas à eliminação das greves e dos protestos que então abalavam o país, defendia, entre outros, a inclusão de dispositivos que estabeleciam: a) anistia para todos os estudantes envolvidos em greves ou

---

77 Ibidem, p.1.085.
78 Ibidem.

outros movimentos deflagrados até então; b) prazo de 24 horas, a contar da primeira aula suspensa, para que os diretores de unidades trancassem a matrícula dos grevistas e colocassem a sua disposição a transferência para estabelecimento de ensino particular, sob pena de serem demitidos "a bem do serviço público" e ser decretada intervenção no estabelecimento; c) cancelamento, no caso de greve em estabelecimento particular, dos duodécimos da contribuição da União a eles destinados na dotação orçamentária, correspondente aos meses de suspensão de aulas. Tal emenda assumia, para seu proponente, o caráter de uma medida de paz, que seria fundamentada no anseio da população do país.[79]

Lauro Cruz (Arena-SP) – Relator da Comissão Mista –, ao recusar a emenda, argumentou que a proposta de anistia já fora rejeitada naquele ano legislativo, sendo antirregimental recolocá-la em discussão (ibidem, p.314).

O Senador Josafat Marinho (MDB-BA) – presidente da Comissão Mista que elaborou o substitutivo do Congresso Nacional para a lei de Reforma Universitária – demonstra insatisfação com o resultado alcançado:

> *Josafat Marinho* (MDB-BA):[80] Não há reforma capaz de alcançar modificações profundas, no âmbito do ensino, sobretudo no quadro universitário, se não defere larga parcela de confiança a quem se destina, ou seja, aos professores e aos estudantes. No caso, porém, os projetos quiseram ser mais códigos de deveres e restrições, e muito pouco instrumentos de direitos do corpo docente e do corpo discente.[81]

Lauro Cruz (Arena-SP) – Relator da Comissão Mista – resume o histórico das mudanças no ensino superior que desencadearam a Reforma Universitária; a experiência da UnB é ressaltada. O deputado destaca a

---

79 Em sua obra, p.322-6, a autora apresenta as diversas emendas recusadas pelo Relator Lauro Cruz.

80 Josafat Marinho, advogado, entre 1960 e 1962 havia sido secretário da Fazenda da Bahia. Em 1962, elegeu-se senador com a coligação formada pelo Partido Social Trabalhista – PST, Partido Trabalhista Nacional – PTN, Partido Social Democrático – PSD, Partido Social Progressista – PSP e o Movimento Trabalhista Renovador – MTR. Em 1965, foi um dos fundadores do MDB.

81 *Diário do Congresso Nacional*. Brasília: Congresso Nacional, ano 23, n.95, 7 nov.1968, p.1.087.

importância dos depoimentos dos intelectuais ouvidos pela CPI do ensino superior e comenta que a Oposição deveria ter aprimorado o substitutivo no momento adequado na própria Comissão Mista:

> *Lauro Cruz* (Arena-SP):[82] Em relação às considerações que V. Exa. [Josafat Marinho] emite sobre esses princípios que devem nortear a organização universitária, devo lembrar a V. Exa., como disse no meu relatório, que todos os depoentes que compareceram a uma Comissão de inquérito instaurada na Câmara dos Deputados, para fazer um levantamento da situação do ensino superior no país, criticaram seriamente a atual estrutura de nossa universidade. Entre eles estavam elementos que se distinguem pelo seu valor cultural, pelo seu longo passado de educadores e unanimemente foram concordes em que a estrutura universitária atual é obsoleta. Fez o Governo uma experiência, que considerei corajosa, com a Universidade de Brasília, dando-lhe estrutura inteiramente diversa. Essa experiência não foi aprovada tranquilamente no Congresso Nacional. Encontrou resistência na Câmara dos Deputados e no Senado Federal, mas, finalmente, foi aprovada a nova estrutura da Universidade de Brasília. Ela tem provado que não se está longe do que deve ser seguido por todas as universidades. O atual projeto procura estabelecer princípios, levando em conta essa experiência, contando naturalmente que das novas experiências se chegue, na verdade, à orientação mais adequada.

---

82 Lauro Cruz, médico, foi professor da Universidade Mackenzie e catedrático da Escola Paulista de Medicina. Era deputado federal pela UDN desde 1950. Desde a década de 1960, era presidente da Associação Evangélica Beneficente de São Paulo e sócio-honorário da Sociedade Bíblica do Brasil, da Sociedade Bíblica Americana e da Sociedade Bíblica Britânica e Estrangeira. Foi relator geral da LDB de 1961 – Lei n.4.024/61. Entre março e abril de 1962, a convite do governo dos EUA, em companhia de outros deputados, visitou várias universidades daquele país. O roteiro incluiu recepção em Washington pelo Department of State. Entrevista com Abraham Ribicoff – ministro da Saúde, Educação e Bem-Estar Social dos EUA. Visita ao National Education Organization (NEO). Visitas a Georgetown e Howard. Em San Francisco, visita a uma escola primária, uma "Junior High School" e uma "Higher School". Visita à Universidade da Califórnia em Berkeley. Em Los Angeles, visita à University of Southern California. Em Dallas (Texas), visita à Southern Methodist University. Em Madison (Wisconsin) a preocupação principal foi conhecer o College of Agriculture da Universidade do Wisconsin. Em Chicago, visita à Universidade de Chicago. Em Boston, visita a Harvard, principalmente ao Massachusetts Institute of Tecnology (MIT). Sobre essa viagem, veja a publicação da Câmara dos Deputados intitulada *A Comissão de Educação e Cultura nos Estados Unidos* (1963). Em 1968, além de relator da Comissão Mista da Câmara e do Senado para a elaboração da Lei de Reforma Universitária, Lauro Cruz era também relator da CPI sobre o ensino superior.

Compreende V. Exa., Senador Josafat Marinho, não é possível, não há a pretensão de que o novo diploma legal seja absolutamente perfeito, que venha dirimir todas as dúvidas e resolver todos os problemas. Mas há um esforço sincero, esforço que tem a colaboração de eminentes educadores, de observadores profundos que nestes últimos sete anos, depois da experiência da Universidade de Brasília, compreenderam a necessidade de modificação e de nos encaminharmos para aquela estrutura, tanto que não se pede a sua modificação. As causas são outras. Não é ocasião para analisá-las no momento. De modo que está havendo este esforço. E se V. Exa. não podia [como presidente da Comissão Mista], realmente, votar ou oferecer emendas, talvez pudesse fazê-lo através da sua bancada, através do pronunciamento de outros colegas de seu partido, em que se evidenciasse aquilo que V. Exa. vem defender neste momento, e que está fazendo de um modo muito geral, sem precisar, pelo menos até agora, detalhes ou princípios que por certo teriam sido aproveitados na presente proposição.[83]

Martins Rodrigues (MDB-CE) contradiz a argumentação final de Lauro Cruz. A Oposição tentou emendas de cunho democrático à estruturação universitária, mas, segundo o deputado, a Arena não as aceitou. Martins Rodrigues exemplifica citando a proposta de eleição do reitor pela própria comunidade universitária:

Martins Rodrigues (MDB-CE):[84] Quanto às emendas que representavam alguma abertura de caráter democrático, houve repulsa formal, completa e obstinada dos representantes da Maioria. Nada se quis alterar que modificasse, profundamente, o espírito de desconfiança do Governo. Falo isto para ressaltar nossa posição de vigilância em relação a esses princípios. Tivemos ocasião de apresentar emendas permitindo que a escolha dos reitores e diretores fosse feita não pela nomeação do presidente da República, através de listas apresentadas pelos colegiados, mas, diretamente pela eleição dos colegiados. É um

---

83 *Diário do Congresso Nacional*. Brasília: Congresso Nacional, ano 23, n.95, 7 nov.1968, p.1.087.
84 Martins Rodrigues, advogado e professor, foi secretário do Interior e Justiça e secretário da Fazenda do Ceará entre 1935 e 1943. Havia sido membro do Conselho Nacional de Educação entre 1947 e 1955 e ministro da Justiça em 1961. Deputado federal pelo PSD desde 1954, em 1962 tornou-se líder deste partido.

princípio de caráter liberal, tornando mais ampla a autonomia da universidade, em consonância com os princípios de independência. No entanto, foram elas sistematicamente recusadas em virtude da preocupação sempre constante do líder da representação da Arena, Senador Eurico Rezende, em dar predominância ao Poder Executivo. De modo que, em todas aquelas oportunidades em que a representação do MDB teve ocasião de sugerir emendas liberais, apresentando aberturas democráticas para a reforma da universidade, ou combater disposições do projeto que lhe pareceram de caráter autoritário, sempre encontrou resistência obstinada da Maioria a qualquer modificação que importasse em sacrificar o que Vossa Excelência [Josafat Marinho] diz muito bem [ser] o espírito do projeto do Governo.[85]

Depois do debate parlamentar, é encaminhada a votação do projeto. A sessão conjunta do Senado e da Câmara é presidida por Pedro Aleixo – vice-presidente da República e presidente do Senado Federal. Afonso Celso (MDB-RJ) discursa pela Oposição, e Lauro Cruz (Arena-SP), pela Situação. Afonso Celso apresenta algumas ressalvas por emendas que não foram contempladas no projeto, mas não discorda de sua aprovação. Obviamente, Lauro Cruz – relator da Comissão Mista que elaborou o projeto – recomenda sua aprovação. O substitutivo do Congresso Nacional (CN) é aprovado como n. 32-CN-68. Após sua aprovação, Josafat Marinho, representando a Oposição, solicita declaração de voto:

Josafat Marinho (MDB-BA): O Movimento Democrático Brasileiro combateu o projeto encaminhado pelo Governo e diverge, em profundidade, do substitutivo que acaba de ser aprovado. [...] Cabia, entretanto, ao Partido proceder com sensibilidade, de maneira a evitar o mal maior, que era o projeto do Poder Executivo. [...] Não estamos, portanto, concordes com o que se votou. Apenas, quisemos evitar o pior, que era o projeto do Poder Executivo.[86]

Entre o substitutivo aprovado pelo Congresso Nacional e o projeto do Poder Executivo não existem diferenças fundamentais. No entanto, os

---

85 *Diário do Congresso Nacional*. Brasília: Congresso Nacional, ano 23, n.95, 7 nov. 1968, p.1.087.
86 Ibidem, p.1.095.

parlamentares aprovaram algumas mudanças substanciais. Ao ser sancionada como Lei n.5.540, em 28.11.1968, a lei de Reforma Universitária aprovada pelo Congresso Nacional sofreu muitos vetos da Presidência da República. Torna-se necessária a comparação das três propostas de reformulação do ensino superior brasileiro: a proposta redigida pelo GTRU e aprimorada pelo CFE, a lei elaborada e aprovada pelo Congresso Nacional, e o resultado de ambas após os vetos do Executivo (Nicolato, 1986, p.332-9).[87]

A primeira diferença entre a proposta do GTRU e a lei aprovada pelo Congresso Nacional refere-se ao objetivo do ensino superior brasileiro. O GTRU não demarca tal objetivo, enquanto os parlamentares explicitam que o ensino superior tem por objetivo o desenvolvimento das Ciências, Letras e Artes e a formação de profissionais de nível universitário.

Tanto a proposta do GTRU quanto a Lei n.5.540/68 são genéricas em relação ao que entendem por autonomia universitária. A lei aprovada pelo Congresso Nacional detalhava tal autonomia. As universidades teriam autonomia para criar, organizar, modificar e extinguir cursos; estabelecer seus currículos, observando as exigências do CFE; estabelecer seus próprios planos de investigação científica; fixar seus regimes de trabalho e calendário escolar; criar seus critérios de seleção e promoção de alunos; conferir diplomas e titulação; estabelecer seu próprio código disciplinar para os professores, alunos e funcionários. As universidades poderiam elaborar seus próprios estatutos e regimentos, submetendo-os ao conselho de educação competente; poderiam indicar o reitor; contar com autonomia financeira para gerir seus próprios recursos e patrimônio. Finalmente, o Parlamento deixa uma porta aberta para outras concepções de autonomia universitária, pois, além das anteriores, os estatutos das universidades poderiam prever outras atribuições que achassem apropriadas. Este detalhamento da autonomia universitária foi vetado pela Presidência da República.

O GTRU propõe que as universidades federais devessem obedecer aos Decretos-Leis n.53/66 e n.252/67. Os parlamentares suprimem tal exigência. Seria redundante uma lei exigir que outra anterior fosse obedecida. Quanto à organização universitária, o Congresso Nacional estabeleceu uma

---

87 Maria Auxiliadora Nicolato fez extensa comparação entre a proposta enviada pelo Executivo e o que foi aprovado pelo Congresso Nacional. No entanto, optou-se por sintetizar essa comparação e incluir simultaneamente o resultado final após os vetos quando da sanção em 28 nov.1968 da Lei n.5.540/68.

concepção de universidade como obra de cultura, instrumento de transmissão do saber e fator de transformação social. Essa concepção não constava da proposta do GTRU e foi vetada pelo Executivo. Para frisar a autonomia universitária, os parlamentares estabeleceram que as verbas orçamentárias fixadas para o ensino superior não poderiam sofrer contingência por parte do Executivo. Tal item não constava da proposta do GTRU e foi vetado pela Presidência da República.

O Congresso Nacional estabeleceu que nas universidades públicas, os reitores e diretores seriam escolhidos conforme seus estatutos. Isso não constava da proposta do GTRU e foi vetado pelo Executivo. O Parlamento estabeleceu que as universidades poderiam criar colégios técnicos e também ministrar a terceira série do colegial. Tal item não constava da proposta do GTRU e foi vetado pelo Executivo. A proposta do GTRU conferia ao MEC a incumbência de organização dos vestibulares. Os parlamentares cancelaram essa atribuição. Tanto o GTRU quanto o Congresso Nacional estabeleciam que as universidades deveriam ter um ciclo básico de um semestre para suprir as possíveis deficiências de conhecimentos dos alunos. O Executivo vetou este item. Os artigos que estabelecem prazos mínimos para qualquer providência foram vetados pelo Executivo. Quanto ao reconhecimento de diplomas, o GTRU dava ao MEC a exclusividade de competência. Os parlamentares e a Lei n.5.540/68 compartilharam tal competência entre o MEC e as universidades públicas.

No capítulo referente ao corpo docente, os três textos são praticamente iguais. No capítulo seguinte, sobre o corpo discente, ocorre o mesmo. Isto é, em ambos os capítulos, os três textos são praticamente iguais.

Nas disposições gerais, a proposta do GTRU dá início à reforma do ensino primário, ginasial e colegial (atualmente classificados como ensino fundamental e médio). Aparece a nomenclatura de escola de segundo grau. Toda escola de segundo grau deveria ministrar também o ensino ginasial. O ginásio deveria ministrar o ensino com o sentido de desenvolvimento de aptidões para o trabalho. O colegial, obrigatoriamente, deveria ministrar simultaneamente uma parte de educação geral e outra, diversificada, com estudos especiais ou formas de trabalho que pudessem ser cultivados para o amadurecimento do aluno. Os orçamentos educacionais deveriam privilegiar as escolas que se adaptassem a esses princípios. O Congresso Nacional excluiu todos os artigos que não se referissem ao ensino superior.

No entanto, percebe-se aí o nascimento da reforma que culminará com a Lei n.5.692/71.

A proposta do GTRU estabelecia o Conselho Federal de Educação – CFE – como única instância interpretativa da LDB. O Parlamento e a Lei n.5.540/68 compartilham tal competência com os conselhos estaduais de educação. O Congresso Nacional estabeleceu que os membros do CFE deveriam ser nomeados mediante aprovação do Senado Federal. Este item não constava da proposta do GTRU e foi vetado pelo Executivo.

Nas disposições transitórias, os parlamentares concederam aos filhos dos ex-combatentes da FEB o privilégio de não ficar sem vaga nas universidades públicas caso fossem aprovados na seleção para o ensino superior. Tal item não constava da proposta do GTRU e foi vetado pelo Executivo. A proposta do Congresso Nacional concedia diploma de pós-graduação a quem já lecionasse havia dois anos em cursos de pós-graduação. Este item não constava da proposta do GTRU e foi vetado pelo Executivo. Tanto o GTRU quanto o Parlamento concordavam com a extinção da cátedra, porém concediam aos ex-catedráticos a equivalência ao nível final da carreira docente. Esta última concessão foi vetada pelo Executivo.

Estas são as principais diferenças das propostas que resultaram na lei de Reforma Universitária – n.5.540/68 – sancionada pela Presidência da República em 28 de novembro de 1968. Em 11 de fevereiro do ano seguinte, agora sob vigência do AI-5, o Executivo edita o Decreto-Lei n.464/69, que estabelece normas complementares à Lei n.5.540/68. Esse decreto recupera a proposta de um ciclo básico no ensino superior e concede aos ex-catedráticos a equivalência ao nível final da carreira docente. Entretanto, além disto, o Decreto-Lei n.464/69 não modifica substancialmente a lei anterior (*Documenta*, n.98, fev. 1969, p.134-7).

Quando da sanção da Lei de Reforma Universitária – n.5.540/68 –, a Câmara dos Deputados encontrava-se no final do ano legislativo. Nesse período, a Comissão de Constituição e Justiça debatia a licença para ser processado o deputado Márcio Moreira Alves. Quando não se pode dizer "não", adia-se o quanto possível a decisão. A cúpula da Arena, visando arrancar da Comissão de Justiça uma resposta favorável à licença, trocou oito deputados do partido que defendiam a inviolabilidade da imunidade parlamentar nessa Comissão:

David Lerer (MDB-SP): Sr. presidente, muito mais como Deputado do que como membro do Movimento Democrático Brasileiro, muito mais como membro desta Casa do que como partidário de um pensamento político, venho solidarizar-me com os oito Srs. Deputados que foram substituídos na Comissão de Justiça. Graças a sua atitude corajosa, firme e intransigente na defesa dos direitos, não de um Deputado, mas desta Casa, desta instituição, esses homens são dignos da admiração de todos nós, porque são dignos de admiração, nos dias que correm, os homens que simplesmente cumprem o seu dever. São exemplos de firmeza para todos nós nesta Casa; são uma promessa de hombridade e de virilidade; são uma garantia de que na Aliança Renovadora Nacional são muitos e muitos, contam-se às dezenas os homens que não dobraram sua coluna vertebral, os homens que fazem questão de, apesar de estarem na bancada situacionista, manter sua independência nas questões que se referem à soberania deste Poder da República. (*Anais*, Dvma, 27 nov. 1968, v.34, p.912)

No final do ano parlamentar – 27.11.1968 – é colocado em votação o Projeto de Resolução n.75/68. Este projeto, regulamentando as imunidades dos deputados, serviria de mordaça parlamentar. Em seu artigo 1º, consta que perderia sua imunidade o deputado que:

[...] provocar por sua atuação, dentro ou fora da Câmara, animosidade, indignação, desmoralização ou desprestígio, que venha recair sobre os representantes do povo, ou sobre a própria Câmara. (ibidem, p.932)

Mário Covas, David Lerer e João Herculino conseguem adiar a votação desse projeto para o ano seguinte – 1969.

No dia em que o presidente Costa e Silva sancionou a Lei n.5.540/68, que reformulava o ensino superior brasileiro – 28.11.1968 –, o ministro da Educação e Cultura compareceu à Câmara dos Deputados para discursar e responder a questões dos parlamentares. Isso ocorre às 15 horas, exatamente no horário em que se inicia na Comissão de Constituição e Justiça a apreciação do pedido de licença para processar Márcio Moreira Alves. Pelo MDB, estavam inscritos para interpelar o ministro os Deputados David Lerer, Márcio Moreira Alves, Ewaldo Pinto, Erasmo Martins Pedro e Reynaldo Sant'Anna. Os deputados do MDB decidem deixar o ministro Tarso Dutra falando sozinho e dirigem-se à reunião da Comissão de Constituição e Justiça. Antes de se ausentar do plenário, David Lerer afirma: "Nada temos a perguntar, neste momento, ao Sr. Tarso Dutra" (*Anais*, Dvma, 28 nov. 1968, v.35, p.118). O ministro Tarso Dutra discursa por três horas em uma Câmara sem Oposição.[88] Recebe apenas perguntas elogiosas de deputados da Arena (ibidem, p.159-202).

A Comissão de Constituição e Justiça da Câmara dos Deputados nada decide sobre o pedido de licença de Márcio Moreira Alves. Finalmente, chega ao término o ano legislativo. A questão envolvendo as imunidades parlamentares seria adiada para o final de fevereiro de 1969. Até lá, os ânimos estariam amainados. A tranquilidade poderia retornar ao país durante as festas de final de ano e de Carnaval. Quem sabe, 1969 fosse um ano melhor. No último dia do ano legislativo, 30.11.1968, o presidente da Câmara dos Deputados – José Bonifácio – discursa encerrando as atividades parlamentares daquele ano:

> *José Bonifácio* (Arena-MG):[89] Seja qual for a posição que tenhamos defendido e as funções que tenhamos desempenhado, uma verdade se antepõe aos fatos: cumpriu a Câmara dos Deputados a sua missão no processo político que estamos vivendo. Somos, sem a menor dúvida, uma síntese da realidade política do Brasil. [...] Este o grande teste que a atividade política por si mesma representa: é na participação viva dos acontecimentos que temos condições de nos revelar. Por isso somos vulneráveis. Não ficamos atrás da cortina. Estamos sendo vistos e ouvidos. Cada palavra nossa é peso e medida de nosso julgamento. [...] Senhores Deputados. Desejo registrar, ao concluir, o que esta Presidência constatou neste ano de atuação à frente dos trabalhos desta Casa; o alto nível de compreensão existente entre os principais responsáveis pelos Poderes da República. Desta compreensão vem resultando um clima de entendimento, colaboração recíproca, que permite o encontro de soluções, com o objetivo específico de criar condições fundamentais que permitem a participação de todos no engrandecimento da Pátria. (*Muito bem. Muito bem. Palmas prolongadas.*) (*Anais*, Dvma, 30 nov. 1968, v.35, p.456-60)

---

[88] Tarso fala de ensino por três horas na Câmara. *O Estado de S. Paulo*. São Paulo, 29 nov. 1968, p.6.

[89] José Bonifácio, advogado, era presidente da Câmara dos Deputados. Em 1945, foi um dos fundadores da UDN e, desde 1946, deputado federal por este partido.

Acompanhar os debates parlamentares sobre a Reforma Universitária demonstrou o progressivo estreitamento de possibilidades de um país diferente do que propunha a ditadura. Os deputados resistiram o quanto possível a esse fechamento do jogo político. Frequentemente, tentaram restituir o diálogo como premissa da existência de um Estado de Direito. Na impossibilidade de responder "não" aos ditadores, tentavam, ao menos, adiar a resposta indefinidamente. Com o discurso citado do presidente da Câmara dos Deputados, terminaria o angustiante ano legislativo de 1968; porém, o dilema governamental entre o diálogo e a ditadura não tinha sido ainda solucionado. No dia seguinte, o jornal *O Estado de S. Paulo* destaca em sua primeira página:

> Em virtude da obstrução do MDB à votação, pela Comissão de Constituição e Justiça da Câmara, do pedido de licença para processar o Deputado Márcio Moreira Alves, o presidente Costa e Silva convocou o Congresso para uma sessão extraordinária, de 2 de dezembro a 20 de fevereiro de 1969, para discussão das matérias em pauta e outras proposições que o Executivo venha a encaminhar ao Poder Legislativo.[90]

Não é propósito deste livro detalhar os debates parlamentares de dezembro de 1968 que antecederam o AI-5. Este tema requer trabalho independente. Buscou-se, nos *Anais da Câmara dos Deputados* de dezembro do 1968, alguma repercussão da sanção presidencial à Lei n.5.540/68 que reformulara o ensino superior brasileiro. Nesse período, nenhum deputado se pronunciou sobre o assunto. A situação política era por demais exasperante para outros temas além da possível cassação do mandato de Márcio Moreira Alves. Diversos deputados pronunciam-se sobre o pedido de licença. Entre os diversos discursos, podem-se citar os pronunciamentos de Paulo Campos (MDB-GO), (*Anais*, Dpe, 3 dez. 1968, v.1, p.74-5) Maurílio Ferreira Lima (MDB-PE) (ibidem, p.101-102), Lurtz Sabiá (MDB-SP) (ibidem, p.115-127), Marcos Kertzmann (Arena-SP) (*Anais*, Dvma, 4 dez. 1968, v.1, p.277-9), Raul Brunini (MDB-GB)(ibidem, p.295-6), Pereira Pinto (MDB-RJ) (*Anais*, Dpe, 5 dez. 1968, v.1, p.507-8), Djalma Falcão (MDB-AL) (ibidem, p.534-41), Ulisses Guimarães (MDB-SP) (ibidem,

---

90 "Obstrução força a convocação extra". *O Estado de S. Paulo*. São Paulo, 1º dez. 1968, p.1.

p.541-50), Aldo Fagundes (MDB-RS) (*Anais*, Dpe, 6 dez. 1968, v.1, p.742-50), Henrique Henkin (MDB-RS) (*Anais*, Dpe, 9 dez. 1968, v.1, p.839-42), Mariano Beck (MDB-RS) (ibidem, p.874-81), José Maria Ribeiro (MDB-RJ) (ibidem, p.881-7) e João Herculino (MDB-MG) (ibidem, p.892-904). Porém, seria leviano fazer uma análise superficial dos debates parlamentares sobre o assunto. Destacando novamente: este tema requer um trabalho próprio. O objetivo deste livro é elucidar a Reforma Universitária; para tanto, mereceram destaque as temáticas do ensino superior e do movimento estudantil. Márcio Moreira Alves foi objeto do texto, pois seus discursos trataram do movimento estudantil. No decorrer deste livro, ficou evidente que o governo, entre o diálogo e a ditadura, optou pelo caminho autoritário. Para acompanhar o desfecho, em dezembro de 1968, em direção à completa ditadura, é apropriado consultar a grande imprensa do período. Neste livro, a referência utilizada foi o jornal *O Estado de S. Paulo*.

A repressão ao movimento estudantil cindiu o partido governista. O processo contra Márcio Moreira Alves visava unificar novamente a Arena. A votação final em plenário do pedido de licença para processar o deputado serviria de comprovação dos rumos da Arena. Caso o partido governista tivesse se reunificado sob o comando do Executivo, seria possível continuar com o Parlamento aberto. Caso contrário: completa ditadura. O temor do governo era perder o controle do processo sucessório de Costa e Silva. Embora indireta, a eleição seria executada no Congresso Nacional. Sem um partido governista unificado, a sucessão de Costa e Silva poderia tomar rumos inesperados. Exemplo desse temor é abordado em artigo de *O Estado de São Paulo* de 5 de dezembro:

> Brasília, 4 – Durante o encontro de ontem, o presidente Costa e Silva teria manifestado ao Sr. Daniel Krieger [líder da Arena no Senado] o desejo de dar início a uma nova etapa nas relações entre o Executivo e o Legislativo, para o que esperaria continuar contando com a colaboração do Senador. Ao Sr. Daniel Krieger estaria reservado o papel de uma espécie de coordenador político do Governo, para evitar alguns erros que o Governo reconheceria ter cometido nessa área – inclusive no caso Márcio Moreira Alves – e para manter e consolidar a unidade da Arena. A essa tarefa o presidente emprestaria particular importância, pois no seu entender a Arena precisa estar unida e consolidada para o futuro encaminhamento do problema sucessório. No momento, o

presidente teria empenho em que a Arena ou parte dela – daí a necessidade de mantê-la unida – não se precipitasse em assumir compromissos com quaisquer eventuais candidaturas.[91]

O desfecho da atividade parlamentar em direção do AI-5 é conhecido. Em novembro de 1968, os membros do MDB na Comissão de Constituição e Justiça da Câmara dos Deputados protelaram ao máximo a análise do pedido de licença de Márcio Moreira Alves. A cúpula da Arena trocou oito de seus membros nessa Comissão para forçá-la a uma decisão; nem assim conseguiram. O ano legislativo finda em 30 de novembro. Em dezembro, na convocação extraordinária imposta pelo Executivo, o MDB manifesta-se pela rápida conclusão desse enredo. O MDB deixa de obstruir os trabalhos daquela Comissão. Em 10 de dezembro, a Comissão de Constituição e Justiça considera constitucional o pedido de licença para processar Márcio Moreira Alves.[92] O presidente da Comissão de Constituição e Justiça – Djalma Marinho (Arena-RN) –[93] discorda publicamente da decisão da Comissão e renuncia a sua presidência.[94] Este ato de Djalma Marinho aumenta a cisão na Arena. A licença de Márcio Moreira Alves vai a votação em plenário por escrutínio secreto no dia 12 de dezembro. O resultado para a concessão de licença é de 141 deputados votando sim e 216 votando não; 12 votos em branco (Silva Neto, 2003, p.538). Quase metade dos deputados da Arena ou se ausenta ou vota com o MDB. No dia seguinte é editado o AI-5. O Congresso Nacional é fechado. Iniciam-se os Anos de Chumbo.

Deputados cassados (*Anais*, v.1, 23 out. 1969):

MDB
Adelmar Carvalho – PE
Aloysio Nonô – AL
Anacleto Campanella – SP
Antônio Magalhães – GO
Bernardo Cabral – AM

---

91 "Aproximação com Arena é desejada". *O Estado de S. Paulo*. São Paulo, 5 dez. 1968, p.5.
92 Comissão dá a licença. *O Estado de S. Paulo*. São Paulo, 11 dez. 1968, p.1.
93 Djalma Marinho, advogado, era professor da Faculdade de Direito de Natal (RN). Elegeu-se deputado federal pela UDN desde 1954.
94 Djalma renuncia à Comissão de Justiça. *O Estado de S. Paulo*. São Paulo, 11 dez. 1968, p.5.

Celestino Filho – GO
Celso Passos – MG
Chagas Rodrigues – PI
Cid Carvalho – MA
David Lerer – SP
Doin Vieira – SC
Dorival de Abreu – SP
Edésio Nunes – RJ
Ewaldo Pinto – SP
Feliciano Figueiredo – MT
Floriceno Paixão – RS
Gastão Pedreira – BA
Gastone Righi – SP
Getúlio Moura – RJ
Glênio Martins – RJ
Helio Gueiros – PA
Helio Navarro – SP
Henrique Henkin – RS
Hermano Alves – GB
Ivete Vargas – SP
Jamil Amiden – GB
João Herculino – MG
José Colagrossi – GB
José Maria Magalhães – MG
José Maria Ribeiro – RJ
Júlia Steinbruch – RJ
Leo Neves – PR
Lígia Doutel de Andrade – SC
Lurtz Sabiá – SP
Márcio Moreira Alves – GB
Maria Lúcia – AC
Mariano Beck – RS
Mário Covas – SP
Mário Gurgel – ES
Mário Maia – AC
Mário Piva – BA

Martins Rodrigues – CE
Mata Machado – MG
Matheus Schmidt – RS
Milton Reis – MG
Nísia Carone – MG
Oswaldo Lima – PE
Padre Godinho – SP
Padre Vieira – CE
Paulo Campos – GO
Paulo Macarini – SC
Prestes de Barros – SP
Raul Brunini – GB
Renato Archer – MA
Renato Celidônio – PR
Sadi Bogado – RJ
Simão da Cunha – MG
Unírio Machado – RS
Waldir Simões – GB
Wilson Martins – MT
Zaire Nunes – RS

Arena
Aluízio Alves – RN
Arnaldo Cerqueira – SP
Atlas Cantanhede – RR
Cardoso Alves – SP
Celso Amaral – SP
Cunha Bueno – SP
Flores Soares – RS
Gilberto Azevedo – PA
Hary Normantom – SP
Israel Novaes – SP
Jorge Cury – PR
José Carlos Guerra – PE
Machado Rollemberg – SE
Marcos Kertzmann – SP

Montenegro Duarte – PA
Moury Fernandes – PE
Ney Maranhão – PE
Oliveira Brito – BA
Oséas Cardoso – AL
Osmar Cunha – SC
Osmar Dutra – SC
Paulo Freire – MG
Pedro Gondin – PB
Souto Maior – PE
Vital do Rego – PB
Yukishigue Tamura – SP

Deputados da Arena que, após o AI-5, renunciaram a seus mandatos:
Brito Velho – RS
Clóvis Pestana – RS
Guilhermino de Oliveira – MG
Moacyr Silvestre – PR
Rachid Mamed – MT

4
A REFORMA DA UNIVERSIDADE DE SÃO PAULO

"Ao vencedor, as batatas!"[1]

A Universidade de São Paulo foi uma das principais instituições de ensino superior onde, em seu processo de reforma, confluíram de maneira decisiva as ideais básicas formuladas desde o início da década de 1960 sobre as novas atribuições universitárias e a necessária introdução do novo código legal de Reforma Universitária elaborado em 1968; isso em um contexto de forte acirramento das lutas do movimento estudantil e radicalização autoritária por parte da ditadura militar.

Como tratado no segundo capítulo deste livro, o desmembramento das Faculdades de Filosofia, Ciências e Letras – FFCL – era discutido, ao menos, desde 1963, como no simpósio organizado pelo MEC naquele ano. Será, portanto, na FFCL-USP e no Conselho Universitário da USP que os embates pela nova configuração universitária ganharão contornos determinantes para a reforma da mais importante universidade brasileira.

Da FFCL-USP, os dois professores convidados pelo MEC, em 1963, para discutir os destinos das FFCL foram Paulo Sawaya e Florestan Fernandes. Em 19.2.1963, Paulo Sawaya relata perante a Congregação da FFCL-USP os fatos ocorridos em Brasília. Porém, em função das características das atas de reunião dessa Congregação, seu relato não foi preservado.[2] No segundo trimestre de 1963, Florestan Fernandes apresenta

---
1 Assis, M. *Quincas Borba*, 2003, p.30.
2 *Atas da Congregação da FFCL-USP*, 19 fev. 1963, livro 7, fl. 170. As atas de reunião da Congregação da FFCL-USP e também do Conselho Universitário da USP são sucintas; frequentemente apenas mencionam o tema que foi tratado. Para este trabalho pesquisou-se

suas reflexões sobre a Universidade de São Paulo. Florestan Fernandes trata de três temas importantes para as propostas de reforma da USP: a necessidade de autonomia financeira como indispensável à autonomia universitária; a pressão pela maior oferta de vagas e de crescimento da USP; e os mecanismos democráticos de gestão universitária. Esses três temas, cinco anos depois, serão cruciais nos debates pela reforma da USP.

Sobre a autonomia financeira da Universidade de São Paulo como pressuposto de sua autonomia de ação, Florestan Fernandes (*Revista Brasileira de Estudos Pedagógicos*, n.90, abr./jul. 1963, p.216) destaca:

> No capítulo das dotações orçamentárias, em particular, é inconcebível como liberar-se a USP de uma estreita sujeição à política geral e ao arbítrio do Governo Estadual, preservando-se o atual sistema pelo qual ela vem sendo mantida. Se a Assembleia Legislativa adotasse uma medida similar à que se incorporou à legislação federal sobre o ensino, recentemente aperfeiçoada na promulgação da Lei de Diretrizes e Bases, a USP poderia obter, pelo menos, a segurança de uma participação constante na receita geral do Estado de São Paulo. Como isto pode acontecer, decisões arbitrárias dos eventuais detentores do poder estadual acabam ferindo seriamente o funcionamento normal dos serviços universitários e deitando por terra os planos mais seguros, viáveis e necessários de expansão do ensino superior ou de desenvolvimento das pesquisas científicas e tecnológicas.

O tema da fixação de um percentual da arrecadação de impostos estaduais para o custeio do ensino superior paulista será reivindicação, em 1968, da proposta de Reforma Universitária elaborada pela Comissão Paritária da FFCL-USP. Isso será tratado posteriormente.

Quanto à pressão pela maior oferta de vagas e de crescimento da Universidade de São Paulo, Florestan Fernandes (ibidem, p.204-5) afirma:

> O crescimento da USP apresenta certos caracteres constantes, em virtude das funções educacionais e culturais que ela satisfaz em nosso meio. A carência de técnicos, cientistas e educadores concorre para que as escolas que compõem

---

as atas da Congregação da FFCL-USP dos anos de 1963, 1968 e 1969 e as atas do Conselho Universitário da USP dos anos de 1968 e 1969.

essa instituição tenham de enfrentar uma procura de vagas em diferenciação e em aumento constante. Apesar disso, limitações procedentes da capacidade interna de cada escola ou das dificuldades em ajustá-las às carências de especialistas do ambiente fazem que a USP atenda regularmente apenas a diminuta parte da procura, expandindo-se, assim, num ritmo inferior ao das pressões externas.

A pressão externa por vagas eclodirá em 1967 e 1968, na crise dos excedentes: alunos que obtiveram notas no exame vestibular capacitando-os a cursar o ensino superior, porém, não conseguiram vagas suficientes nas universidades. Até a década de 1960, os exames vestibulares eram eliminatórios, mas não classificatórios. No final dos anos 1960, existia um número maior de aprovados no vestibular do que vagas nas universidades públicas. Os aprovados mas não matriculados eram os excedentes.

A gestão democrática da universidade é tema de destaque para Florestan Fernandes (ibidem, p.202):

> Só um Estado democrático consegue permitir o florescimento de órgãos dotados de capacidade de decisão própria, respeitadas certas condições de integração dos serviços governamentais e os princípios que legitimam, em cada nível da organização estatal, o exercício da autoridade. A questão, para nós, estaria em tirar todo o proveito possível de cada avanço positivo dado na democratização do poder político, de modo a aumentarmos o grau de modernização do aparelho estatal e a capacidade do Poder Executivo de atuar em consonância com os modelos de comportamento político prescritos em uma ordem social democrática. O nosso dilema está em que a tradição política paternalista e autocrática interfere continuamente nesse processo, pervertendo, restringindo ou anulando a diferenciação progressiva dos órgãos fundamentais do sistema democrático de governo.

Florestan Fernandes escreveu esse texto em 1963, ainda na democracia. Cinco anos depois, o dilema não era mais enfrentar uma política paternalista e autocrática, mas realizar a reforma da USP sob uma política autoritária em pleno apogeu da ditadura militar. No final da década de 1960, "tirar todo o proveito possível de cada avanço positivo dado na democratização do poder político" significava contar com a pressão do movimento estudantil. Em

1968, a crise dos excedentes gerou a possibilidade de encaminhar a reforma da USP "de modo a aumentarmos o grau de modernização do aparelho estatal [...] de atuar em consonância com os modelos de comportamento político prescritos em uma ordem social democrática".

A pressão por acesso ao ensino superior fez com que a FFCL-USP tivesse, na década de 1960, um crescimento desproporcional em relação às demais unidades da USP. Beatriz Fétizon (1986, v.2, p.620) relata que a FFCL recebeu o maior fluxo de demanda por acesso à USP:

> Os setores internos da Universidade deram respostas diferentes ao crescimento da demanda. E, na medida que a demanda crescia, a Universidade tentava contornar dificuldades ao sabor do maior ou menor poder de pressão de cada um desses setores. Assim, a Universidade manipulava o fluxo de demanda canalizando-o para os setores menos capazes de resistir à pressão e inchando-os pelo desdobramento artificial de opções.

Heladio Antunha (1974, p.160) apresenta números desse crescimento. Segundo o autor, este foi um dos motivos do desmembramento da FFCL quando da reforma da USP:

> A maior expansão de vagas, em termos relativos e particularmente em termos absolutos, se deu na Faculdade de Filosofia, Ciências e Letras que, em 1969, apresentava um número de vagas de primeiro ano (2.800) superior ao que toda a universidade apresentara no recente ano de 1963 (2.673). Mesmo em 1969, o número de vagas de primeiro ano da Faculdade de Filosofia, Ciências e Letras era praticamente a metade do total de vagas, neste ano, para toda a universidade, que era de 5.704.

Embora desde novembro de 1966 existisse uma comissão interna da USP encarregada da elaboração de um plano de reforma que levasse em conta a expansão da universidade, não é nela que a pressão por acesso ao ensino superior desemboca. A crise dos excedentes, no início de 1968, atinge diretamente a Congregação da FFCL – órgão deliberativo máximo da faculdade, composto por representantes das diversas categorias docentes, principalmente pelos catedráticos. Existe, desde então, um questionamento sobre se esse órgão colegiado, e mesmo o Conselho

Universitário, são competentes para a solução das questões levantadas pela reestruturação do ensino superior. A reforma da USP deveria criar outros órgãos de representação institucional. Quais? Em 1968, não existe resposta pronta. Portanto, no debate sobre os destinos da FFCL e da USP surgem tentativas de criar o "novo" em pleno processo de Reforma Universitária. Quem deveria organizar a reforma? Na FFCL, surgem propostas de que, além da Congregação, sejam ouvidos: plenário de professores de curso; conselhos de departamentos; comissões paritárias de professores e estudantes; e, também, uma assembleia universitária.

Em um primeiro momento, indica-se a necessidade da atuação efetiva da Congregação da FFCL frente ao Conselho Universitário. Caso contrário, o movimento estudantil lideraria o processo de reforma:

> O professor José Arthur Giannotti lembra que a Congregação não deve deixar de participar, ativamente, da política universitária. O colendo Conselho Universitário não toma medidas efetivas. O problema dos excedentes é uma constante e este órgão sempre se omite. Devemos esclarecer a situação e tomar a liderança do movimento estudantil, propugnando a reforma universitária.[3]

A atuação do movimento estudantil é recebida na Congregação da FFCL com muita restrição. Frente à proposta de um documento sobre os excedentes afirmando que "a Congregação da FFCL-USP é solidária com os estudantes quando, aprovados nos exames de habilitação, reclamam o direito de fazer o seu curso superior",[4] Eduardo d'Oliveira França justifica seu voto contrário:

> Esperava um estudo [sobre os excedentes] e encontro um manifesto. Professor não se solidariza com aluno, o contrário sim. O problema do ensino é nosso e não dos alunos.[5]

A Congregação da FFCL escolhia o Conselho Técnico Administrativo – órgão que administrava a faculdade. Com a crise dos excedentes,

---

3 *Atas da Congregação da FFCL-USP*, 22 fev.1968, livro 9, fl. 166.
4 Ibidem, fl. 168.
5 Ibidem, fl. 166.

estes dois órgãos têm sua legitimidade questionada tanto pelo movimento estudantil quanto por novas formas de representação docente. No início de 1968, o Plenário de Professores do curso de Ciências Sociais toma medidas discordantes com o Conselho Técnico Administrativo – CTA – da FFCL. Paradoxalmente, esse Plenário de Professores dirige suas decisões diretamente à Congregação, buscando legitimidade no órgão máximo da faculdade. Nos primeiros meses de 1968, os órgãos tradicionais de representação universitária – Congregação e CTA – são abertamente questionados em suas atribuições. Novos mecanismos de representação tentam firmar-se como legítimos. Com a reforma da USP, essas novas formas de representação poderiam ser incorporadas à universidade, com o propósito de modernização do aparelho estatal em consonância com os modelos prescritos em uma ordem social democrática. Não é por acaso que Florestan Fernandes e o curso de Ciências Sociais estejam no vórtice desse processo.

O pivô inicial dos conflitos institucionais da FFCL é a luta do movimento estudantil pela matrícula dos excedentes. Em março de 1968, Octavio Ianni e Florestan Fernandes comunicam à Congregação da FFCL que em reunião do Plenário de Professores do curso de Ciências Sociais (presidido pelo último) decidiu-se suspender as aulas por quinze dias, na tentativa de resolver o problema dos excedentes. O CTA da FFCL não concorda com o ato unilateral do curso e os dois professores apelam à Congregação para ratificar a decisão docente.[6] O problema não se encontra na decisão em si, mas em saber qual a legitimidade de órgãos decisórios da FFCL. O CTA não se opõe a que o curso de Ciências Sociais absorva quantos excedentes quiser; sugere até que se crie uma licenciatura de Estudos Sociais; porém, declara:

> Lembra o CTA que o Plenário do Curso de Ciências Sociais é mera reunião de professores, sem estatuto legal que o defina. Se os professores de Ciências Sociais desejam constituir um organismo qualquer, que o façam; a iniciativa dessa decisão, de âmbito interno, não tem razão de ser trazida à apreciação deste Conselho, que só a examinará em instância final.[7]

---

6 *Atas da Congregação da FFCL-USP*, 22 mar. 1968, livro 9, fl. 180.
7 Ibidem, 29 mar. 1968, livro 9, fl. 194.

Dirigindo-se à Congregação ou ao Conselho Técnico Administrativo, o interlocutor de Florestan Fernandes era Erwin Theodor Rosenthal – vice-diretor em exercício e presidente dos dois órgãos diretivos da FFCL. A ação do movimento estudantil, pressionando diretamente a Congregação, radicalizará as posições dos membros deste órgão. Em um primeiro momento provocando o pedido de demissão de Florestan Fernandes; posteriormente, a renúncia de Erwin Rosenthal à direção da faculdade. Por alguns meses de 1968, esses dois professores representaram as posições extremas do corpo docente da FFCL. A intervenção estudantil a radicalizar essa situação foi a invasão da Congregação em 22.3.1968. A reunião debatia o problema dos excedentes, quando os estudantes invadem a sala e tumultuam a sessão.

> Reiniciados os trabalhos, diz o Sr. presidente [Erwin Rosenthal] que impediu a intervenção policial, pois teve conhecimento que o fato já havia chegado ao conhecimento do DOPS. [...] Seguem-se longos debates, [...] Florestan Fernandes apresenta à mesa pedido de demissão do seu cargo de professor, alegando ter sido responsabilizado, por colegas, pelas manifestações dos estudantes que invadiram o recinto da Congregação. [...] O professor Erwin Theodor Rosenthal [...] declara que não responsabilizou ninguém pelos fatos verificados; disse apenas que o Plenário de Ciências Sociais, não adotando a decisão do CTA, estava subvertendo a ordem interna desta Faculdade [...], pois um Plenário de Professores não tem autoridade para determinar essa medida.[8]

Se parte do corpo docente não respeitava a ordem interna da faculdade, por que os alunos a respeitariam?

Na sessão seguinte da Congregação, Florestan Fernandes retira seu pedido de demissão. Porém, sua desavença com o diretor da FFCL torna-se mais explícita:

> O professor Erwin Theodor Rosenthal deseja esclarecer que foi taxado pelo professor Florestan Fernandes [...] em trecho de notícia publicada por um órgão da imprensa [...] de exercer pressão do tipo corrente na Espanha, em Portugal, Itália e Alemanha fascista e nazista. O professor Florestan Fernandes,

---

8 *Atas da Congregação da FFCL-USP*, 22 mar. 1968, livro 9, fl. 183.

com a palavra, diz que não assume a responsabilidade da entrevista, mas sim de seu conteúdo.[9]

Acusar o catedrático de Língua e Literatura Alemã de exercer práticas nazistas era ofensa grave. Erwin Rosenthal diz que, "diante da afirmação do professor Florestan Fernandes, terá de tomar outras medidas para resguardar seu respeito próprio".[10]

Erwin Rosenthal participou inicialmente da Comissão de Reestruturação da USP criada em novembro de 1966. Ele aponta a criação dos institutos em substituição às faculdades como necessária à Reforma da Universidade. Pensa na criação de um órgão colegiado na direção dos futuros institutos. Com a representação maciça destes institutos nos Conselhos Superiores da universidade reformada, a função meramente administrativa do então Conselho Universitário se transformaria em algo mais dinâmico; uma estrutura eficiente para gerir uma política universitária autêntica seria atribuída aos Conselhos Superiores:

> Se, nas poucas décadas de existência da Universidade brasileira, ela provou não ser mais do que um ideal a ser atingido, é por lhe faltar uma estrutura eficiente e uma política universitária autêntica. Os novos institutos a surgir devem, portanto, incorporar funções e mecanismos a fortalecer o seu desenvolvimento interno e a tornar mais dinâmica a vida da universidade em si. Para isso, é necessário, no caso da Universidade de São Paulo, de se chegar ao estabelecimento de um órgão colegiado, para dirigir os Institutos, e a sua representação maciça nos Conselhos Superiores da futura universidade. Devido ao isolamento das Faculdades na atual estrutura, e devido à concepção autoritária das prerrogativas de cátedra, o atual Conselho Universitário tem tido funções administrativas, mas raras vezes debate abertamente os cruciais problemas universitários. (*Humboldt*, n.17, 1968, p.66)

Para Erwin Rosenthal, a gestão de uma política universitária autêntica seria incumbência de um órgão colegiado a dirigir os futuros institutos. Isso pressupunha poderes decisórios concentrados majoritariamente na cúpula administrativa da nova universidade. Não era o caminho indicado

---

9 Ibidem, 29 mar. 1968, livro 9, fl. 192.
10 Ibidem.

por Florestan Fernandes em sua busca de maior democratização do poder político em consonância com uma ordem social democrática. Tanto Erwin Rosenthal como Florestan Fernandes apontavam a inércia administrativa do Conselho Universitário e o caráter autoritário da cátedra como empecilhos ao desenvolvimento da USP. Entre ambos havia um grande número de docentes que se equilibrava ora favoravelmente ao diretor da FFCL, ora ao lado das propostas menos elitistas de gestão universitária:

> É difícil avaliar-se quantitativamente os *grupos renovadores* dentro de cada escola. Se se toma em conta a congregação, como ponto de referência global, havia uma composição típica: um centro oscilante, apanhando quase três quintos dos membros vocais; e dois polos simétricos, um radical e outro conservador, ambos aproximadamente com um quinto dos membros vocais – esta descrição é valida para a Faculdade de Filosofia, Ciências e Letras. (Fernandes, 1984, p.44)

No decorrer de 1968, esse equilíbrio é quebrado. Inicialmente com a ruptura de Florestan Fernandes com os membros da Congregação. Posteriormente, com a radicalização da atuação do movimento estudantil. Este último fator, principalmente, levou vários professores a ressaltarem a necessidade de ordem nas instituições universitárias.

Em abril de 1968, é executada eleição pela Congregação para a escolha de dois representantes para o concurso da cátedra de Política. Os candidatos à cátedra eram Paula Beiguelman e Fernando Henrique Cardoso. Para representantes da Congregação junto à comissão julgadora do concurso, em votação secreta, foram escolhidos Ruy Galvão de Andrada Coelho (dezessete votos) e Sérgio Buarque de Holanda (seis votos). Nessa votação, Florestan Fernandes obteve apenas quatro votos. Este incidente provoca sua desistência em participar das reuniões da Congregação da FFCL:

> O professor Florestan Fernandes, com a palavra, para declarar que protesta contra a votação. Diz que a cadeira, pertencendo ao curso de Ciências Sociais, sente-se ele desprestigiado pela Congregação, que não indicou o seu nome. Não sendo um catedrático de segunda categoria e interpretando o resultado como um voto de desconfiança, não mais comparecerá às reuniões da Congregação.[11]

---

11 *Atas da Congregação da FFCL-USP*, 17 abr. 1968, livro 9, fl. 206.

No mês seguinte, Florestan Fernandes apresenta motivos complementares para sua desistência em participar das reuniões da Congregação da FFCL. Isso ocorreu em seu depoimento à Comissão Parlamentar de Inquérito sobre o ensino superior:

> *Florestan Fernandes*: Eu vejo alguns colegas, não todos, quando vou à Congregação. Apenas a metade dos professores costuma ir à Congregação. A outra metade sistematicamente não vai. Hoje eu me incluí entre eles. Eu me vi forçado a tomar essa atitude por protesto contra uma coisa que não aceitei. O fato é que a gente via o colega naqueles minutos da Congregação e, quando muito, ouvia uma piada deste ou daquele. Eles contam anedotas quando se discutem os problemas. De modo que não há esse espírito universal, porque não existe a tradição universitária. E isso não se cria com a lei. Estamos caminhando nessa direção. Vamos criar esse espírito. Mas ele não existe ainda. E a Faculdade de Filosofia não é o melhor caminho para levar a isso.[12]

Em 12 de junho de 1968, o movimento estudantil executa a invasão da reitoria da USP; os estudantes eram mais incisivos do que os professores progressistas:

> Os estudantes reformistas ou revolucionários acreditavam no *poder jovem* e na viabilidade da democracia direta mesmo que esta tivesse de ser conquistada "na marra". A universidade seria o primeiro baluarte a cair de uma ordem odiosa, ultrapassada e iníqua. (Fernandes, 1984, p.46, grifos do original)

O reitor em exercício da USP era o diretor licenciado da FFCL – Mario Guimarães Ferri. Em desagravo à agressão moral e física ao reitor, Erwin Theodor Rosenthal – vice-diretor em exercício da FFCL – pede demissão desse cargo.[13] Na semana seguinte, a sede da FFCL na Rua Maria Antônia é ocupada pelos estudantes.

---

12 Depoimento de Florestan Fernandes prestado em 30 maio 1968 à CPI sobre o ensino superior. *Diário do Congresso Nacional*, Seção I [Câmara dos Deputados]. Brasília: Congresso Nacional, ano XXIV, suplemento ao n.26, 29 nov.1969, p.298. É apropriado observar que, no decorrer de 1968, nas principais votações da Congregação, Florestan Fernandes estava presente.

13 *Atas da Congregação da FFCL-USP*, 17 jun. 1968, livro 10, fl. 25.

Mario Guimarães Ferri graduou-se em Ciências Naturais em 1940 pela FFCL-USP e doutorou-se em 1944 pela mesma faculdade. Catedrático de Botânica desde 1955, passou a dirigir a FFCL e o Departamento de Botânica em 1961. Foi nomeado vice-reitor da USP em 1963. O reitor – Luís Antônio da Gama e Silva – licenciou-se em 1967 para assumir o Ministério da Justiça. Mario Guimarães Ferri, portanto, poderia ser destituído do cargo de reitor em exercício caso Luís Antônio da Gama e Silva desistisse do Ministério da Justiça e decidisse retornar à USP. Em 18 de dezembro de 1967, Mario Guimarães Ferri sofreu um enfarte. Reassumiu a reitoria em maio de 1968. Em meados de 1968, lidava com pressões múltiplas. De cima, do governador do estado; de seus pares, no Conselho Universitário, representando as congregações das diversas unidades da USP; de baixo, da atuação cada vez mais drástica do movimento estudantil.

Em 3 de junho de 1968, é lido no Conselho Universitário ofício do governador do estado – Abreu Sodré – a Mário Guimarães Ferri e ao próprio Conselho Universitário:

> Um setor há que requer dinamização imediata: <u>o da reestruturação da Universidade</u>. Racionalizar-se a organização, de modo que ela preencha a sua finalidade no plano da docência e da pesquisa; planejar-lhe o crescimento ordenado e metódico a fim de que ela esteja em íntima correspondência com as necessidades vitais da sociedade e absorva o maior número de alunos; promover inquéritos de opinião, verificando quais os campos mais reclamados pelo progresso crescente do país; assegurar aos estudantes a mais perfeita comunhão na vida universitária, para que possam com os seus mestres, num ambiente de mútuo respeito e espírito de cooperação, realizar os objetivos que lhes são comuns; preparar os profissionais para o encontro com a vida, sem surpresas nem desencantos, criando, inclusive, órgão adequado que lhes proporcione a colocação nas empresas; reagrupar ainda que a título provisório, cadeiras e disciplinas, departamentos e cursos, institutos e seções, de forma a <u>desde já</u> assegurar para o próximo ano letivo o funcionamento de cursos fundamentais comuns e assegurar substancial ampliação de vagas, eis aí algumas ideias que sugiro a Vossa Magnificência e ao Colendo Conselho Universitário.[14]

---

14 *Atas do Conselho Universitário da USP*, 3 jun.1968, livro 33, 598ª sessão, fls. 2-3. Os grifos são do original.

Nessa mesma sessão, Mario Guimarães Ferri tenta demonstrar simpatia pelo movimento estudantil. Para tanto, propõe ao Conselho Universitário o reexame da Portaria n.373/67, que normatizava o regime disciplinar dos estudantes da USP. Essa Portaria, entre outros tópicos, estabelecia que:

> Artigo 1°. – Constituem deveres dos alunos:
> [...] III – Tratar com o devido respeito os docentes da Universidade e as autoridades do Poder Público;
> IV – Cumprir as ordens emanadas das autoridades universitárias.
> [...] Artigo 5°. – A violação dos deveres indicados nos itens III e IV do artigo 1°.
> [...] acarretará a sanção de eliminação [expulsão da USP].[15]

Para ressaltar a atmosfera de cordialidade entre estudantes e autoridades universitárias, Mario Guimarães Ferri acena ao movimento estudantil com o reexame dessa portaria:

> *Mario Guimarães Ferri*: Decorrido quase um ano de sua vigência, parece-me, nesta altura, quando para a minha satisfação desenvolvem-se em atmosfera cordial as relações entre estudantes e a administração universitária, conveniente promover o reexame da mesma. Permito-me fazer esta proposta obedecendo a um impulso peculiar a meu caráter: sempre desejei manter com os estudantes a mais perfeita compreensão. [...] Nesta coletividade em transformação devemos ser suficientemente permeáveis para acompanhar o processo de desenvolvimento e integração social dos estudantes, como peça fundamental de grandeza incomensurável. [...] A dignidade do estudante como ser humano deve ser intangível. Portanto, entendo que o regime disciplinar do corpo discente da Universidade de São Paulo deve ser ordenado objetivando, dentro de um clima de respeito recíproco, estabelecer um *modus vivendi* ideal onde a liberdade, a dignidade e a responsabilidade se entrelacem num amálgama indecomponível.[16]

Nove dias depois desse discurso de Mario Guimarães Ferri no Conselho Universitário, em 12 de junho de 1968, a reitoria é invadida violentamente

---

15 Portaria GR – n.373, de 4 jul. 1967. *Diário Oficial do Estado de São Paulo*. São Paulo: Imprensa Oficial, 5 jul. 1967, p.35.
16 *Atas do Conselho Universitário da USP*, 3 jun.1968, livro 33, 598ª sessão, fls. 4-5.

pelos estudantes. O reitor é coagido fisicamente e as instalações são depredadas. É evidente que o movimento estudantil não encarava as autoridades universitárias e seus órgãos representativos, quer seja a reitoria, as congregações das diversas unidades, entre elas a Congregação da FFCL, ou o Conselho Universitário, como possíveis aliados na Reforma Universitária. A postura é de enfrentamento, e os órgãos administrativos e deliberativos da universidade são vistos como adversários a serem derrotados ou neutralizados.

Por coincidência, no dia 12.6.1968 o jornal *O Estado de S. Paulo* publica editorial, escrito na véspera da invasão da reitoria da USP, comparando os movimentos estudantis na Europa e no Brasil. Esse editorial salientava a pertinência dos distúrbios europeus em contraste com as características pacíficas do que ocorria aqui:

> Ainda nos últimos dias publicávamos nas colunas desta folha uma série de artigos em que procurávamos apresentar ao público que nos lê as razões profundas do abalo que levou a França à beira de uma subversão total da ordem lá estabelecida. O movimento na grande Nação iniciou-se como todos sabem nas universidades, particularmente na de Nanterre e na de Paris, cujos alunos, cansados de aguardar medidas capazes de fazer com que tanto um como outros daqueles institutos correspondessem ao que deles tinham direito de esperar, decidiram recorrer à greve. Respondendo ao gesto dos estudantes por meio não de um contato direto com eles, mas pela força policial, o governo do general de Gaulle quis pura e simplesmente evacuar a Sorbonne, naquela altura já ocupada pelos alunos. [...] Foi o estado de neurose em que se acham [os estudantes], por não verem diante de si nada que lhes garanta um futuro razoável, que os levou em puro desespero à violência como único recurso ao seu dispor. Ora, para felicidade nossa, nada de parecido com isso perturba a vida da mocidade universitária do país. Somos um povo novo, sobre o qual não pesa nenhum ônus que explique a situação de desespero a que chegaram ainda ontem os franceses, um pouco antes os alemães – os quais ainda sofrem as consequências da guerra desencadeada pelo hitlerismo – e agora os iugoslavos, às voltas com as dificuldades inerentes a uma ditadura comunista.[17]

---

17 A desordem nas universidades. *O Estado de S. Paulo*. São Paulo, 12 jun. 1968, p.3.

Em São Paulo, a invasão da reitoria da USP põe fim à "felicidade nossa, [pois] nada de parecido com isso perturba a vida da mocidade universitária do país". Os estudantes brasileiros também tinham direito ao "estado de neurose [...], por não verem diante de si nada que lhes garanta um futuro razoável".

Cerca de um mês após a invasão da reitoria, Mario Guimarães Ferri relatou este episódio à Comissão Parlamentar de Inquérito sobre o movimento estudantil. A descrição é rica em detalhes sobre a situação de enfrentamento entre uma autoridade universitária e o movimento estudantil; portanto, grande parte será mantida na íntegra:

> *Mario Guimarães Ferri*: Tenho para mim que o primeiro órgão que foi invadido na Universidade de São Paulo foi a reitoria. É curioso que, nessa ocasião, alguns jornais noticiassem com antecedência a suposta visita àquela Universidade do Sr. Rudolph Atcon, responsável por um famoso relatório que tem merecido, não sei bem por que, muitas censuras. Os jornais noticiaram, repito, a suposta visita do Sr. Rudolph Atcon à Universidade de São Paulo. Então, um grupo de estudantes promoveu uma recepção ao Sr. Atcon. Não o encontrando – como não poderiam encontrar – pois ele não deveria ir à Universidade, uma vez que não fora convidado a lá comparecer, os líderes estudantis resolveram: "Bem, já que estamos aqui, vamos visitar o reitor, que está trabalhando secretamente, com uma Comissão, nos termos do acordo MEC-Usaid, para fazer uma reforma na Universidade de São Paulo e transformar a Universidade de gratuita em paga." E assim fui visitado por um numeroso grupo de estudantes. Eu justamente chegava à reitoria quando percebi que havia um movimento anormal de estudantes nas proximidades do prédio. Entrei e fui para o meu gabinete. O chefe de gabinete me informou de que havia estudantes por todo o prédio, pichando as paredes internas e externas, depredando o quanto podiam, e que desejavam um diálogo comigo. O gabinete estava fechado, mas a porta não resistiria. Como já tive ocasião de informar aos Senhores Deputados – não quero explorar a situação, mas tenho necessidade de reportar-me novamente a este fato – sofri recentemente um enfarte e não tinha condições para um diálogo com mil e quinhentos ou dois mil estudantes. Pedi, então, ao chefe do gabinete [Fabio Prado] que procurasse esses estudantes e lhes propusesse, em meu nome, que enviassem uma comissão de vinte ou trinta, e eu receberia essa comissão com muito prazer e de forma mais útil do que recebendo a todos os

mil e quinhentos ou dois mil. O chefe de gabinete assim procedeu, mas a resposta que obteve foi esta: "A comissão somos todos nós." Ele teve de recuar, comprimido por aquela multidão de estudantes que avançavam em direção ao meu gabinete. Percebendo que se avizinhavam, levantei-me de minha escrivaninha, dirigi-me ao encontro deles e perguntei o que desejavam. Informado de que queriam dialogar comigo, disse: "Pois não. Os senhores tenham a bondade de se acomodar como puderem." Eu mesmo me assentei em uma das poltronas existentes na sala. Então, um número de estudantes maior do que seria razoável penetrou no gabinete. Subiram à minha escrivaninha, a pequenas mesas de mármore etc. Havia uma verdadeira parede humana que me impedia de ver a alguns metros de distância. Então, um estudante começou a dirigir-me perguntas, e comecei a responder. Esse estudante disse: "Fale mais alto. Nós não podemos ouvi-lo." Eu disse: "Não tenho condições de falar mais alto do que isto." E ele: "Não tem importância. Então fale assim mesmo e nós repetiremos para os colegas." Continuaram as perguntas; continuaram as respostas de minha parte. Algum tempo depois, novamente vieram queixas de que não me podiam ouvir. A essa altura, eu disse aos estudantes que já sabia que o resultado de um encontro desse tipo não poderia ser útil a ninguém. Novamente convidei os estudantes a constituírem uma comissão de vinte ou trinta, número razoável para se entrevistar comigo. Prometi que essa entrevista teria lugar imediatamente, numa estação de televisão que temos no prédio da reitoria, e que os estudantes todos assistiriam ao debate, o qual seria transmitido diretamente para eles. A resposta foi: "Não. Queremos contato direto do reitor com todos os estudantes." Retorqui: "Muito bem. Então, vamos continuar nesta situação." E eles: "Não. Não é possível virem aqui todos os estudantes. Vamos para o andar térreo." Concordei: "Perfeitamente. Vamos para o térreo." Queriam que eu descesse seis andares. Eu disse: "Os senhores vão me desculpar, mas não tenho condições para isso. Vou descer no elevador." Entrei no elevador. Alguns estudantes e alguns repórteres entraram comigo. Chegamos ao térreo. Havia estudantes por toda a parte, até onde a vista alcançava. Colocaram um banco de madeira sobre o qual me pus, ladeado por dois estudantes. As perguntas eram feitas por um megafone e através do mesmo megafone eu dava as respostas. Eram perguntas as mais variadas possíveis: queriam saber por que estávamos fazendo uma reforma na Universidade de São Paulo sem consultar aos estudantes. Eu disse que o problema do estudo da reforma universitária em São Paulo havia sido suscitado pelos professores e não pelos estudantes. Eu presidia aquela comissão de reestruturação, mas entendia que, dada a imensa importância do problema, ele não deveria ficar limitado ao estreito âmbito de uma comissão. Mas, como presidente, propus que, além daquelas reuniões da comissão que não eram públicas, fossem feitas reuniões públicas, para as quais seriam convidados todos os que tivessem interesse no problema da reestruturação da Universidade de São Paulo. Informei aos estudantes que de fato eu promovera quatro reuniões públicas, duas na Faculdade de Ciências Econômicas, uma na Faculdade de Medicina e uma na Escola Superior de Agricultura "Luís de Queiroz". Naquelas reuniões, o que se fez foi colocar o problema e abrir imediatamente o debate. Pois bem. Em todas essas ocasiões, noticiadas previamente pela imprensa, solicitou-se o comparecimento de todos quantos estivessem interessados no problema. E em todas as ocasiões o comparecimento não foi superior a cem ou cento e vinte pessoas, exceto na reunião que teve lugar na Escola Superior de Agricultura "Luis de Queiroz", numa cidade do interior do Estado, Piracicaba, onde o comparecimento fora na ordem de quinhentas pessoas, com grande número de estudantes presentes. Foi a única ocasião. Até então, os senhores estudantes haviam estado omissos. Agora, compareciam para exigir, não para pedir, não para propor participação na Comissão. Era tarde para o que pediam. Mas antes tarde do que nunca. Eu fiquei muito satisfeito por haverem os senhores estudantes, afinal, resolvido participar.[18] [...]

Helio Navarro (MDB-SP): Ao que me coube tomar conhecimento, pelo noticiário da imprensa, foram os moradores do Crusp que assediaram a reitoria.

Mario Guimarães Ferri: Vai a V. Ex.ª desculpar-me, nobre Deputado, mas devo dizer-lhe que não está bem informado.

Helio Navarro: Evidentemente, não cometerei a indelicadeza de fazer prevalecer a minha afirmação sobre a de V. Magnificência.

Mario Guimarães Ferri: Eu tomaria a liberdade de citar um caso. José Dirceu – este nome é do conhecimento de V. Ex.ª?

Helio Navarro: Perfeitamente.

---

18 A Resolução n.67/68 da Câmara dos Deputados criou a "CPI para investigar, em todo o país, a extensão das violências que vêm sendo praticadas contra estudantes". Essa CPI não concluiu seus trabalhos e nem apresentou relatório final. No entanto, os arquivos da Câmara dos Deputados preservaram os depoimentos de doze entrevistados; entre eles, o de Mário Guimarães Ferri, prestado em 27 agosto de 1968. A citação refere-se às páginas 778 a 780 dos documentos arquivados pela CPI, ou às páginas 8 a 10 especificamente do depoimento de Mario Guimarães Ferri. A documentação registra essa dupla paginação.

Mario Guimarães Ferri: Sabe V. Ex². de que faculdade ele é?
Helio Navarro: Da Faculdade de Filosofia.
Mario Guimarães Ferri: Não. Não é estudante da Universidade de São Paulo.
Helio Navarro: Correto; é da Universidade Católica.
Mario Guimarães Ferri: É da Universidade Católica. Segundo fui informado, não está matriculado, neste ano. Por conseguinte, se não estiver, realmente, matriculado, neste ano, não é sequer estudante. Pois V. Ex². há de ter visto um retrato de José Dirceu ao meu lado. Ele liderou a invasão da reitoria. Este é um exemplo, nobre Deputado, para mostrar que não eram apenas residentes do Crusp, não eram apenas estudantes da Universidade de São Paulo. Ao lado de estudantes da Universidade de São Paulo, havia estudantes secundaristas e até quem não fosse estudante.[19]

Esse depoimento apresenta o ponto de vista de Mario Guimarães Ferri sobre a invasão da reitoria. A principal autoridade da USP interpreta o acontecimento com dúvidas sobre a atuação da imprensa. O reitor sugere que é deveras curioso que a imprensa noticiasse com antecedência algo que se sabia polêmico: a visita de Atcon à principal universidade brasileira. Ainda mais quando essa notícia era falsa. Mario Guimarães Ferri deixa no ar a possibilidade de os estudantes terem caído em uma armadilha propositalmente preparada pela imprensa para levá-los ao conflito com as autoridades universitárias. Isto é, quanto da desconfiança dos estudantes frente à Reforma Universitária, aos acordos MEC-Usaid ou ao Relatório Atcon não era fruto de boatos implantados pela imprensa? Não foi assim que ela agiu noticiando uma visita inexistente?

Mario Guimarães Ferri destaca a aversão estudantil a qualquer mediação entre o conjunto dos estudantes e as autoridades universitárias. Frente à proposta de uma comissão de vinte ou trinta estudantes, a resposta relatada pelo reitor foi de que "a comissão somos todos nós". A câmera de estúdio de televisão não deveria se interpor entre as autoridades universitárias e os estudantes: "Queremos contato direto do reitor com todos os estudantes". Nem sequer o elevador deveria se interpor entre o reitor e os estudantes. Essa ideia de democracia sem intermediação, sem representantes, com participação direta, inspirada na Revolução Cubana e na Revolução Cultural

---

19 Ibidem, p.784 ou 14.

na China, foi levada a consequências extremas pelo movimento estudantil francês nos acontecimentos então recentes de maio de 1968. As notícias sobre o ocorrido na França trouxeram entusiasmo aos estudantes daqui. Por exemplo, frase de Luís Raul Machado – vice-presidente da UNE – em discurso quando da invasão da reitoria da USP:

> Nossos generais podem ficar tranquilos. O que aconteceu na França não vai repetir-se no Brasil. Vai ser muito pior.[20]

Porém, seria inapropriado atribuir aos estudantes da USP influência demasiada do movimento estudantil europeu. A invasão estudantil à Congregação da FFCL ocorrera em março de 1968; antes, portanto, dos acontecimentos na França. As ideias circulam, mas a atuação do movimento estudantil paulista questionava a intermediação de representantes nos órgãos de poder da universidade desde o início de 1968. Entrevista de Luís Travassos – presidente da UNE – posterior à invasão da reitoria da USP confirma a autonomia das ações no Brasil e na Europa:

> Há algumas ligações entre as agitações que vocês promovem aqui e as que estão ocorrendo na França, Alemanha, Polônia, Tchecoslováquia etc.?
> *Luís Travassos*: Não. Bem que gostaríamos. Mas, no plano internacional, a posição da UNE deve ser a de se integrar principalmente na luta antiimperialista dos movimentos estudantis da Ásia e África. Achamos justa, no entanto, a luta dos estudantes europeus.[21]

Mario Guimarães Ferri não apresenta a invasão da reitoria como uma afronta à autoridade universitária. Ao contrário, segundo seu relato, comemora com os estudantes, que enfim despertaram para as questões relacionadas à Reforma Universitária. Como professor, repreende os alunos por estarem até então omissos. Encerra seu relato com uma visão positiva dos acontecimentos: "Mas antes tarde do que nunca. Eu fiquei muito satisfeito por haverem os senhores estudantes, afinal, resolvido participar."

---

20 "Eles querem derrubar o governo". *Realidade*. São Paulo, ano 3, n.28, jul. 1968, p.26.
21 "Vocês são comunistas?" *Realidade*. São Paulo, ano 3, n.28, jul. 1968, p.37.

Mario Guimarães Ferri demonstra profundo incômodo quando denomina o líder da invasão: José Dirceu. Segundo sua descrição, era inapropriado o reitor da USP ser coagido e ter de dar satisfações a alguém que não pertencia aos quadros da Universidade de São Paulo. José Dirceu não era aluno da USP. Qual sua legitimidade em comandar a depredação da reitoria dessa universidade e constranger seu reitor? Se ao menos fossem apenas os estudantes da USP... A reforma da Universidade de São Paulo é questão interna da própria USP; não deve ser manipulada nem pela imprensa nem por elementos que não pertençam a essa universidade.

No dia seguinte à invasão da reitoria, em 13.6.1968, o governador Abreu Sodré convoca reunião com Mario Guimarães Ferri e com Alfredo Buzaid – diretor da Faculdade de Direito e eventual substituto do reitor.[22] Após esse encontro, em 14.6.1968, reúnem-se com o reitor todos os diretores das diversas unidades da USP.[23] Não é possível esperar mais; a Comissão de Reestruturação deve concluir seus trabalhos rapidamente. Duas semanas depois, em 26.6.1968, é apresentada a versão final do Memorial para a Reestruturação da Universidade de São Paulo.

Pouco antes da divulgação do Memorial, em 22.6.1968, os estudantes ocupam a sede da FFCL e armam barricadas bloqueando o acesso aos prédios da USP nas ruas Maria Antônia e Dr. Vila Nova. As barricadas impedindo o trânsito de carros na Rua Maria Antônia provocam o início dos conflitos, daquele ano, entre os estudantes da USP e do Mackenzie:

> Vários incidentes ocorreram na manhã de ontem [22 jun. 1968] por causa das barricadas armadas durante a madrugada pelos alunos da [Faculdade de] Filosofia e da Faculdade de Economia da USP, nas ruas Maria Antônia e Dr. Vila Nova. [...] Até cerca de 9 horas o ambiente na rua Maria Antônia era calmo. A tranquilidade só foi quebrada quando um pequeno grupo de estudantes, posteriormente identificados como alunos da Economia do Mackenzie, desfez a barricada montada nessa rua, limitando-se os alunos da Filosofia a observar essa ação. Às 9 e 30, o mesmo grupo de alunos do Mackenzie ateou fogo a uma faixa negra que os alunos da Filosofia haviam colocado ali, em sinal de luto pela morte de estudantes no Rio. [...] Um outro grupo de estudantes do

---

22 *Atas do Conselho Universitário da USP*, 17 jun.1968, livro 33, 599ª sessão, fl. 1.
23 Ibidem.

Mackenzie, quando notou a provocação que os colegas dirigiam aos alunos da Filosofia, procurou os repórteres que se concentravam no local para explicar que o ato era manifestação isolada, praticada por "um grupinho da Economia", do qual a maioria dos seus colegas se envergonhava. Cerca de 10 horas, três alunos da Filosofia saíram lentamente do Grêmio portando outra faixa negra e a conduziram aberta até a porta da escola, onde a afixaram no lugar da anterior. Nesse momento estudantes aglomerados nos jardins do Mackenzie vaiaram os alunos da Filosofia. Um aluno da Filosofia proferiu um discurso nas escadas de sua escola, condenando a atitude dos que apupavam. Suas palavras provocaram represália por parte do grupo que havia retirado as barricadas, que passou a atirar ovos contra os alunos da Filosofia. Posteriormente, um representante do DCE-Mackenzie procurou os elementos da FILO-USP, explicando que a revolta dos alunos do Mackenzie se dera por causa da barricada que atrapalhava a retirada dos carros do estacionamento. Decidiu-se, então, abrir uma passagem de 3 metros de largura para a saída dos veículos.[24]

No Mackenzie, talvez fosse maior o número de estudantes contrários às ações de esquerda no movimento estudantil do que apenas "um grupinho da Economia". No mesmo período em que se iniciam os conflitos, em 1968, entre alunos da USP e do Mackenzie, Lincoln da Silva Carvalho – presidente do Centro Acadêmico da Faculdade de Engenharia do Mackenzie – concedeu entrevista à revista *Realidade*:

> O estudante Lincoln da Silva Carvalho, presidente do Centro Acadêmico Horácio Lane, da Faculdade de Engenharia da Universidade Mackenzie, não pensa exatamente como o pessoal da UNE. Para começar, é a favor de que as faculdades cobrem anuidades: "O estudante que paga um curso atinge um grau de responsabilidade muito maior do que se tivesse feito um curso gratuito". [...] Lincoln também é contra as passeatas, pois acabam sempre "sendo distorcidas para uma manifestação política". É também contra as palavras de ordem lançadas pela UNE em passeatas, como exemplo a frase "Abaixo a ditadura": "Não sei por que usam a palavra ditadura. Um país onde os estudantes podem sair gritando isso, não é uma ditadura".[25]

---

24 "Barricada incomoda". *O Estado de S. Paulo*. São Paulo, 23 jun.1968, p.32.
25 "Para eles, UNE não representa estudante". *Realidade*. São Paulo, ano 3, n.28, jul. 1968, p.38.

Enquanto os conflitos estudantis aqui se acirram, na França a ordem começa novamente a se estruturar. Em 1º.7.1968, eleições francesas dão ampla maioria a Charles de Gaulle:

> O partido gaullista – União pela Defesa da 5ª República – conquistou uma esmagadora maioria no pleito parlamentar francês, elegendo 299 deputados – 55 a mais do que o necessário para formar a maioria parlamentar. [...]
> O Partido Comunista, que antes tinha 73 parlamentares, ficou reduzido a 34; a Federação da Esquerda baixou de 118 para 57.[26]

Retornando ao texto oficial que dá início à reforma da USP, três autores analisaram detalhadamente o Memorial para a Reestruturação da Universidade de São Paulo: Heladio Antunha (1974, p.208-15), Beatriz Fétizon (1986, v.2, p.650-7) e Luiz Antônio Cunha (1988, p.137-53). Os três autores destacam a influência marcante de Roque Spencer Maciel de Barros no Memorial. Heladio Antunha prefere denominar o Memorial de "Relatório Maciel de Barros", pois este foi seu relator. Roque Spencer Maciel de Barros – diretor do Departamento de Educação da FFCL-USP –, em seguida, foi convidado a participar em Brasília do Grupo de Trabalho para a Reforma Universitária, que forneceu as bases do texto da Lei de Reforma Universitária no segundo semestre de 1968.[27]

Os autores convergem ao ressaltar que o Memorial para a Reestruturação da USP evita dividir as futuras unidades da universidade usando como características a pesquisa teórica ou formação profissional. Ambas as funções deveriam ocorrer nos futuros institutos que substituiriam todas as unidades anteriores da USP. Os novos institutos se comporiam em departamentos, em substituição às cátedras. Seriam formados dezessete institutos abrangendo as diversas áreas do saber.

Heladio Antunha (1974, p.210) destaca que o Memorial teve importância relativa na reforma da USP, pois não apresentou propriamente um projeto concreto de novos estatutos para a universidade.

Luiz Antônio Cunha (1988, p.146-53) analisa duas abordagens que o Memorial recebeu após a sua divulgação. Ambas de professores da FFCL.

---

26 "A vitória gaullista é total". *O Estado de S. Paulo*. São Paulo, 2 jul. 1968, p.1.
27 Sobre Roque Spencer Maciel de Barros, consultar o trabalho de Paulino José Orso (2003).

O autor descreve a interpretação dada ao Memorial por Florestan Fernandes e também por Maria José Garcia Werebe.

Nesse trabalho, o caminho a ser percorrido será outro. Ao contrário do afirmado por Heladio Antunha, o Memorial dará a pauta no Conselho Universitário da USP para as discussões seguintes na reformulação universitária. A discussão do Memorial nas diversas unidades da USP possibilitará a proposta de uma nova forma de representação institucional: as comissões paritárias de professores e alunos.[28]

Em 1 de julho de 1968, após a divulgação do Memorial para a Reestruturação da USP, o reitor, em mensagem de esclarecimento, propõe que o Memorial deva ser discutido pelos Conselhos Departamentais ou pelas Congregações das diversas unidades da universidade. O Conselho Universitário estabelece calendário destinando o mês de julho para o exame do Memorial. "No mês de agosto, serão realizados debates com integrantes dos corpos docentes e discentes".[29] No entanto, a reitoria e o Conselho Universitário não especificam os mecanismos para a realização dos debates com integrantes dos corpos docentes e discentes. Isso será incumbência das diversas unidades. Algumas faculdades, como a FAU, criam um "fórum" de discussão entre professores e alunos. Outras unidades, como a FEA, criam "comissões mistas" de professores e alunos. O termo mais presente e mais polêmico será o de "comissão paritária".[30] No presente livro, será abordada privilegiadamente a Comissão Paritária da FFCL para a reforma da USP.

No dia da divulgação do Memorial para a Reestruturação da USP – 26.6.1968 –, na reunião da Congregação da FFCL, José Arthur Gianotti apresenta a seguinte proposta:

> Propomos que a Congregação desta Faculdade se reúna com a maior urgência possível com seu corpo docente, com seus funcionários e com seus estudantes para discutirem a reforma universitária. Seguem-se vários debates em torno do assunto, manifestando-se de acordo os professores. Eurípedes Simões de Paula, Florestan Fernandes e Mário Schenberg por acharem

---

28 Luiz Antônio Cunha (1988, p.153-66), analisa os resultados apresentados por algumas comissões paritárias, inclusive a da FFCL.
29 *Atas do Conselho Universitário da USP*, 01 jul. 1968, livro 33, 600ª sessão, fl. 7.
30 Comissão onde o número de representantes dos professores e dos alunos é equivalente.

conveniente ouvir a opinião dos estudantes sobre o assunto. Submetida a votos e aprovada com voto contrário do professor Eduardo d'Oliveira França. Assim sendo, é sugerido e aprovado que a reunião deverá ser realizada no anfiteatro do Departamento de História no dia 02 jul. 1968, às 14:00 horas.[31]

A reunião ocorrerá um dia após o Conselho Universitário estabelecer que a Reforma Universitária deveria ser debatida pelos corpos docentes e discentes.

Em 2.7.1968, a reunião da Congregação da FFCL é aberta à participação dos professores e alunos da faculdade. Erwin Theodor Rosenthal – diretor demissionário da FFCL – alerta que a sessão não era uma assembleia, mas reunião para troca de opiniões. Bernardino Figueiredo – estudante de Geologia e presidente do Grêmio de Estudantes da FFCL – declara:

> Os alunos vêm discutindo em assembleias os problemas com que se defronta a USP. Diz, ainda, que ficou decidido trazer a esta reunião a proposta de constituição de uma Comissão Paritária de alunos e professores com o objetivo de sintetizar os projetos dos diversos cursos da Faculdade. [...] Emília Viotti da Costa propõe: 1 – Que seja incluída na Ordem do Dia a discussão da Declaração de Princípios aprovada em Assembleia Universitária; 2 – Que seja discutida a constituição de uma Comissão Paritária geral da FFCL com o objetivo de propor um projeto de Reestruturação da FFCL, tendo em vista a reestruturação da Universidade de São Paulo. [...] Paulo Sawaya, em nome dos docentes dos cursos de Ciências Biológicas e de História Natural da Faculdade, em reunião efetuada em 29 jun. 1968, [afirma que os professores] deliberaram, por unanimidade, enviar à Congregação da FFCL a seguinte proposta: "Que a Congregação da FFCL institua, oficialmente, comissões cujos membros serão eleitos entre os docentes e estudantes, ao nível de Departamento e Cadeiras Autônomas, para estudar a reforma universitária.[32]

São maneiras diferentes de propor a participação dos corpos docente e discente na reforma da USP. O líder estudantil Bernardino Figueiredo e a

---

31 *Atas da Congregação da FFCL-USP*, 26 jun.1968, livro 10, fl. 29.
32 *Atas da Congregação da FFCL-USP*, 2 jul. 1968, livro 10, fls. 31-2.

professora Emília Viotti da Costa[33] estavam mais próximos em suas formulações para a Comissão Paritária da FFCL. Emília Viotti da Costa antecipa algo que será discutido exatamente um mês depois no Conselho Universitário: a possibilidade de convocação da Assembleia Universitária. Paulo Sawaya propõe que a discussão ocorra nos Departamentos da FFCL. Este professor representa docentes de cursos que se reuniram previamente. Isso significa que as reuniões de docentes de cursos, como ocorrera anteriormente com o curso de Ciências Sociais, apresentam-se como forma legítima de representação institucional. Erwin Rosenthal – diretor demissionário da Faculdade – percebe claramente que a Congregação não é mais encarada como o principal órgão decisório da FFCL.

Erwin Rosenthal recorda a todos que a reunião não era deliberativa; sua finalidade era apenas a troca de ideias. Bernardino Figueiredo propõe então que a reunião seja transformada em assembleia. Florestan Fernandes, apoiado por Mario Schenberg, diz que a Congregação poderia votar por seus membros presentes. Crodowaldo Pavan – catedrático da área de Biologia – discorda. Eurípedes Simões de Paula – várias vezes diretor da faculdade – apoia a proposta de Paulo Sawaya de que a discussão ocorra nos Departamentos.

> Após prolongados debates durante os quais se manifestam professores e alunos, o Sr. presidente [Erwin Rosenthal] declara que submeterá a votos as seguintes propostas, que consubstanciam as diversas opiniões emitidas. Votam somente os membros da Congregação. 1ª – Que esta reunião da Congregação seja transformada em reunião deliberativa. Aprovada por vinte e quatro votos favoráveis, dois contrários e uma abstenção. 2ª – A Congregação resolve que se nomeie uma Comissão Paritária de professores, alunos e funcionários. O número e o nome dos representantes de cada categoria, como os da Congregação, deverão ser, posteriormente, indicados. Aprovada por vinte e dois votos favoráveis e quatro contrários.[34]

---

33 Em novembro de 2003, a professora Emília Viotti da Costa foi entrevistada. No entanto, este contato ocorreu quando a pesquisa ainda estava em seu início. Ela foi uma das responsáveis pela opção de uma pesquisa detalhada nas atas de reunião da Congregação da FFCL-USP.
34 *Atas da Congregação da FFCL-USP*, 2 jul. 1968, livro 10, fls. 32-3.

A pressão dos alunos foi decisiva para que a Congregação votasse favoravelmente à criação da Comissão Paritária da FFCL. Em outras unidades da USP, o movimento estudantil não conseguiu o mesmo resultado. O caso mais turbulento ocorreu na Faculdade de Direito.

No dia anterior à reunião da FFCL, após a ocupação da Faculdade de Direito por seus alunos, o Diretório Estudantil enviou documento à Congregação da Faculdade:

> Em documento enviado ontem à Congregação da Faculdade, os acadêmicos do largo S. Francisco apresentaram as seguintes reivindicações. "1 – Paridade na comissão ou grupo que estudaria a reforma universitária (os professores seriam escolhidos pelos alunos; cada classe elegeria um ou dois professores e seus representantes); 2 – Paridade na Congregação ou outro órgão com poder de decisão; 3 – Compromisso da Congregação em aprovar a reforma encetada pelos alunos e professores; 4 – Reforma metodológica, que se pautaria na discussão de: a) monopólio da cátedra, b) grande número de alunos por sala de aula, c) aulas práticas e teóricas, d) falta de aproveitamento dos livre-docentes, e) exames semestrais que têm caráter de loteria, f) tempo de prova insuficiente e g) ausência de seminários com valores ponderados na média final; 5 – reforma do currículo".[35]

O diálogo para a desocupação da Faculdade de Direito, condicionada à constituição de uma Comissão Paritária, tinha como mediadores o aluno Marcos Aurélio – presidente do Centro Acadêmico XI de Agosto, Cesarino Junior e Canuto Mendes de Almeida – os dois professores mais antigos da Faculdade, e Gofredo da Silva Telles Junior – vice-diretor da Faculdade. As negociações foram rompidas bruscamente quando Alfredo Buzaid – diretor da Faculdade – solicitou à Polícia Militar que invadisse a instituição e desocupasse a Faculdade de Direito, ato executado em 18.7.1968. Foi a primeira vez que um diretor da USP exigiu que a polícia invadisse a própria universidade.[36]

---

35 Debates vão prosseguir. Direito-USP. *O Estado de S. Paulo*, São Paulo, 2 jul. 1968, p.17.
36 Retomadas sem violência as Arcadas. *O Estado de S. Paulo*, São Paulo, 19 jul. 1968, p.12.

A repercussão na imprensa da formação de comissões paritárias na USP não foi positiva. Nos dias subsequentes à criação da Comissão Paritária da FFCL, o jornal *O Estado de S. Paulo* deu destaque ao tema:

> Como responsável direta pela criação da Universidade de São Paulo, esta folha tem, inicialmente, a satisfação de verificar que o espírito com que concebeu a instituição – e que nunca, infelizmente, pode norteá-la integralmente, como um todo – está inteiramente presente no documento [Memorial para a Reestruturação da USP]. [...]
>
> Ao ler pela primeira vez o texto do Memorial, sabíamos perfeitamente que ele não iria obter as simpatias seja daqueles que são infensos a toda e qualquer mudança, seja daqueles que não estão interessados no progresso da educação brasileira e não sabem falar senão em "paridades" de representação de professores e estudantes, como se isso fosse uma transcendente reivindicação a ser levada a sério.[37]

O jornal descreve como ilegítima a reunião da Congregação que aprovou a criação da Comissão Paritária da FFCL. Qualifica os docentes escolhidos como "célula esquerdista":

> As recentes decisões da Congregação da Faculdade de Filosofia, Ciências e Letras, tomadas em reunião de duvidosa legalidade, já que fora convocada com um fim, e, em virtude da pressão exercida por cerca de quatrocentos estudantes e de algumas dezenas de instrutores e assistentes sobre seus membros, teve seus objetivos desvirtuados. [...] Nessa tumultuada reunião, em que as vaias, as ameaças e os berros substituíram os argumentos, cerca de vinte membros da Congregação – excluídos os quatro que mantiveram, apesar de tudo, a sua digna atitude em face da situação – decidiram constituir uma "comissão paritária". [...] Se se tratasse de uma reunião normal do órgão, com a presença apenas dos que a ele pertencem, o resultado seria completamente diferente. [...] Os nomes escolhidos para integrá-la, no que diz respeito ao corpo docente, corresponderam plenamente ao que se esperava: a representação docente constitui, na sua maioria, uma verdadeira "célula" esquerdista, cujos objetivos se casam perfeitamente com os das lideranças vermelhas do movimento, no lado

---

37 "A reestruturação da USP". *O Estado de S. Paulo*, São Paulo, 3 jul. 1968, p.3.

estudantil. [...] É preciso dizer o que está se passando na USP, o que significa essa luta tática pela "paridade", que é um disparate como reivindicação, quais são seus objetivos reais dos que querem transformar a USP num mero centro de operações políticas, visando a desmoralização das instituições.[38]

Na própria FFCL, a criação da Comissão Paritária não foi um consenso. O principal setor a lutar contra a atuação da Comissão Paritária foi o Departamento de Educação. Em nota publicada pela imprensa, o Departamento de Educação desautoriza a atuação da Comissão Paritária, pois ela usurparia as funções do Conselho Departamental; ato que a Congregação não teria legitimidade em autorizar. Trata-se de mais um arranhão na autoridade da Congregação da FFCL; o Conselho Departamental de Educação não reconhece a competência da decisão votada pela Congregação da Faculdade:

> Em nota assinada pelo professor Roque Spencer Maciel de Barros, o Conselho do departamento de Educação da FFCL-USP divulgou nota comunicando que: "1 – As reuniões de professores e alunos do Curso de Pedagogia que estão se realizando no prédio do Centro Regional de Pesquisas Educacionais de São Paulo [atual prédio da FE-USP] não foram convocadas ou sequer autorizadas pelo Conselho do Departamento de Educação, único órgão legalmente capacitado a falar e a tomar decisões em nome do Departamento e Curso de Pedagogia. 2 – O Conselho do Departamento de Educação é inteiramente favorável à reforma da Universidade de São Paulo e do próprio curso de Pedagogia, porém não apoia a realização dessas reuniões na forma em que estão sendo conduzidas e não se compromete com quaisquer deliberações que possam vir a ser adotadas nas mesmas. O presente comunicado foi aprovado por todos os membros do conselho com exceção de um voto".[39]

Dois dias antes de assinar esta nota, exatamente no mesmo dia em que a FFCL-USP autorizou a criação de sua Comissão Paritária, o Relator do Memorial para a Reestruturação da USP e diretor do Departamento de Educação da FFCL – Roque Spencer Maciel de Barros – fora designado por decreto federal como um dos integrantes do Grupo de

---

38 "Estão destruindo a USP". *O Estado de S. Paulo*, São Paulo, 7 jul. 1968, p.3.
39 [Faculdade de] "Filosofia". *O Estado de S. Paulo*, São Paulo, 5 jul. 1968, p.14.

Trabalho da Reforma Universitária, que dará as bases para a lei da Reforma Universitária, conforme visto em parte anterior deste livro.

A tese de livre-docência, defendida três anos depois da atuação da Comissão Paritária da FFCL, de outro professor do Departamento de Educação – Heladio Antunha (1974, p.183-4) – exemplifica como parte do corpo docente de Pedagogia via a Comissão Paritária:

> Como nunca, a universidade brasileira esteve, então, ameaçada em um dos seus princípios fundamentais: na ideia de que a autoridade e a hierarquia universitárias devem basear-se na evidência do mérito objetivamente comprovado e na maior experiência e maturidade. A instituição das comissões paritárias – e algumas chegaram a funcionar "de fato", mesmo na USP, como um poder paralelo ao dos órgãos tradicionais como o Conselho Universitário, as Congregações e os Conselhos de Departamento – representava na prática a transferência da autoridade e do governo universitário para os estudantes mais radicais e aos professores a eles associados, criando-se, assim, os elementos indispensáveis para se transformar a instituição num instrumento de luta política, num bastião ideológico e numa base logística para as incursões revolucionárias contra o regime vigente. O período das paritárias foi, na realidade, em muitos casos, um momento de delírio coletivo, em que estudantes e alguns professores chegaram a "posar para a história" e pronunciar frases de efeito, que a crônica da USP merece registrar: "São as minorias que fazem a história". "Todo o poder para as paritárias", e outras de teor semelhante.

Posteriormente, serão apresentados alguns motivos da reação radicalmente contrária de parte do Departamento de Educação à atuação da Comissão Paritária da FFCL.

Em 8.7.1968, a Congregação, recordando que a Comissão Paritária era consultiva e não deliberativa, ratifica a eleição de dez dos quatorze membros docentes:

Representantes da Congregação: Simão Mathias (Química) e José Cavalcante de Souza (Letras). Representantes dos livre-docentes: Maria José Garcia Werebe (Pedagogia) e Pasquale Petrone (Geografia). Representantes dos professores colaboradores: Antonio Candido de Mello e Souza (Letras) e Francisco Jerônimo Salles Lara (Biologia). Representantes dos professores instrutores: Ruy Fausto (Filosofia) e Douglas Teixeira

Monteiro (Ciências Sociais). Representantes dos professores doutores: Elly Silva (Física) e Sérgio de Almeida Rodrigues (Biologia).[40]

Posteriormente, seriam eleitos os dois representantes dos professores associados e os dois representantes dos professores de disciplina. No relatório final da Comissão Paritária constam os nomes de outros quatro professores: Alfredo Bosi (Letras), Carlos Benjamin de Lyra (Matemática), José Pereira de Queiroz (Geografia) e Sérgio Massaro (Química). Provavelmente, estes foram os quatro últimos representantes docentes eleitos.

Dos dois representantes dos funcionários, no relatório final da Comissão Paritária constam os nomes de Flávio Hipólito (Administração) e Ney Lacerda (Administração).

Do representante dos ex-alunos e quatorze representantes discentes, no relatório final da Comissão Paritária constam os nomes de Bernardino Ribeiro de Figueiredo (Geologia), Elias de Rocha Barros (Psicologia), Etelvino José Henrique Bechara (Química), Helena Hirata (Filosofia), Ivan A. do Amaral (Geologia), José Álvaro Moisés (Ciências Sociais), José Luiz Beraldo (Letras), Kunio Suzuki (História), Leila Tavares de Mattos (Biologia), Lígia Batista Silva (Letras), Luís Carlos de Menezes (Física), Maria Ângela Rua de Almeida (Matemática), Mauro de Mello Leonel Júnior (Grêmio), Pedro Paulo Demartini (Pedagogia) e Sinclair Guimarães Cechine (Geografia).[41]

---

40 *Atas da Congregação da FFCL-USP*, 8 jul. 1968, livro 10, fl. 38.
41 *Relatório sobre a reforma da Universidade de São Paulo da Comissão Paritária da Faculdade de Filosofia, Ciências e Letras*. 15 set. 1968, p.15-6. Nas próximas citações será utilizada a forma *Relatório da Comissão Paritária da FFCL-USP*. Volume 3 do Processo da Reitoria da USP (RUSP) n. 29.714/66. No v.3, o Relatório da Comissão Paritária da FFCL está arquivado entre as páginas 734 e 751. Nesse mesmo processo estão também arquivadas as posições oficiais dos seguintes órgãos: v.2, p.460-71 – Fórum Universitário da Escola de Engenharia de São Carlos. v.2, p.472-8 – Comissão Paritária da Faculdade de Medicina de Ribeirão Preto, v.2, p.479-528 – Comissão Paritária da FCEA [atual FEA]. v.2, p.530-5 – Fórum da Faculdade de Odontologia de Bauru. v.2, p.537-52 – Posição do IEB, v.3, p.564-630 – Comissão Paritária da Faculdade de Higiene e Saúde Pública. v.3, p.631-57 – Comissão Paritária da ESALQ. v.3, p.659-64 e 773-5 – Posição do Instituto de Pré-História – assinado pelo seu diretor: Paulo Duarte. v.3, p.682-90 – Congregação da Faculdade de Medicina Veterinária. v.3, p.691-704 – Comissão Paritária da Escola de Enfermagem. v.3, p.705-9 – Corpo docente da ECC [atual ECA]. v.3, p.710-3 – Congregação da Faculdade de Farmácia e Bioquímica. v.3, p.726-33 – Comissão Paritária da Faculdade de Odontologia. v.3, p.752-6 – Congregação da Escola Politécnica. v.3, p.757-61 – Posição do Instituto Astronômico e Geofísico. v.3, p.766-71 – Posição do Instituto

A existência da Comissão Paritária da FFCL como órgão consultivo de sua Congregação durou apenas um único dia. No dia seguinte à ratificação pela Congregação de seus representantes docentes, Erwin Rosenthal declara que, mesmo com tal gesto, os alunos não desocuparam a sede da faculdade na Rua Maria Antônia. O diretor demissionário propos que, se até a manhã seguinte (10.7.1968) os estudantes não desocupassem os prédios da Maria Antônia, a Comissão Paritária deixaria de ser respaldada pela Congregação.[42] A proposta foi aprovada, com as abstenções de Lindo Fava, José Arthur Gianotti e Octávio Ianni. Votaram contra Florestan Fernandes e Bento Prado de Almeida Ferraz Júnior.[43] Portanto, a Comissão Paritária da FFCL ficou em uma situação ambígua: em um dia, o órgão máximo da faculdade referenda a escolha docente para a comissão; no dia seguinte, alegando questões estudantis, desautoriza a mesma comissão. A Comissão Paritária trabalhará nesse limbo: foi oficial e tornou-se oficiosa. Porém, de fato, a Congregação livrou-se da tarefa de posteriormente ter de debater as propostas da Comissão Paritária. No entanto, de maneira dúbia, a Congregação dialoga com a Comissão. Por exemplo, em 12 de setembro de 1968, ao ser informada pelo professor Douglas Teixeira Monteiro de que a Comissão Paritária aprovara por unanimidade a suspensão dos concursos para catedráticos até que a Reforma Universitária redefinisse a carreira docente, a Congregação vota tal proposta e resolve então não mais realizar novos concursos para cátedras.[44]

O coordenador da Comissão Paritária era o professor Sérgio de Almeida Rodrigues; o vice-coordenador era o aluno Bernardino Figueiredo. O relator era o professor Antonio Candido de Mello e Souza; o vice-relator era

---

Oceanográfico. Foi executada a leitura inicial destes textos; no entanto, chegou-se à conclusão de que tão vasto material requer pesquisa exclusiva.
42 Erwin Rosenthal, em 18.7.1968, encaminhou ofício a Mario Guimarães Ferri solicitando que fossem tomadas as "medidas judiciais cabíveis" para a desocupação da FFCL. Exatamente nesse dia, a pedido de Alfredo Buzaid – diretor da Faculdade de Direito –, a Polícia Militar invadiu a USP e expulsou os alunos que ocupavam a Faculdade de Direito. Existe a possibilidade de que o pedido de Erwin Rosenthal justificasse algo semelhante. Neste caso, Mario Guimarães Ferri – Reitor da USP e diretor licenciado da FFCL – encaminhou a solicitação à consultoria jurídica da universidade. "Providências na Faculdade de Filosofia". *O Estado de S. Paulo*. São Paulo, 19 jul. 1968, p.32.
43 *Atas da Congregação da FFCL-USP*, 9 jul. 1968, livro 10, fl. 43.
44 *Atas da Congregação da FFCL-USP*, 12 set. 1968, livro 10, fl. 55.

o aluno Luís Carlos de Menezes.[45] Nesta pesquisa, buscou-se entrevistar esses coordenadores e relatores.[46]

Bernardino Figueiredo, após o AI-5, exilou-se no Chile. Em 1973, dirigiu-se para a Suécia, concluindo seu doutorado em Geologia na Universidade de Uppsala. Em 1979, com a anistia, retornou ao Brasil; desde então leciona na Unicamp. Em entrevista gravada em 5.9.2005, Bernardino Figueiredo esclareceu por que não poderia relatar os acontecimentos da Comissão Paritária: durante as reuniões da Comissão, ele estava preso. Fora detido em uma passeata estudantil em julho de 1968 e libertado do Dops em 12 de outubro do mesmo ano. A Comissão Paritária da FFCL apresentou seu relatório final à Congregação em 15 de setembro de 1968. Ao ser questionado sobre os motivos da continuação da ocupação da sede da faculdade na Rua Maria Antônia, mesmo após a aprovação pela Congregação dos membros da Comissão Paritária, Bernardino Figueiredo recordou que a ocupação não se tratava apenas de pressão pela Reforma Universitária. Tal ocupação estava inserida no contexto mais amplo de luta contra a ditadura militar. O movimento estudantil agia de maneira democrática. Quando professores sugeriam que os prédios da Maria Antônia fossem desocupados, a resposta era sempre a mesma: vamos votar esta proposta. O resultado era o da permanência na ocupação. Bernardino Figueiredo leu novamente o relatório final da Comissão Paritária e ajudou imensamente na interpretação de tópicos que serão analisados a seguir.

Luís Carlos de Menezes, após o AI-5, exilou-se nos Estados Unidos, onde concluiu seu mestrado em Física na Universidade Carnegie Mellon. Entre 1971 e 1974, doutorou-se em Física na Universidade Regensburg – Alemanha. Em 1974 retornou ao Brasil e passou a lecionar na USP. A entrevista gravada em 21.2.2006 foi de extrema importância para a compreensão das atividades da Comissão Paritária da FFCL e de seu relatório final.

---

45 *Relatório da Comissão Paritária da FFCL-USP*, 15 set. 1968, p.15.
46 O professor Sérgio de Almeida Rodrigues faleceu em 2001. Em novembro de 2005, conversou-se por telefone com o professor Antonio Candido; ele combinou em conceder entrevista no mês seguinte. Em dezembro, na data provável da entrevista, sua esposa – professora Gilda de Mello e Souza – teve sua saúde agravada e foi hospitalizada, vindo a falecer em 25 dez. 2005. Dois meses depois, em 25 fev. 2006, em novo contato telefônico, o professor Antonio Candido explicou que não estava em condições de ser entrevistado.

Julho e agosto de 1968, meses em que as comissões paritárias elaboraram suas propostas de reforma da USP, não foram monótonos. Os estudantes puderam ler entre 13 e 20 de julho, em duas ou três páginas diárias do jornal *O Estado de S. Paulo*, a versão integral do "Diário de Campanha" de Ernesto Che Guevara. Presenciaram também o recrudescimento da Revolução Cultural na China, processo em que as instituições educacionais e a autoridade docente foram incisivamente questionadas:

> A Revolução Cultural recrudesce atualmente na China. Relatos de viajantes chegados da China à colônia britânica de Hong Kong provam que se multiplicam os incidentes entre facções políticas na grande cidade de Cantão e na província vizinha de Kuangtung. [...] A continuação da Revolução Cultural seria o desejo do próprio presidente Mao [Tse-Tung], que acaba de lançar nova "diretiva", encorajando as atividades entre as massas.[47]

Ainda em julho, explodem os conflitos estudantis no México, com dezenas de mortes entre os estudantes:

> Cidade do México, 30 – Violentos incidentes foram registrados na noite de ontem, quando cerca de 2 mil estudantes entraram em choque com tropas do exército ao sitiar o Palácio Nacional e erguerem barricadas na praça do Zocalo. Vários estudantes morreram.[48]

Em agosto, tropas do Pacto de Varsóvia sufocam a "Primavera de Praga":

> Tropas russas, polonesas e alemãs orientais invadiram às 23 horas de ontem [20 ago. 1968] a Tchecoslováquia. A rádio Praga afirma que "essa atitude viola frontalmente os direitos fundamentais dos Estados e as relações entre países socialistas".[49]

Retornando às atividades da Comissão Paritária da FFCL, o que tanto assustava na possibilidade de uma comissão formada por professores e

---

47 David Davis. "Está recrudescendo a Revolução Cultural". *O Estado de S. Paulo*. São Paulo, 28 jul. 1968, p. 137.
48 "Violência toma ruas do México". *O Estado de S. Paulo*. São Paulo, 31 jul. 1968, p.1.
49 "A URSS invade a Tchecoslováquia". *O Estado de S. Paulo*. São Paulo, 21 ago. 1968, p.1.

alunos propor rumos para a universidade reformada? Por que a atuação da Comissão Paritária foi vista por parte do corpo docente como "momento de delírio coletivo, em que estudantes e alguns professores chegaram a posar para a história"? O que existia de tão radicalmente amedrontador nas propostas da Comissão Paritária da FFCL? Pode-se antecipar que o medo era provocado pela possibilidade de uma relação harmoniosa entre o movimento estudantil e professores favoráveis a novas formas institucionais e acadêmicas para a universidade. Medo de que o corpo docente e as lideranças estudantis que se dispunham a discutir em patamar de igualdade, em plena reforma, chegassem a um consenso. Esses professores e estudantes pensavam a reforma da universidade; é apropriado, portanto, denominá-los de reformistas. Se a atuação conjunta de parte do corpo docente em parceria com os estudantes reformistas provocava medo, podem-se imaginar os efeitos causados sobre o corpo docente conservador dos atos dos estudantes revolucionários: pavor, profundo e estupefato pavor. O pavor da revolução provocava reação clara: opção pela ordem, qualquer que fosse a ordem, mesmo a autoritária. Porém, como reagir ao medo de uma possível reforma pactuada entre parte do corpo docente e a representação estudantil reformista? A difícil indefinição de como responder a esta questão perpassará por meses os debates sobre a reforma da USP.

Ao contrário da visão que se formou sobre colegiados com representação igualitária do corpo docente e dos estudantes, a Comissão Paritária não pretendia abolir a hierarquia baseada no mérito acadêmico:

> Não se trata de negar a existência de problemas especificamente técnicos, nem a desigualdade de competências. [...] O que se pretende é que assembleias e colegiados paritários decidam como devem ser distribuídas as responsabilidades através das diferentes funções. Neste sentido, a participação paritária dos estudantes não virá questionar a hierarquia real do saber; virá antes valorizá-la e protegê-la da hierarquia administrativa e burocrática.[50]

É oportuno recordar que o redator da proposta da Comissão Paritária era o professor Antonio Candido de Mello e Souza. A possibilidade de colegiados com representação igualitária entre professores e alunos era

---

50 *Relatório da Comissão Paritária da FFCL-USP*, 15 set. 1968, p.2.

concebida como algo a proteger a "hierarquia real do saber" da "hierarquia administrativa e burocrática". Junto com a extinção da cátedra, colegiados paritários impediriam que os departamentos e institutos da nova universidade fossem dominados pela burocracia administrativa. Esta, na visão da Comissão Paritária, dificultava que a "hierarquia real do saber" cumprisse as verdadeiras funções da universidade.

Quais deveriam ser os propósitos da universidade?

> Uma Universidade que, sem prejuízo das exigências do trabalho teórico, conceba o desenvolvimento da ciência e da técnica como instrumentos capazes de acelerar a emergência de novas relações econômicas e sociais, referidas aos interesses da maioria do país.[51]

Pretende-se resguardar a hierarquia do saber das injunções do jogo burocrático-administrativo comum em qualquer grande instituição, mas que não deveria ser preponderante na universidade. Neste sentido, até para moralizar a ascensão na hierarquia do saber, a Comissão Paritária propõe algo que não era então obrigatório:

> A tese de doutoramento deverá ser julgada por uma comissão de professores. Além dela, os demais requisitos para obtenção do grau devem variar segundo os Departamentos, suas possibilidades e necessidades. [...] É requisito indispensável em qualquer caso um curso prévio de pós-graduação.[52]

A Comissão Paritária propunha uma carreira acadêmica baseada na hierarquia do saber e na produção do conhecimento científico:

> Poder-se-á exigir como requisito para o cargo de [professor] instrutor o grau de doutor. [...] As etapas seguintes devem ser alcançadas na base da produção científica e intelectual, qualidades didáticas e outros aspectos da personalidade. [...] As etapas seguintes de professor-adjunto (ou associado) e professor (ou professor titular) obedecerão ao mesmo critério, com exigências

---

51 Ibidem, p.1.
52 Ibidem, p.13.

proporcionalmente maiores, baseadas na análise de produção científica e intelectual.⁵³

Colegiados paritários, quer seja nos conselhos departamentais ou nos futuros institutos, deveriam proteger a hierarquia do saber, comprovada em títulos e na produção acadêmica, da burocratização institucional, tão comum na universidade. É injustificada a afirmação de que a Comissão Paritária da FFCL pretendia ameaçar a ideia de que a autoridade e a hierarquia universitárias deveriam basear-se no mérito acadêmico. Além do que, não se propunha que os órgãos diretivos, nos futuros departamentos e institutos, fossem paritários; apenas os órgãos deliberativos deveriam sê-lo.⁵⁴

A Comissão Paritária propunha instrumentos efetivos para alcançar a autonomia universitária:

> A Universidade deve ficar a salvo de ingerências externas, sejam elas econômicas, culturais, sociais, políticas ou militares. [...] A ampliação da autonomia, requisito de uma verdadeira reforma, está baseada em dois aspectos principais:
> 1 – Autonomia de governo. Não é possível que os dirigentes da Universidade Nova sejam escolhidos ou referendados pelo Governo. A responsabilidade universitária não pode ficar vinculada a órgãos e autoridades que a situem no horizonte estreito de interesses políticos imediatos. A Universidade é capaz de escolher ela própria os seus dirigentes.
> 2 – Autonomia financeira. Um dos fatores que entravam a reformulação da estrutura universitária, em função das necessidades reais do nosso meio, é o modo por que o Estado efetua a concessão dos recursos destinados à Universidade. Os obstáculos e limites impostos ao aumento de verbas são uma forma concreta de reduzir a sua autonomia. [...] Uma Universidade realmente autônoma deve receber diretamente do Estado, sem intervenção arbitrária de órgãos intermediários, um percentual fixo da arrecadação total, competindo-lhe decidir livremente sobre a aplicação de tais recursos.⁵⁵

---

53 Ibidem, p.13-4.
54 Ibidem, p.6.
55 Ibidem, p.3.

No que se refere à autonomia financeira, Florestan Fernandes propusera algo semelhante cinco anos antes. A ideia de um percentual fixo da arrecadação de impostos do estado de São Paulo como verba destinada diretamente ao sistema universitário estadual será efetivada somente duas décadas depois, em função da pressão de greve docente.

Tendo presente a afirmação do jornal *O Estado de S. Paulo* de que os professores da Comissão Paritária formavam uma "célula esquerdista", questionou-se o vice-relator – Luís Carlos de Menezes – sobre a composição política dos membros da Comissão. No entanto, por esta parte da entrevista não se basear na interpretação do documento elaborado pela Comissão Paritária da FFCL, deve-se levar em conta que parte dessa visão deve-se à impressão que a memória do entrevistado atribui aos acontecimentos do passado.

Luís Carlos de Menezes: A Comissão Paritária fazia uma síntese de diferentes correntes de pensamento transformador. Não havia nenhuma representação sectária dentro da Comissão. Havia uma pluralidade de visões; era um convívio muito gostoso. [...] Se eu fosse identificar dois personagens que foram centrais, eu escolheria o Antonio Cândido e o Simão Mathias. Mas também Lara Cavalcanti e Douglas Teixeira Monteiro eram exemplos que tinham respeito por aquele espaço político; que tinham tolerância com nossa ingenuidade conceitual.[56]

Mencionou-se que em outras ocasiões percebia-se uma postura de confronto entre os estudantes e o corpo docente.

Luís Carlos de Menezes: Não na [Comissão] Paritária. Na Paritária, com certeza não. Não é verdade que todos os professores da Paritária fossem militantes de esquerda. Mas é verdade que todos eram sinceros democratas. Então, o convívio era de uma notável qualidade. A vivências como esta, devo boa parte de minha formação social, crítica e ética. Basta ver a história destes personagens. O que fizeram depois? [...] Teve muita gente que bandeou de camisa ou decepcionou; não os da Paritária. [...] Ninguém se vendeu.[57]

---

56 Entrevista gravada com Luís Carlos de Menezes em 21 fev. 2006.
57 idem.

Luís Carlos de Menezes, em 1968, era professor recém-contratado da Escola Politécnica da USP e aluno de pós-graduação em Física na FFCL. Na Comissão Paritária, como Vice-Relator, via a Reforma Universitária de ambos os ângulos, como docente e como aluno. Neste sentido, ressaltou a importância das aulas ministradas na forma de cursos livres durante a ocupação da sede da FFCL, no segundo semestre de 1968, período das reuniões da Comissão Paritária. O entrevistado apresenta a atuação da Comissão e os cursos livres como o elo entre os professores progressistas e os alunos em greve da FFCL:

> *Luís Carlos de Menezes*: Havia também os cursos que lecionamos durante a longa greve de 1968. Eu era aluno da pós-graduação, mas era também professor nestes cursos. Tinha prova, lista de chamada. Tanto é que, depois, nós conseguimos que os cursos fossem reconhecidos. Eu era um dos que faziam a ponte entre os professores e alunos. Era curiosidade da ditadura compreender esta ligação. Quando os militares perceberam, no dia seguinte eu estava no exterior.[58]

Essa proximidade entre corpo docente e discente provocou medo nos professores conservadores. A pressão do movimento estudantil, em sintonia com professores que eram representantes eleitos diretamente pelo corpo docente da faculdade, possibilitaria projetos alternativos viáveis para os destinos da FFCL. O caso mais contundente ocorreu com o Departamento de Educação. Este é um dos motivos para que Roque Spencer Maciel de Barros – diretor do Departamento de Educação – e, posteriormente, Heladio Antunha – um de seus professores – demonstrassem tanta aversão à Comissão Paritária.

A Comissão Paritária propunha que todos os alunos dos dois semestres iniciais dos cursos dos institutos a serem criados com o desmembramento da FFCL passassem por um Primeiro Ciclo, compreendendo matérias essenciais a grandes áreas do conhecimento. Depois desse Primeiro Ciclo:

> O Centro de Orientação Educacional e Psicológica e o Centro de Informação Educacional e Ocupacional da Universidade, sob a responsabilidade dos

---

58 Idem.

setores de Psicologia e de Orientação Educacional, encarregar-se-ão de ajudar os estudantes a fazer suas opções curriculares. [...] O ingresso nos cursos de Segundo Ciclo dependerá do cumprimento de créditos e requisitos, segundo exigências fixadas pelos Departamentos ou Institutos. A diretoria de Ensino [dos Institutos] fixará, anualmente, para os cursos [de Segundo Ciclo] as vagas que poderá oferecer para cada um deles, devendo levar em conta: As propostas feitas pelas Comissões de Ensino, elaboradas na base das disponibilidades materiais e humanas dos Departamentos e Institutos. As aspirações dos estudantes, cujo levantamento será feito pelo Centro de Orientação Educacional e Psicológica.[59]

A proposta de reforma da USP elaborada pela Comissão Paritária da FFCL não especificava quais institutos deveriam ser formados ou quais suas atribuições. No entanto, destinava papel importante ao Centro de Orientação Educacional e Psicológica. Um dos membros da Comissão Paritária era a professora Maria José Garcia Werebe. É provável que seja contribuição sua a relevância dada ao Centro de Orientação Educacional e Psicológica nesse projeto de reforma.

Maria José Garcia Werebe era Livre-Docente, por meio de concurso, na cátedra de Administração Escolar e Educação Comparada da FFCL-USP desde 1952. Em 1961, foi contratada para reger a disciplina de Orientação Educacional. Na década de 1960, o setor de Orientação Educacional ampliou-se significativamente.

Maria José Garcia Werebe: Em 1967, tive sério conflito com a direção do Departamento de Educação da Faculdade, ao qual o setor de Orientação Educacional estava vinculado. Na verdade, este conflito teve início quando decidi não assinar o documento de solidariedade ao professor Laerte Ramos de Carvalho, então reitor da Universidade de Brasília, responsável pela destruição daquele estabelecimento.[60]

---

59 *Relatório da Comissão Paritária da FFCL-USP*, 15 set. 1968, p.9-10.
60 Depoimento de Maria José Garcia Werebe publicado por Walter Esteves Garcia (2002, p.248). Apresentou-se, por correspondência, versão inicial deste capítulo a Maria José Garcia Werebe. Por residir, desde 1969, em Paris, executou-se entrevista com ela em 6 jun. 2006 por e-mail.

Ainda em 1967, em função da reestruturação do Colégio de Aplicação, os setores de Orientação Educacional (professora Maria José Garcia Werebe) e de Didática Geral e Especial (professora Amélia Americano Domingues de Castro) entraram em conflito. Com o afastamento do diretor do Colégio de Aplicação – Clóvis da Silva Bojikian – em 11.10.1967, pelo então recém-eleito diretor do Departamento de Educação – Roque Spencer Maciel de Barros –, os alunos decidem entrar em greve e, em 19.10.1967, ocupar o Colégio de Aplicação.[61]

Maria José Garcia Werebe: O diretor do Departamento de Educação [Roque Spencer Maciel de Barros], com anuência de outros membros do Departamento, decidiu apelar para a polícia, a fim de desalojar os alunos da instituição. A intervenção da polícia foi brutal e traumatizou a maioria dos alunos. O relato desta intervenção foi feito pelo delegado responsável ao diretor da Faculdade, professor Erwin Rosenthal, que me acompanhou até a delegacia para saber do ocorrido. Decidi, sob o impacto desses acontecimentos, encaminhar ao diretor da Faculdade uma carta de protesto, na qual considerei que meus colegas, implicados nos acontecimentos, tinham recorrido a meios indignos para subjugar os alunos, evidenciando assim total inépcia como educadores. Diante desta carta, o Conselho do Departamento [de Educação] decidiu declarar-me *persona non grata* aos seus membros. (Garcia, 2002, p.249)

Desde então, Maria José Garcia Werebe e o setor de Orientação Educacional tinham sérias dificuldades de convivência no Departamento de Educação da FFCL. Portanto, na proposta de reforma da Faculdade elaborada pela Comissão Paritária, da qual Maria José Garcia Werebe participava como representante eleita pelos professores livre-docentes, encontra-se a menção ao Centro de Orientação Educacional e Psicológica, "sob a responsabilidade dos setores de *Psicologia* e de Orientação Educacional". Durante a reformulação da USP, uma das possibilidades de o setor de Orientação Educacional sobreviver seria se associando ao futuro Instituto de Psicologia, a ser criado com a reforma. O Centro de Orientação

---

61 Para uma análise detalhada da crise do Colégio de Aplicação da USP, consultar "O Colégio de Aplicação da Universidade de São Paulo", de Mirian Jorge Warde In: Garcia (1980). Walter Esteves Garcia foi entrevistado em 24 ago. 2005 por sua proximidade com Maria José Garcia Werebe e com o tema da pesquisa.

Educacional e Psicológica, caso a proposta da Comissão Paritária fosse analisada pela Congregação da FFCL, teria papel crucial na articulação dos diversos institutos a serem criados, quaisquer que fossem. Isso era intolerável para grande parte do Conselho do Departamento de Educação.

Maria José Garcia Werebe lutou com obstinação para que o setor de Orientação Educacional não fosse eliminado no processo de reformulação universitária. Neste sentido, teve apoio incisivo do último diretor da FFCL – Eurípedes Simões de Paulo –, e, também, de Simão Mathias – membro, em 1968, da Comissão Paritária da FFCL e membro da comissão do Conselho Universitário que em 1969 definiria a estrutura dos novos institutos formados com a reforma da USP.

Em fevereiro de 1969, Maria José Garcia Werebe apela diretamente ao Conselho Universitário (ofício 142/69, de 14.2.1969) para que o Setor de Orientação Educacional fosse transferido do Departamento de Educação para o nascente Instituto de Psicologia. Se os professores das diversas unidades da USP apelassem diretamente ao Conselho Universitário, manifestando divergência sobre seus próprios destinos em função da Reforma Universitária, esse Conselho não faria outra coisa além de averiguar os descontentamentos docentes. Ao pesquisar dois anos das atas do Conselho Universitário (1968 e 1969), constata-se que o caso da professora Maria José Garcia Werebe foi o único a ser analisado pelo Conselho, por solicitação explícita de Eurípedes Simões de Paula – diretor da FFCL:

> Lucio Penna de Carvalho Lima afirma que a argumentação da professora Maria José Garcia Werebe convenceu a ele, ao professor Simão Mathias e a outros membros da comissão que cuidou dos Institutos predominantemente básicos. Luiz Ferreira Martins pondera que o grupo que funciona no referido Setor se definiu pelo Instituto de Psicologia; na dúvida, fica com o grupo. Elza Salvatori Berquó concorda. O Conselheiro Eurípedes Simões de Paula [diretor da FFCL] também expende pronunciamento favorável à integração do Setor de Orientação Educacional no Instituto de Psicologia. [...] Em votação, a proposta de passagem do Setor de Orientação Educacional para o Instituto de Psicologia é aprovada por vinte e cinco votos contra três.[62]

---

62 *Atas do Conselho Universitário da USP*, 17 mar. 1969, livro 36, 639ª sessão, fls. 6-7.

A aprovação no Conselho Universitário da USP para que o setor de Orientação Educacional fosse transferido para o futuro Instituto de Psicologia contrariou os interesses do grupo de Roque Spencer Maciel de Barros para as atribuições da futura Faculdade de Educação. Interferindo nessa determinação da USP, em 2.9.1969, Newton Sucupira – membro do Conselho Federal de Educação (CFE) e colega, em 1968, de Roque Spencer Maciel de Barros no Grupo de Trabalho da Reforma Universitária – emite parecer determinando que a disciplina de "Orientação Educativa" pertence ao campo das Faculdades de Educação.

Em setembro de 1969, dias depois do parecer de Newton Sucupira (CFE) atribuir às Faculdades de Educação a área de "Orientação Educativa", deveria ser renovado o contrato de Maria José Garcia Werebe na função de professor-colaborador junto à disciplina de Orientação Educacional, ato corriqueiro até então; tanto que o Conselho Técnico Administrativo da FFCL apresentou parecer favorável à renovação. Em 30.9.1969, a professora Amélia Americano Domingues de Castro apresenta na Congregação moção contrária à renovação do contrato.

> Com a palavra a professora Amélia Americano Domingues de Castro. [...] Diz que são dois os motivos pelos quais não convém renovar o contrato da professora Maria José Garcia Werebe: 1) A crise no Colégio de Aplicação quando da proposta de revisão do regulamento. Os alunos tomaram atitudes que estarreceram a todos nós. Promoveram greves e ocuparam o próprio edifício do Colégio. A posição da professora Maria José Garcia Werebe foi favorável aos alunos e contra o Departamento de Educação. 2) Cada vez mais se exige trabalho de equipe, em nível de departamento. Entretanto, vemos um membro de departamento divergir totalmente da orientação adotada e atuar contra as suas decisões. [...] Em seguida, o professor Laerte Ramos de Carvalho faz uso da palavra para dizer que [...] o Departamento de Educação, durante a crise, declarou a professora Maria José Garcia Werebe *persona non grata*.[63]

O professor responsável pelo setor de Administração Escolar e Educação Comparada do Departamento de Educação – Carlos Corrêa Mascaro – discorda da proposta de demissão da professora Maria José Garcia Werebe.

---

63 *Atas da Congregação da FFCL-USP*, 30 set. 1969, livro 11, fls. 167-8.

Além de docente da FFCL, Carlos Corrêa Mascaro era membro do Conselho Estadual de Educação de São Paulo e diretor do Instituto Nacional de Estudos Pedagógicos – Inep.

> Com a palavra o professor Carlos Corrêa Mascaro dizendo que, a seu ver, a expressão *persona non grata* não tem fundamento legal para afastar um docente do departamento e não renovar seu contrato. Ressalva que esta opinião [de que ela fosse *persona non grata*] é do Conselho [do Departamento de Educação] e não da maioria dos professores do Departamento de Educação.[64]

Após longos debates, no dia 2.10.1969, a renovação do contrato de Maria José Garcia Werebe vai a votação na Congregação. É renovado por apenas um voto de diferença: dezessete votos a favor da renovação, dezesseis votos contra.

> O professor Laerte Ramos de Carvalho, com a palavra, para dizer que lamenta a decisão da Congregação. [...] Diz que recorrerá desta decisão.[65]

Na penúltima reunião da Congregação da FFCL é analisada a solicitação da professora Maria José Garcia Werebe de transferência para a Cadeira de Psicologia (Departamento de Psicologia Social e Experimental), onde se encontra a matéria Orientação Profissional. Com a solicitação, é apresentada manifestação do Departamento de Psicologia Social e Experimental favorável à transferência e declaração da professora Carolina Martuscelli Bora – diretora do Departamento – concordando com a contratação. O pedido é aprovado pela Congregação.[66]

No entanto, antes da votação, a professora Amélia Americano Domingues de Castro declara que a professora Maria José Garcia Werebe pode ir para a Psicologia, mas a disciplina de Orientação Profissional ficará com a Pedagogia, conforme parecer aprovado no Conselho Federal de Educação que estabeleceu Orientação Educativa como disciplina dos currículos mínimos de Pedagogia.[67] Quando uma decisão da Congregação da FFCL ou do

---

64 Ibidem, fl. 168.
65 *Atas da Congregação da FFCL-USP*, 2 out. 1969, livro 11, fl. 175.
66 *Atas da Congregação da FFCL-USP*, 26 nov. 1969, livro 11, fl. 186.
67 Ibidem, fl. 187.

próprio Conselho Universitário da USP contraria os interesses específicos do grupo de professores que tinha como um de seus membros a professora Amélia Americano Domingues de Castro e que desejava constituir a Faculdade de Educação de maneira independente da antiga FFCL, se necessário, abandona-se o pressuposto de autonomia universitária da USP e apela-se às resoluções do Conselho Federal de Educação.

Mesmo com o contrato renovado e tendo sido transferida para o Departamento de Psicologia, no final de 1969, a situação de Maria José Garcia Werebe tornou-se insustentável.

> *Maria José Garcia Werebe*: Com os inimigos que tinha no Departamento de Educação (que não tiveram escrúpulos em me denunciar ao responsável pelo inquérito policial da Faculdade), fui obrigada a deixar o país. Exilei-me, com meu esposo e duas filhas, na França. (Garcia, 2002, p.250)

É derrotada a proposta de um Centro de Orientação Profissional e Psicológica, ligado ao Instituto de Psicologia, orientar a opção curricular dos alunos do segundo para o terceiro semestre de seus cursos, após um ano de formação comum. Vence a visão do grupo ligado a Roque Spencer Maciel de Barros, de que a integração curricular deveria ser feita nos semestres finais dos cursos pela Faculdade de Educação. O texto de 1971 de Heladio Antunha (1974, p.220, grifos do autor) para sua livre-docência na recém-criada Faculdade de Educação exemplifica essa posição:

> Os institutos, ao promoverem os cursos básicos, passam a desempenhar uma *função integradora inicial* dos estudantes, isto é, antes de sua vinculação às diversas habilitações profissionais. À Faculdade de Educação, por meio de sua escola de professores, isto é, por seu curso de licenciatura que, nos últimos anos de graduação, chega a reunir milhares de alunos das diversas unidades, foi reservada uma especial tarefa de *integração terminal*: a de congregar em cursos comuns estudantes em fase final de estudos, que se destinam ao magistério secundário.

Aos perdedores, o exílio.

Seriam viáveis as propostas da Comissão Paritária da FFCL? Isto é, colegiados paritários nos departamentos e institutos; carreira docente vinculada à titulação e produção científica; ciclo básico comum a todos os alunos dos institutos que substituíssem a FFCL; orientação educacional a balizar um currículo flexível? Questionou-se Luís Carlos de Menezes – vice-relator da Comissão Paritária – sobre esta hipótese.

Luís Carlos de Menezes: Uma coisa era acreditar na funcionalidade, na viabilidade; aí sim, havia uma convicção clara. O que não havia em muitos de nós era qualquer convicção de que nós conseguiríamos implantar esta proposta.[68]

O relatório final da Comissão Paritária foi apresentado à Congregação da FFCL em setembro de 1968. A Congregação não discutiu as propostas contidas nesse relatório. Erwin Rosenthal – diretor da FFCL – enviou o relatório ao Conselho Universitário da USP.

Erwin Theodor Rosenthal: [...] Não foi o mesmo ainda apreciado pela Congregação desta Faculdade, motivo pelo qual, limito-me a encaminhá-lo tal como se encontra.

Tão logo a Congregação se manifeste a respeito, deverá ser enviada a posição oficial desta Faculdade que, repito, não está consubstanciada no presente documento.[69]

Erwin Rosenthal usou cinco das quatorze linhas do ofício que acompanhou a proposta da Comissão Paritária da FFCL para afirmar duas vezes que tal documento não refletia a posição da Congregação da Faculdade. Esta nunca se manifestou sobre as propostas da Comissão. O Conselho Universitário da USP não analisou especificamente o relatório da Comissão Paritária da FFCL. Mesmo assim, várias de suas ideias foram debatidas pelo Conselho.

Luís Carlos de Menezes: É porque alguns dos membros da Comissão Paritária [da FFCL] tinham influência sobre alguns presentes no Conselho Universitário.[70]

---

68 Entrevista gravada com Luís Carlos de Menezes em 21 fev. 2006.
69 V.3 do Processo RUSP 29.714/66, p.734.
70 Entrevista gravada com Luís Carlos de Menezes em 21 fev. 2006.

Em julho de 1968, realiza-se na USP a 20ª Reunião Anual da Sociedade Brasileira para o Progresso da Ciência – SBPC. Durante esse evento, à mesa redonda sobre a Reforma Universitária compareceram os principais representantes da USP e de outras universidades brasileiras. Esse encontro mostra a enorme variedade de possíveis propostas para a reformulação do ensino superior brasileiro. Na reunião da SBPC, ficou claro que a reforma da USP demandaria um longo esforço para chegar a um denominador comum.[71]

No segundo semestre de 1968, a primeira proposta polêmica no Conselho Universitário será a possibilidade de convocação da Assembleia Universitária; ou que as comissões paritárias das diversas unidades se reunissem para cuidar da reestruturação da USP como uma Assembleia Universitária. Essa possibilidade constava dos Estatutos da USP:

> Art. 149 – A Assembleia Universitária é a reunião de todo o corpo docente da Universidade. A Assembleia Universitária reunir-se-á [...] quando especificamente convocada pelo reitor.[72]

No início dos trabalhos do Conselho Universitário para a reestruturação da USP, em 2.9.1968, alguns conselheiros[73] solicitam que o reitor convoque a Assembleia Universitária:

> O Conselheiro [e diretor da FAU] Ariosto Mila diz que a FAU, examinando o problema [da reforma da USP], sugeriu, no fórum aprovado pela Congregação, a instalação da Assembleia Universitária para tratar do assunto. O Conselheiro Rubens Lima Pereira informa que o fórum da Escola de Engenharia de São Carlos recomenda que as propostas sejam enviadas à Assembleia

---

71 Para detalhes sobre os debates na 20ª Reunião Anual da SBPC, consultar a revista *Ciência e Cultura*. v.20, n.3, set. 1968 e v.20, n.4, dez. 1968.
72 "Consolidação dos Estatutos da Universidade de São Paulo: com leis, decretos e portarias promulgados até 1º de setembro de 1964". Apud Fétizon, 1986, v.3, p.65.
73 No Conselho Universitário, cada unidade da USP tinha direito a dois representantes. O diretor da unidade era membro nato do Conselho. O segundo representante era eleito pela congregação da própria unidade. Os conselheiros citados, portanto, ou são os diretores das unidades que mencionam ou foram escolhidos para representar sua congregação. Buscou-se identificar os cargos acadêmicos e administrativos dos membros da USP mencionados neste trabalho; infelizmente, muitas vezes isso não foi possível.

Universitária, na qual haveria paridade entre professores e alunos. A Conselheira Elza Salvatori Berquó entende que as Comissões Paritárias das várias Escolas poderiam reunir-se para cuidar da reestruturação, como em uma Assembleia Universitária.

O Conselheiro Victor Froilano Bachmann de Mello, apoiando a tese da Assembleia Universitária, sugere que, em primeiro lugar, o assunto seja muito bem estudado e, depois, divulgado.

O Conselheiro Luiz Ferreira Martins diz ter verificado que a preocupação é de se saber que órgão discutirá a reestruturação, parecendo estar sendo esquecido o Conselho Universitário.[74]

Mario Guimarães Ferri reage radicalmente contra a ideia de convocação da Assembleia Universitária. Segundo o reitor, a tarefa de reestruturação da USP é do Conselho Universitário:

> O reitor esclarece que não convocará a Assembleia Universitária, a não ser que o Conselho Universitário, por 2/3 da totalidade de seus membros, resolva alterar os Estatutos [da USP], o Conselho Estadual de Educação concorde e o Governo do Estado baixe um decreto, porque cabe ao Conselho Universitário decidir sobre a reforma universitária.[75]

Fica claro que o responsável pela reforma da USP será o Conselho Universitário; no entanto, é ressalvado que os Estatutos da Universidade preveem que poderiam ser executadas alterações somente com voto de dois terços dos quarenta conselheiros. O Conselho Universitário decide se reunir duas vezes por semana até a conclusão da reforma e diminuir o *quorum* para maioria (metade mais um) dos conselheiros presentes. Isso é aprovado por mais de dois terços dos conselheiros e, posteriormente, promulgado por decreto estadual.[76]

A organização de como será discutida a reforma da USP é fornecida por proposta de Helio Lourenço de Oliveira – representante da Congregação

---

74 *Atas do Conselho Universitário da USP*, 2 set. 1968, livro 34, 602ª sessão, fls. 11-2.
75 Ibidem, fl. 12.
76 *Atas do Conselho Universitário da USP*, 9 set. 1968, livro 34, 603ª sessão, fl. 5.

da Faculdade de Medicina de Ribeirão Preto. Ele resume o Memorial para a Reestruturação da USP em cinco tópicos:

O Conselheiro Helio Lourenço de Oliveira apresenta proposta que, em seu entender, poderá servir de base para início das discussões. A apreciação de cinco itens contidos no relatório da Comissão de Reestruturação:

I – A USP adotará uma organização departamental. 1 – O Departamento será a menor unidade universitária diretamente responsável pela pesquisa e pelo ensino, congregando docentes com interesses afins, em torno de recursos comuns de trabalho. 2 – Constituindo-se como um sistema de Departamento, a Universidade não comportará cátedras, pressupondo-se um novo conceito de carreira docente.

II – Conjuntos homogêneos de Departamentos constituirão Institutos. 1 – Os Institutos serão as grandes unidades constitutivas dos *campi* da USP, e se organizarão em função de uma classificação das atividades literárias, filosóficas, científicas e tecnológicas. 2 – Nenhum Instituto se constituirá tendo em vista a formação completa de um profissional, ainda que cada um contribua, em sua área de conhecimentos, para a formação de profissionais.

III – A USP abrangerá diversos *campi*, cada um constituído por Institutos reunidos em área geográfica que permita seu inter-relacionamento para o desenvolvimento de diferentes currículos. 1 – Os diversos *campi* terão a mesma autonomia, dotando-se cada um de uma hierarquia uniforme de órgãos de decisão. 2 – Os *campi* se subordinarão a órgãos superiores da Universidade, integrados por seus representantes.

IV – Um currículo é um conjunto articulado de disciplinas, entendidas estas como unidades de ensino ou programas de estudo. 1 – Caberá aos Departamentos e Institutos fixar os respectivos elencos de disciplinas. 2 – A articulação de diferentes disciplinas, em função de objetivos definidos de graduação ou de formação universitária, caberá a uma Câmara Curricular em que todos os Institutos estarão representados. 3 – Transferência de aluno de um currículo para outro se fará com aproveitamento dos estudos já feitos.

V – Na carreira docente, o acesso a todos os degraus dependerá exclusivamente do mérito dos docentes e não da existência de vagas em qualquer dos escalões. 1 – Em qualquer degrau de carreira, no mesmo Departamento, poderá sempre existir mais de um docente. 2 – A transferência de docentes de um para outro Departamento, outro Instituto ou outros *campi*, respeitados os interesses do ensino e da pesquisa, será sempre possível, respeitando-se o nível já atingido na carreira.[77]

A sugestão de encaminhamento da discussão no Conselho Universitário para a reforma da USP formulada por Helio Lourenço de Oliveira, embora não mencione a origem, é uma adaptação resumida de tópicos da proposta da Comissão Paritária da Faculdade de Medicina de Ribeirão Preto, aprovada em votação pela Assembleia Geral Universitária dessa faculdade em 30.8.1968. Em alguns casos, como nos itens I e III, trata-se de cópia quase literal das definições propostas pela Comissão Paritária da Faculdade de Medicina de Ribeirão Preto.[78]

A estratégia de Helio Lourenço de Oliveira é apresentar o cerne da proposta da Comissão Paritária da faculdade da qual representava a Congregação sem mencionar sua procedência; como se fosse apenas sua contribuição pessoal à reforma. Tal procedimento não causaria preconceito entre os membros mais conservadores do Conselho Universitário. Funcionou. Este foi o ponto de partida consensual para a reestruturação da USP. Os pontos possivelmente polêmicos da proposta da Comissão Paritária da Faculdade de Medicina de Ribeirão Preto foram suprimidos na adaptação apresentada pelo representante da Congregação dessa faculdade.

A proposta de Helio Lourenço de Oliveira tornou-se consenso mínimo entre os conselheiros. No dia seguinte a sua apresentação, aprova-se por unanimidade a formação de dois grupos de trabalho para análise e redação na forma de estatuto de cada tópico dessa proposta. Argumentou-se que com dois grupos para cada item temático seria possível uma diversificação das análises. Ao término da discussão, seria aprovada a formulação do grupo de trabalho que atingisse maior consenso no Conselho. Os itens I e II foram agrupados para serem analisados em conjunto.[79]

---

77 Ibidem, fl. 7.
78 *Relatório final da Comissão Paritária da Faculdade de Medicina de Ribeirão Preto para a reforma da Universidade de São Paulo*, 30 ago. 1968, v.2 do Processo RUSP 29.714/66, p.472-8.
79 Os grupos de trabalho foram assim compostos: Itens I e II – 1º grupo: Erwin Theodor Rosenthal, Eduardo Moacyr Krieger, José Moura Gonçalves. 2º grupo: Maria Rosa Souza Pinheiro, Antonio Adamastor Corrêa, Eurípedes Simões de Paula. Item III – 1º grupo: Orlando Marques de Paiva, Eurípedes Malavolta, Luiz Ferreira Martins. 2º grupo: Paulo de Toledo Artigas, Rubens Lima Pereira, Martha Vannucci. Item IV – 1º grupo: Antônio

Esses grupos de trabalho consultaram as propostas das diversas Congregações, Institutos, Fóruns e Comissões Paritárias da USP.[80] Pode-se duvidar se essas propostas foram realmente levadas em conta, mas este foi o destino dado a tais contribuições. Membros de dois grupos mencionam esse procedimento, mesmo ao afirmar que eram propostas muito diversificadas:

> O Conselheiro Antonio Guimarães Ferri diz que propôs, no início, que os grupos de trabalho tabulassem as médias das manifestações das Congregações e dos Fóruns. O Conselheiro Adamastor Corrêa esclarece que o seu grupo se preocupou em ver todas as manifestações que tinha em mãos, inclusive na terminologia, esclarecendo ser impossível obter-se uma média.[81]

A reforma da Universidade de São Paulo começa efetivamente com a votação dos textos elaborados pelos grupos de trabalho. Quando possível, buscava-se redação conjunta dos dois grupos de trabalho que analisaram o mesmo tópico. A votação decisiva a inaugurar o processo de reformulação da USP ocorreu em 20.9.1968, quando da substituição do sistema de cátedras pela organização departamental da universidade. Na sessão do Conselho Universitário que extinguiu a cátedra na USP, estrategicamente, estavam ausentes e, portanto, não votaram Mario Guimarães Ferri – reitor, Alfredo Buzaid – diretor da Faculdade de Direito – e Oswaldo Fadigas Fontes Torres – diretor da Escola Politécnica. A sessão foi presidida por João Alves Meira – diretor da Faculdade de Medicina, que votou contra a extinção da cátedra. A votação foi favorável à supressão do sistema de cátedra e sua substituição pelos departamentos. Vinte e um a favor e sete contra. Em um universo de quarenta conselheiros, isso significava maioria absoluta, embora fosse necessária apenas maioria entre os presentes às votações. Os conselheiros contra a extinção da cátedra agruparam-se em torno de Antonio Adamastor Correa e Reynaldo Schwindt Furlanetto; no

---

Barros de Ulhôa Cintra, Glete de Alcântara, Helio Lourenço de Oliveira. 2° grupo: Elza Salvatori Berquó, Adolpho Ribeiro Netto, José Luiz de Almeida Nogueira Junqueira Filho. Item V – 1° grupo: Paulo Carvalho Ferreira, Lucio Penna de Carvalho Lima, José Ferreira Fernandes. 2° grupo: Achille Bassi, Antonio Guimarães Ferri, Admar Cervellini. *Atas do Conselho Universitário da USP*, 10 set. 1968, livro 34, 604ª sessão, fl. 13.

80 Veja nota 40.
81 *Atas do Conselho Universitário da USP*, 20 set. 1968, livro 34, 607ª sessão, fl. 9.

entanto, foram apenas sete. Antonio Adamastor Correa e Reynaldo Schwindt Furlanetto defendiam que:

> A Cátedra é o cerne de uma vida universitária digna, garantidora da liberdade de pensamento e da expressão de cultura, a serviço da ciência; só ela dá a responsabilidade e a autoridade necessárias ao bom desenvolvimento do ensino e da pesquisa, mantendo a unidade dentro de um setor do conhecimento humano. Consideramos a extinção da Cátedra como uma das formas de destruição da Universidade, no que ela tem de mais legítimo; que a sua desaparição concorrerá para a perda, em tempo curto, da autonomia universitária.[82]

Dos diretores das quatro tradicionais unidades da USP – Direito, Politécnica, Medicina e FFCL – somente o diretor da FFCL votou pelo fim da cátedra. O reitor, neutro, não compareceu. Provavelmente, entre o corpo docente do Direito, da Politécnica e da Medicina, a ideia de extinção das cátedras não fosse consensual.

Nesse mesmo dia, apresenta-se a divisão conceitual que acompanhará todo o processo de reformulação da USP. Quando da definição de instituto, Antonio Adamastor Corrêa defende que apenas a FFCL seja alvo de constituição em forma de institutos, pois sua finalidade é a de estudos básicos nas diversas áreas de conhecimento humano. Assim, as faculdades e escolas de formação profissional deveriam ter sua estrutura preservada. O Memorial para Reestruturação da USP evitou essa divisão entre unidades de ensino básico e unidades de formação profissional. Porém, no Conselho Universitário essa diferenciação permanece presente. Tenta-se transformar todas as unidades da USP em institutos; no entanto, mesmo após votações majoritárias que estabelecem homogeneidade para as diversas unidades, a divisão entre ensino básico e formação profissional retorna continuamente. A votação para que todas as unidades da USP fossem transformadas em institutos vence por 21 votos contra nove.[83] Na sessão seguinte, Oswaldo Fadigas Fontes Torres – diretor da Escola Politécnica – argumenta que nada impediria que um instituto fosse chamado de faculdade ou escola. Em nome da Escola Politécnica, ele afirma que não aceita que sua denominação

---

82 Ibidem, fl. 5.
83 Ibidem, fls. 7-11.

tenha sido eliminada pelo Conselho Universitário. Ninguém contesta essa posição. O que fora votado por maioria absoluta do Conselho perde validade frente à manifestação do diretor da Escola Politécnica.[84]

Em 3.10.1968 ocorre a destruição da sede da FFCL, na Rua Maria Antônia. Manifesto da Congregação da FFCL descreve o acontecimento:

> A Congregação da Faculdade de Filosofia, Ciências e Letras da Universidade de São Paulo e os docentes da mesma Faculdade vêm a público denunciar e protestar com energia contra a agressão inominável de que foram alvo os dois prédios da rua Maria Antônia, por parte de estudantes da Universidade Mackenzie e quem sabe outros elementos solidamente entrincheirados no edifício fronteiriço. Trata-se sem dúvida de ato longamente premeditado e cuidadosamente preparado, com emprego maciço de explosivos, bombas e gás, tiros de revólver, rajadas de metralhadora e pedras. A este propósito, é estranhável que estudantes tenham podido acumular semelhante aparato bélico, usado de modo sistemático, parecendo envolver medidas de logística militar. Igualmente estranhável foi a complacência visível da polícia, que desde as primeiras horas da manhã se encontrava no terreno da Universidade Mackenzie em atitude de guarda, ao lado dos agressores, assim permanecendo durante o tempo que durou a agressão, do mesmo modo que outros contingentes que vieram postar-se nas ruas próximas. Não é possível ainda calcular os danos causados, sendo certos a morte de um estudante secundarista e ferimento em vários alunos nossos, atingidos por balas, bombas, pedras e ácidos, quando revidavam na medida de suas pequenas possibilidades de defesa. A opinião pública poderá formar uma ideia do verdadeiro arsenal utilizado, bem como da violência e intensidade do ataque, se souber que o mesmo durou de modo quase ininterrupto das onze às vinte e uma horas; e mesmo quando, pela altura das dezenove horas, nossos alunos abandonaram os prédios e estes ficaram vazios, continuou o arremesso de bombas, com o intuito visível de fazê-los arder. Manifestaram-se, aliás, diversos começos de incêndio, felizmente extintos graças à bravura e abnegação do pequeno contingente de bombeiros que acabaram, eles próprios, vítimas de agressão. Nessa primeira manifestação pública, os abaixo assinados querem protestar contra a referida passividade da força policial que, montando guarda,

---

84 *Atas do Conselho Universitário da USP*, 23 set. 1968, livro 34, 608ª sessão, fl. 9.

garantiu de certo modo a ação dos autores de uma das agressões mais brutais de que se há notícia na história da cidade.[85]

Em função da destruição da sede da FFCL, Mario Guimarães Ferri – reitor em exercício da USP e diretor licenciado da FFCL – renuncia à direção da FFCL e, como consequência, deixa de exercer a reitoria da universidade. Anos depois do episódio, o governador de São Paulo em 1968 – Abreu Sodré – e Mario Guimarães Ferri revelaram detalhes de suas atitudes frente à destruição da sede da FFCL:

> Durante os distúrbios estudantis de 1968, o então governador de São Paulo, Abreu Sodré, atende a um chamado telefônico de Brasília. Do outro lado da linha, o Ministro da Justiça [e reitor licenciado da USP], Gama e Silva, antes de cumprimentá-lo, se identifica:
> "Aqui quem fala é o Ministro da Justiça, Luís Antônio da Gama e Silva."
> Sodré responde:
> "Aqui é o Governador de São Paulo, Roberto Costa de Abreu Sodré."
> O diálogo continua:
> *Ministro*: "– O Governador tem prazo até às 17 horas de hoje para tomar a Faculdade de Filosofia aconteça o que acontecer. Se, até lá, o senhor não tiver cumprido a ordem, forças federais o farão."
> *Sodré*: "– Vá para o inferno. Enquanto eu for Governador, quem manda em São Paulo sou eu."
> Dias depois, Sodré encontrou-se com o então presidente, Costa e Silva, que visitava o Estado, e relatou-lhe o acontecimento. Acabou sendo elogiado pelo marechal por defender sua autoridade de governador. Esse diálogo foi reproduzido pelo próprio ex-governador durante conversa informal que manteve com jornalistas em sua residência, durante coquetel que ofereceu anteontem ao embaixador Roberto Campos.[86]

Poucos dias depois, uma carta de Mário Guimarães Ferri é publicada no mesmo jornal:

---

85 *Atas da Congregação da FFCL-USP*, 4 out. 1968, livro 10, fl. 59.
86 *O Estado de S. Paulo*. São Paulo, 25 mar. 1977, apud Adusp, 1979, p.35.

Li em *O Estado de S. Paulo* de 25/03/1977 a notícia: "Sodré revela um episódio de 1968." Não me cabe tecer comentários a respeito do diálogo entre o ex-governador e o ex-ministro da Justiça, mesmo porque dele não fui testemunha e só tomei conhecimento agora. Cabe-me, entretanto, adicionar alguns fatos não revelados pelo ex-governador. Ao chegar em casa, vindo do médico, na tarde de 3 de outubro de 1968, encontrei um funcionário do gabinete do reitor que me informou desejar o governador Sodré falar urgentemente comigo, que, na ocasião, estava em exercício da Reitoria da Universidade de São Paulo. Pedi a esse funcionário que ligasse para o Palácio dos Bandeirantes. Entre o ex-governador e o ex-reitor em exercício travou-se, então, o diálogo abaixo, que reproduzo fielmente quanto ao conteúdo; evidentemente não posso reproduzir fielmente as palavras, dado o tempo decorrido.

Ex-reitor: "– Fui informado de que o senhor governador deseja falar comigo e que já me telefonou várias vezes. Só agora recebi o recado, pois acabo de chegar do médico."

Ex-governador: "– É verdade; preciso que o senhor me mande um ofício solicitando a evacuação da Faculdade de Filosofia, pois os estudantes lá se acham abrigados e em guerra com os do Mackenzie."

Ex-reitor: "– Senhor governador, peço-lhe que me desculpe, mas não vou mandar ofício nesse sentido; a rua Maria Antônia está bloqueada há muito tempo e o Governador poderia ter tomado providências sem precisar ingressar num prédio da Universidade. Agora que os estudantes se abrigaram na Faculdade de Filosofia, pede-me o senhor para lhe oficiar no sentido de evacuar essa Faculdade. Se eu fizer isso, a polícia irá lá por sua ordem, os estudantes não a receberão pacificamente, poderá haver até mortes e o senhor governador exibirá à imprensa meu ofício, lavando as mãos. Toda a culpa recairá sobre mim. Pelos motivos expostos, não lhe mandarei tal ofício."

Ex-governador: "– Mas o senhor não compreende que se eu não resolver a questão em curto prazo, poderá haver intervenção em São Paulo?"

Ex-reitor: "– Esse problema não é meu."

A essa altura o diálogo foi interrompido porque o ex-governador cortou bruscamente a ligação. Encontrava-me, na época, muito doente e via-me, a partir daquele momento, incompatibilizado com o Governador. Percebi que não teria condições de continuar no exercício da reitoria, sem causar prejuízo à Universidade. Decidi pedir demissão da diretoria da Faculdade de Filosofia. Com isso deixaria de pertencer ao Conselho Universitário, e cessaria meu mandato de vice-reitor, sem precisar pedir dispensa dessa função ao governador, a quem não queria mais dirigir-me. Isso foi de fato o que aconteceu, tomando o Conselho Universitário conhecimento de meu pedido de demissão em caráter irrevogável, em sessão de 8 de outubro. No momento em que o ex-governador revela ao público parte de um episódio de 1968, julgo não ter o direito de ocultar desse mesmo público a outra parte que ele não revelou e da qual conhecimento total e direto só nós dois tínhamos. Conhecimento parcial ou total, mas indireto, outras pessoas poderiam ter, seja por divulgação feita por ele, seja por mim.[87]

Nos prédios da Rua Maria Antônia, além da Biblioteca Central, funcionavam os cursos de Filosofia, Letras, Didática e Ciências Sociais. Estes cursos são transferidos emergencialmente para o *campus* da Cidade Universitária. Vizinha à FFCL, a Faculdade de Ciências Econômicas e Administrativas [atual FEA], na Rua Dr. Vila Nova, também transfere seus cursos para a Cidade Universitária.

Uma semana depois da destruição da sede da FFCL na Rua Maria Antonia, dois acontecimentos ocorridos no mesmo dia sinalizam os rumos futuros de parte dos integrantes do movimento estudantil. Em 12 de outubro de 1968, são presos os principais dirigentes da UNE:

A detenção de 720 estudantes numa fazenda perto de Ibiúna [SP], efetuada ontem pela manhã, desarticulou a cúpula da ex-UNE, e lançou um início de pânico no setor estudantil de esquerda. Estão detidos, entre outros, Wladimir Palmeira, José Dirceu, Luís Travassos, Antonio Ribas, Edson Soares, Paulo Sgeller e Matta Machado, tendo-se como certa a prisão de todos os presidentes das UEEs e representantes eleitos nos diferentes estados da federação.[88]

No mesmo dia da prisão dos dirigentes da UNE, é assassinado com tiros de metralhadora o aluno especial da FFCL da USP, em convênio com a American University, de Washington, e capitão do Exército dos Estados Unidos, Charles Rodney Chandler. Esse oficial norte-americano cursava disciplinas na FFCL para seu "Philosophy Doctor" nos Estados Unidos:

---

87 *O Estado de S. Paulo*. São Paulo, 29 mar. 1977, apud Adusp, ibidem, p.36-7.
88 "Presa cúpula da ex-UNE". *O Estado de S. Paulo*. São Paulo, 13 out. 1968, p.1.

O capitão Charles Rodney Chandler, do Exército dos Estados Unidos, foi ontem assassinado à queima-roupa, a tiros de metralhadora, quando se preparava para deixar sua residência no Sumaré. [...] A vítima, com trinta anos de idade, tinha combatido no Sudeste Asiático e atualmente frequentava cursos na Faculdade de Filosofia da USP. Os assassinos deixaram manifesto, acusando-o de criminoso de guerra no Vietnã.[89]

Trechos do manifesto deixado junto ao corpo de Charles Rodney Chandler exemplificam o destino de parte dos membros do movimento estudantil:

> Justiça revolucionária executa o criminoso de guerra no Vietnã Chandler e adverte a todos os seus seguidores que, mais dia menos dia, ajustarão suas contas com o tribunal revolucionário. [...] "Criar um, dois, três Vietnãs". Eis a palavra de ordem do Comandante Che Guevara. Brasil, Vietnã da América! O único caminho para a revolução no Brasil é a luta armada.[90]

Quanto à FFCL, para seu novo diretor foi nomeado Eurípedes Simões de Paula, o mais votado pela Congregação. O segundo mais votado foi o diretor do Departamento de Química, departamento frequentemente citado como protótipo dos futuros institutos, Simão Mathias. Este professor também foi um dos mais atuantes na Comissão Paritária da FFCL.[91]

Para exercer o cargo de reitor, em eleição no Conselho Universitário, Helio Lourenço de Oliveira é o mais votado (21 votos entre quarenta possíveis eleitores).[92] Primeiro da lista tríplice, é nomeado pelo governador como novo vice-reitor da USP; portanto, reitor em exercício, pois Luís Antônio da Gama e Silva permanecia licenciado. Helio Lourenço de Oliveira encontrava-se em um congresso médico em Porto Alegre (RS) quando de sua eleição. Foi o mais votado por ter fornecido a lógica de discussão da reforma da USP. Anterior a isso, outra proposta sua havia atraído simpatizantes. Em maio, Helio Lourenço de Oliveira discursara no Conselho Universitário propondo que a reforma fosse executada por etapas.

---

89 "Oficial dos EUA morto no Sumaré". *O Estado de S. Paulo*. São Paulo, 13 out. 1968, p.1.
90 Ibidem, p.26.
91 *Atas da Congregação da FFCL-USP*, 10 out. 1968, livro 10, fl. 67.
92 *Atas do Conselho Universitário da USP*, 8 out. 1968, livro 34, 613ª sessão, fl. 13.

Inicialmente, em departamentos da FFCL; o Departamento de Química é citado como referência. Depois da transformação desses departamentos de ensino básico em institutos, com a experiência daí decorrente, seria possível levar esse modelo aos outros setores da universidade.[93] Esta argumentação era atraente às tradicionais faculdades de formação profissional: Direito, Politécnica e Medicina.

Com a saída de Mario Guimarães Ferri da reitoria, a reforma da USP assume definitivamente a diferenciação entre a criação de Institutos Básicos – departamentos da FFCL – e os Institutos de Formação Profissional – as demais unidades da USP. Duas comissões são formadas para analisar a criação desses dois tipos de institutos.[94]

O que essa diferenciação implica? Os redatores do Memorial para a Reestruturação da USP temiam essa divisão; tentaram evitá-la. A proposta inicial de discussão apresentada por Helio Lourenço de Oliveira também combatia a dicotomia entre ensino de formação profissional e pesquisa básica: "Nenhum Instituto se constituirá tendo em vista a formação completa de um profissional, ainda que cada um contribua, em sua área de conhecimentos, para a formação de profissionais." O que está em jogo é a possível adaptação da Universidade de São Paulo ao modelo da Universidade de Brasília. A reforma da USP deveria conduzi-la ao aprimoramento do que se tentou na UnB. A transformação de todas as unidades da USP em institutos, de importância equivalente, possibilitaria que o aluno percorresse vários institutos em sua formação acadêmica, integrando definitivamente a universidade. Por exemplo, os estudantes de Medicina cursariam matérias básicas no Instituto de Biociências ou no de Química; os de Engenharia, nos Institutos de Física, Química e Geologia. Os alunos de Direito cursariam matérias básicas no Instituto de Filosofia ou no de História, ou, talvez, no Instituto de Comunicação, Artes e Letras.

---

93 *Atas do Conselho Universitário da USP*, 27 maio 1968, livro 33, 597ª sessão, fls. 7-8.

94 Componentes da comissão para organizar a composição dos Institutos Básicos: Simão Mathias, Oscar Sala, Antonio Candido de Mello e Souza, Arrigo Angelini, Oswaldo Porchat, Abrahão de Moraes, Paulo Emílio Vanzolini, Alberto Carvalho da Silva e Lucio Penna de Carvalho Lima. Componentes da comissão para organizar a composição dos Institutos de Formação Profissional: José Pinto Antunes, Laerte de Almeida Moraes, Elza Salvatori Berquó, Adolpho Ribeiro Netto, Reynaldo Schwindt Furlanetto, Jon Andoni Vergareche Maitrejean, Maria Rosa Souza Pinheiro e Paulo Carvalho Ferreira. *Atas do Conselho Universitário da USP*, 28 out. 1968, livro 34, 618ª sessão, fl. 4.

Os alunos de Ciências Sociais cursariam matérias no Instituto de Ciências da Saúde ou no de Geografia. Os alunos de Biologia cursariam matérias no Instituto de Ciências Veterinárias. Os alunos de História, no Instituto de Direito etc. Os diversos alunos da universidade teriam sua formação em vários institutos, e a formação profissional seria incumbência do instituto que completasse sua flexível grade curricular. Essa flexibilidade curricular seria compatível com a necessária diversificação das carreiras do ensino superior em um ambiente de rápidas transformações econômicas e sociais. Para tanto, o item décimo do Memorial para Reestruturação da USP e algumas propostas de comissões paritárias previam a criação de algo inédito mesmo na UnB: as Câmaras Curriculares; quer seja nos futuros institutos ou mesmo nos diversos *campi* da USP.[95] Como elas funcionariam? Isso deveria ser definido depois. O aluno cursaria a universidade, embora concluísse sua carreira em um instituto específico: aquele que completaria a sua formação profissional. Na década de 1930, pensava-se que isso seria possível com a FFCL; agora, com o desmembramento da FFCL, as demais unidades poderiam tentar novamente integrar a Universidade, terminando com o conglomerado de escolas superiores e faculdades concorrentes. Ao contrário da UnB, onde a pesquisa seria concentrada nos Institutos Centrais, e o ensino, nas faculdades de formação profissional, os reformadores da USP pretendiam que a equiparação de todas suas unidades na forma de institutos não diferenciasse as atividades de ensino e de pesquisa. A equivalência de seus institutos deveria proporcionar ao aluno o livre trânsito entre suas diversas unidades, como em 1936 previa o artigo 14 do projeto de reorganização da USP, mencionado no primeiro capítulo deste livro. Tratava-se de algo mais radical do que a proposta estruturada pela UnB. As Câmaras Curriculares comporiam algo inédito na estruturação institucional da USP; seriam fundamentais para a flexibilidade curricular então almejada. Em novembro de 1968, essa possibilidade começa a naufragar.

Ao radicalizar a distinção entre Instituto Básico – destinado à pesquisa – e Instituto de Formação Profissional – incumbido de formar completamente um profissional – e ainda preservando a estrutura intacta da maioria das unidades da USP, até com seu nome tradicional, os diretores da Faculdade

---

95 Veja, por exemplo, *Relatório final da Comissão Paritária da Faculdade de Medicina de Ribeirão Preto*, 30 ago. 1968, p.8. Processo RUSP 29.714/66, v.2, fl. 475.

de Direito, da Escola Politécnica, da Faculdade de Medicina e outros membros do Conselho Universitário estavam descartando aprofundar o modelo tentado na UnB. A reforma da mais importante universidade brasileira iria se resumir na substituição das cátedras pelos departamentos e no desmembramento da FFCL em Institutos Básicos.

O dia decisivo para a derrocada de uma reforma mais ampla na USP foi 5.11.1968, um dia antes de o Congresso Nacional votar o que viria a ser a Lei n.5.540/68. A sessão do Conselho Universitário principia com um pedido de revisão na criação dos institutos por parte de Antonio Guimarães Ferri – diretor da Escola de Comunicações Culturais [atual ECA] – e Eurípedes Simões de Paula – diretor da FFCL. Esses dois diretores haviam acertado previamente a passagem dos cursos de Letras da FFCL para o futuro Instituto de Comunicações, Artes e Letras. No entanto, com a disposição presente dos demais conselheiros, os dois diretores recuam dessa proposta.

Na mesma sessão, Lucio Penna de Carvalho Lima apresenta a polêmica proposta de fusão das unidades predominantemente profissionalizantes do *campus* de São Paulo em apenas cinco institutos:

I – Instituto de Direito, Economia e Administração.
II – Instituto de Engenharia e Tecnologia.
III – Instituto de Arquitetura e Urbanismo.
IV – Instituto de Ciências da Saúde.
V – Instituto de Ciências Veterinárias.

Os conselheiros favoráveis à transformação das diversas unidades da USP, inclusive as profissionalizantes, em institutos abrandaram a proposta:

I – Instituto de Direito.
II – Instituto de Economia e Administração.
III – Instituto de Engenharia e Tecnologia.
IV – Instituto de Arquitetura e Urbanismo.
V – Instituto de Ciências da Saúde.
VI – Instituto de Odontologia.
VII – Instituto de Ciências Veterinárias.

Os conselheiros favoráveis à visão dos diretores da Faculdade de Direito, da Escola Politécnica e da Faculdade de Medicina propõem deixar tudo como antes:

> I – Faculdade de Direito.
> II – Escola Politécnica.
> III – Faculdade de Economia e Administração.
> IV – Faculdade de Arquitetura e Urbanismo.
> V – Faculdade de Medicina.
> VI – Faculdade de Odontologia.
> VII – Faculdade de Saúde Pública.
> VIII – Escola de Enfermagem.
> IX – Faculdade de Medicina Veterinária e Zootecnia.
> X – Faculdade de Ciências Farmacêuticas.

As discussões no Conselho Universitário são calorosas. As unidades da USP predominantemente profissionalizantes recusam-se à integração proposta na forma de se tornarem institutos. O consenso é de que os Institutos Básicos estão prontos para ser criados. Os Institutos de Formação Profissional, quem sabe, depois:

> O Conselheiro Antonio Barros de Ulhôa Cintra [reitor da USP de 1960 a 1963] diz estar perplexo com as discussões havidas em plenário e com a definição de certas Escolas, que consideram a sua estrutura de tal forma organizada e distinta das demais que não pode ensejar maior integração. [...] Felizmente, tem-se um ponto de vista comum em relação aos Institutos Básicos. João Alves Meira [diretor da Faculdade de Medicina] pensa que tal integração seria possível somente no futuro, quando os Institutos Básicos estiverem em funcionamento. Considera a proposta, no momento, inaplicável.[96] Adolpho Ribeiro Netto [diretor da Faculdade de Medicina Veterinária] [...] sugere a possibilidade de concentrarmos os esforços na organização dos Institutos Básicos, dando mais tempo para a organização dos Institutos Profissionais, de forma mais moderada.[97]

---

96 *Atas do Conselho Universitário da USP*, 5 nov. 1968, livro 35, 621ª sessão, fls. 9-10.
97 Ibidem, fl. 15.

O diretor da FFCL vai diretamente ao cerne da questão:

> O Conselheiro Eurípedes Simões de Paula diz que já foram feitos vários convites às Faculdades para se integrarem com a Filosofia. Mas o Conselheiro Antonio Barros de Ulhôa Cintra tem razão: ninguém quer mudar ou sair de onde está.[98]

A proposta de transformar as unidades predominantemente profissionais em sete institutos vai a votação contra a proposta de deixá-las como as dez unidades já existentes. Liderada pelos diretores da Faculdade de Direito, da Politécnica e da Medicina, a proposta de deixar como está para ver como é que fica obtém dezenove votos entre os representantes das diversas unidades. Liderada pelo reitor – Helio Lourenço de Oliveira – e pelo ex-reitor – Antonio Barros de Ulhôa Cintra –, a proposta de transformar as unidades profissionalizantes em sete institutos obtém dezessete votos. Entretanto, em qual proposta votarão os dois representantes discentes que têm assento no Conselho Universitário? Os representantes dos alunos no Conselho Universitário, nesse momento, eram José Miguel Martins Veloso – estudante de Matemática na FFCL – e Pedro Wongtschowski – estudante de Engenharia Química na Escola Politécnica. Se os dois alunos votassem a favor da reforma ampla das unidades da USP, o resultado seria de empate – dezenove a dezenove. O reitor, com poder de desempate, poderia optar pela proposta de transformação das unidades profissionais em institutos, conforme votara então, ou adiar a decisão para votação futura. No entanto, algo imprevisto ocorreu. José Miguel Martins Veloso – da FFCL – não pôde comparecer à votação. Em seu lugar, assumiu o suplente discente – Sérgio Mindlin –, estudante de Engenharia de Produção na Escola Politécnica. Os dois alunos da Escola Politécnica, representando os alunos de toda a USP, votaram em sintonia com o diretor da Escola Politécnica. O resultado da votação foi de 21 votos a favor de não mudar o estatuto da USP no que se refere às unidades profissionalizantes contra dezessete.[99] A possibilidade de a Universidade de São Paulo tentar aprimorar o modelo inicialmente introduzido na Universidade de

---

98 Ibidem, fl. 11.
99 Ibidem, fl. 18.

Brasília naufraga nessa votação. A ideia de currículos flexíveis com o intercâmbio de alunos pelos diversos institutos de peso equivalente na estrutura universitária é sepultada na USP. Essa possibilidade é definitivamente abandonada quando as unidades de formação profissional, na sequência, se recusarem a transferir suas disciplinas básicas aos respectivos institutos básicos. É o que ocorrerá, por exemplo, com a negativa de transferência por parte da Faculdade de Medicina e também da Faculdade de Medicina Veterinária de suas disciplinas básicas para o nascente Instituto de Biociências.[100] Essa recusa, no início de 1969, causará resultados semelhantes aos provocados pela negativa da Escola Politécnica em transferir suas cadeiras básicas para a FFCL em 1937, e também, naquele período, em tornar inviável o artigo 14 do projeto de reorganização da USP de 1936, que dava acesso aos alunos às cátedras e aulas diferentes do curso originalmente matriculado, como relatado no primeiro capítulo deste livro.

As polêmicas seguintes terão como pontos conflitantes a definição de departamento; assim como a composição de seus órgãos deliberativos ou consultivos e a possibilidade de representação paritária de estudantes e docentes nesses órgãos. Em novembro de 1968, a Lei de Reforma Universitária já havia sido aprovada pelo Congresso Nacional. Sua sanção presidencial era questão de dias. A lei, em seu artigo 38, estabelecia que "a representação estudantil não poderá exceder de um quinto do total de membros dos colegiados e comissões". Porém, nos embates no Conselho Universitário da USP, tenta-se interpretar a lei de maneira a possibilitar a representação paritária em colegiados consultivos, mas não deliberativos. É a maneira encontrada de continuar o debate sobre uma gestão mais democrática da universidade. Em 19.11.1968, quando da votação da organização do Departamento, além do Chefe de Departamento e do Conselho Departamental, órgão deliberativo, previa-se a existência da Assembleia do Departamento:

> Órgão consultivo e com finalidade de sugerir ao Conselho do Departamento medidas gerais do interesse do Departamento. Deverá reunir-se ordinariamente no início e no fim de cada período letivo, e extraordinariamente quando convocada pelo chefe do Departamento ou de 2/3 de seus integrantes.

---

100 *Atas do Conselho Universitário da USP*, 14 jan. 1969, livro 36, 633ª sessão, fl. 9.

Constituído pelos docentes do Departamento e representação estudantil com igual número dos docentes.[101]

O diretor da FFCL, com apoio de Elza Salvatori Berquó, Rodolfo dos Santos Mascarenhas e Eduardo Moacyr Krieger, defende a criação da Assembleia de Departamento:

> O Conselheiro Eurípedes Simões de Paula manifesta-se a favor da Assembleia do Departamento, que poderá congregar todos os professores; é democrática. Fala de reuniões desse tipo, realizadas no Departamento de História da FFCL; todos trazem seus problemas e as suas ideias e muita coisa boa é aproveitada e aplicada.[102]

Eurípedes Malavolta, diretor da Escola Superior de Agricultura "Luiz de Queiroz", apresenta emenda supressiva propondo a eliminação pura e simples desse item, pois todos estariam representados no Conselho de Departamento. O reitor – Helio Lourenço de Oliveira – tenta manter a ideia de um órgão com representação paritária na estrutura institucional da universidade, mas não em nível departamental:

> Órgãos desse tipo podem existir, não para cuidar de problemas específicos, mas que fiquem no plano de pronunciamentos mais gerais, onde cada um dos membros deve agir como cidadão, como um universitário. Todos teriam condições, em tal órgão, de contribuir com o oferecimento de sugestões gerais para a Universidade, e, aqui, a participação dos alunos tem que ser reconhecida.[103]

O reitor afirma explicitamente que votará a favor de um órgão de representação paritária, mas em nível de Assembleia Universitária. Essa postura custará caro a Helio Lourenço de Oliveira. Por dezenove contra onze votos, é suprimida a criação da Assembleia de Departamento. Quanto à organização dos institutos, a administração seria incumbência do diretor e do Conselho do Instituto, composto por todos os chefes de departamentos

---

101 *Atas do Conselho Universitário da USP*, 19 nov. 1968, livro 35, 622ª sessão, fl. 3.
102 Ibidem.
103 Ibidem, fl. 5.

e representantes docentes e discentes. Na organização dos departamentos e dos institutos, as redações estatutárias aprovadas pelo Conselho Universitário não destoam do que fora proposto por Helio Lourenço de Oliveira em setembro de 1968, quando se formou o consenso mínimo para a reforma da USP.

Em 2.12.1968, após a sanção da Lei n.5.540, de 28.11.1968, Pedro Wongtschowski – membro discente no Conselho Universitário – apresenta proposta de que a representação estudantil nos órgãos colegiados da USP será a máxima estabelecida pela lei; isto é, representação não inferior a um quinto dos membros em qualquer órgão deliberativo da instituição. A proposta é aprovada pelo Conselho Universitário.[104]

No dia seguinte, é aprovada a criação da Assembleia Universitária:

I – Constituição – a) Representantes dos docentes de cada Departamento dos Institutos que integrem a Universidade, eleitos por seus pares. O número de representantes, igual para cada Departamento, será fixado pelo Conselho Pleno [seria o substituto do Conselho Universitário]. b) Estudantes eleitos por seus pares para completar representação igualitária à dos docentes. c) Representante dos servidores técnico-administrativos ou técnico-científicos de cada Instituto que integre a Universidade, eleito por seus pares. d) Em todas as eleições para a escolha dos respectivos representantes, junto à Assembleia Universitária, será exigido comparecimento mínimo de 2/3 dos correspondentes eleitores.

II – Função – 1) Assembleia Ordinária. a) Reunir-se-á no início do ano letivo, para elaborar relatório de conjuntura, apresentando ideias e sugerindo objetivos gerais da política universitária nos setores de ensino, pesquisa, administração e extensão de serviços à comunidade, para o correspondente ano. Tal relatório será submetido à apreciação do Conselho Pleno. b) Reunir-se-á no fim do ano letivo, para discutir o relatório do Conselho Pleno. 2) Assembleia Extraordinária. Reunir-se-á por solicitação de 2/3 de seus membros, ou a pedido do Conselho Pleno, para estudar e sugerir soluções relativas a assuntos de interesse universitário, especificados na convocação.

III – Disposições Gerais – 1) Nenhuma Assembleia se reunirá sem a presença de 1/3, no mínimo, dos membros de cada representação. 2) A Assembleia Universitária será presidida pelo reitor. 3) Os membros da Assembleia

---

104 *Atas do Conselho Universitário da USP*, 2 dez. 1968, livro 35, 626ª sessão, fl. 8.

Universitária, representantes das várias categorias, serão eleitos anualmente na forma estipulada pelo Regulamento.[105]

A aprovação no Conselho Universitário da criação da Assembleia Universitária, com caráter de representação paritária, é a última importante decisão sob a reitoria de Helio Lourenço de Oliveira, às vésperas da edição do AI-5. Era a criação do órgão de representação igualitária entre docentes e estudantes tão incisivamente reivindicado pelo movimento estudantil e por parte dos professores da USP.

Com o AI-5, a repressão será exercida esmagadoramente sobre a universidade. O primeiro ato, em 17.12.1968, será a ocupação militar do Conjunto Residencial da USP – Crusp. Em depoimento redigido por Helio Lourenço de Oliveira (1995, p.32-3), o reitor descreve sua atitude frente à ocupação militar do Crusp:

> *Helio Lourenço de Oliveira*: No quarto dia de vigência do AI-5 o conjunto residencial do *campus*, o Crusp, amanhece tomado por uma operação militar de surpresa. As vias normais de acesso à cidade universitária, bloqueadas. Por haver o motorista da reitoria tomado um caminho pouco usado, não encontro obstáculo e vejo-me no centro dos acontecimentos. Peço ao comandante da operação que sejam retirados a força militar e o bloqueio às entradas do *campus*, e sou atendido. Poucos funcionários e conselheiros haviam conseguido chegar até ali. Encarrego um secretário de comunicar-se telefonicamente com todos os membros do conselho, onde quer que pudessem ser encontrados, insistindo em nome da reitoria para que comparecessem apesar e, principalmente, em virtude mesmo da situação anormal que estava criada. Havia uma reunião programada para aquela manhã – e realizou-se (esquecida, naturalmente, a ordem-do-dia preestabelecida). Foi sessão ininterrupta, o dia todo. Quando me dirigi à sede do governo do Estado para obter esclarecimentos, passou a presidi-la o diretor da Escola Politécnica [Oswaldo Fadigas Fontes Torres]; o diretor da Faculdade de Direito [Alfredo Buzaid], que seria o primeiro substituto legal, não estava presente, nem no momento, nem no resto do dia. Aquele não era o seu lado? Dei às minhas palavras, na direção da sessão, o significado de um protesto, que teve eco em quase todos os conselheiros presentes e na unanimidade com que

---

105 *Atas do Conselho Universitário da USP*, 3 dez. 1968, livro 35, 627ª sessão, fl. 9.

se aprovou a moção que o consignava. Essa atitude em defesa da autonomia da universidade, que estava sendo arranhada naquele mesmo momento, foi um gesto subversivo?

No mesmo dia, Helio Lourenço de Oliveira dirige-se ao Palácio dos Bandeirantes, na tentativa de falar pessoalmente com o governador Abreu Sodré, mas não é recebido por ele. O reitor registrou o seguinte protesto no Conselho Universitário:

> O reitor assim se expressa: [...] Ainda que definidos os objetivos da operação militar que se executou hoje na Cidade Universitária Armando de Salles Oliveira, é evidente que o que entendemos por autonomia da Universidade foi ignorado. [...] Foi para mim contingência chocante, esta manhã, ter de dirigir-me a uma autoridade militar, no *campus* desta Universidade, para solicitar que se levantasse o bloqueio do mesmo e em particular o deste edifício central [a reitoria]. Pareceu-me então não valer a pena continuar na posição de uma autoridade universitária. [...] Sou entretanto dominado pela convicção de que devemos ser os últimos a aceitar que a autonomia da Universidade não mais exista; só assim permaneceremos em sua defesa, do que dela restar, se não dela como preferiríamos entendê-la.[106]

Esse prognóstico sombrio foi pronunciado por Helio Lourenço de Oliveira (1995, p.33-6) na última reunião do Conselho Universitário da USP do fatídico ano de 1968. Ainda no final daquele ano, o reitor descreve sua postura frente à ocupação militar de parte da universidade:

> *Helio Lourenço de Oliveira*: Nos dias que se seguiram tornou-se patente que a ocupação militar dos edifícios do Crusp se prolongaria, para a realização de um inquérito sobre as atividades que ali poderiam ter sido desenvolvidas por estudantes ou pessoas estranhas. Sem deixar de ser uma lesão, o fato não interferiria com as funções vitais da universidade – o ensino, a pesquisa, a administração e, no momento, as decisões sobre a sua reestruturação. Assim, assumi comigo mesmo uma posição de compromisso: continuar no posto, considerando o Crusp uma porção sequestrada, não integrante da universidade, enquanto ali

---

106 *Atas do Conselho Universitário da USP*, 17 dez. 1968, livro 35, 631ª sessão, fls. 3-4.

persistisse a situação anômala. Isso evitaria, por algum tempo ainda, que a universidade passasse às mãos de quem poderia abri-la toda à ocupação. [...] Nos primeiros dias da ocupação militar do Crusp, o coronel que a comandava foi à reitoria em visita protocolar. Era o mesmo que de 1964 a 1965 respondera por um dos inquéritos (IPM) feitos na Faculdade de Medicina e que terminara pela absolvição de todos os indiciados. Durante a visita falou longamente desse inquérito – não no seu conjunto, mas casuisticamente, mencionando pessoas e pequenos episódios, tudo muito presente em sua memória, numa implícita inconformação com a sentença final que o processo havia merecido. Estava acompanhado de um delegado do DEOPS, que pontilhava o relato do coronel com observações interjetivas. Ao ser dito que era frequente, em quartos de estudantes, no Crusp ou alhures, ver-se pregado na parede o retrato de Che Guevara ou o de Mao Tse-Tung, a intervenção do delegado foi para externar a surpresa que lhe causava o fato de nunca, nesses lugares, ver o retrato do duque de Caxias! Eu estava ali só para ouvir e, no fim, agradecer aquela visita de vizinho novo. Não para entreter conversa, nem também para ser irreverente. Por isso não lhe perguntei desde quando havia ele próprio entronizado em seus aposentos o retrato do patrono do exército. Que falasse Tartufo, teria toda a minha silenciosa atenção. Tartufo se intrometia em conversas protocolares, Tartufo enviava longos telegramas, Tartufo tinha voz no conselho, em suas muitas personificações Tartufo competia com Tartufo... Não paguei essa visita. Da reitoria não haveria de partir nenhum gesto interpretável como uma legitimação pela universidade da ocupação de uma parcela de seu *campus* (pela mesma razão também não compareci à exposição do material recolhido no Crusp e considerado subversivo, à qual o governador [Abreu Sodré] e alguns secretários estiveram presentes, e para a qual a reitoria também recebeu convite). Mas constou-me que o meu sucessor [Alfredo Buzaid] (com a intenção, talvez, de corrigir o meu "deslize") apressou-se em visitar o coronel em seus domínios.

O início do ano seguinte é destinado, no Conselho Universitário, à organização dos Institutos Básicos; em grande parte, fruto do desmembramento dos diversos departamentos da FFCL. Porém, discute-se também a transformação da Escola de Comunicações Culturais em Instituto de Comunicação, Artes e Letras – posteriormente divididos em dois institutos. E, algo novo, a incorporação da Escola de Educação Física à universidade. Os trabalhos devem ser acelerados, pois o Decreto-Lei 464, de 11.2.1969, estabelecia o prazo de noventa dias para que todas as universidades brasileiras apresentassem aos respectivos conselhos de educação seus estatutos adaptados às prescrições da Lei n.5.540/68.

Nos primeiros meses de 1969, a comissão de redação dos novos estatutos,[107] auxiliada pela assessoria do reitor,[108] elabora a versão a ser apresentada ao Conselho Universitário. Entregam seu trabalho aos conselheiros em 16.4.1969, para discussão final em 25.4.1969. Os 183 artigos, distribuídos em nove títulos, sintetizavam os resultados das votações no Conselho Universitário, que, para tanto, se reunia duas vezes por semana desde meados do ano anterior. Dois pontos geram discórdia. Todas as unidades da Universidade haviam sido denominadas de institutos. Os diretores da Faculdade de Direito, da Escola Politécnica e da Faculdade de Odontologia exigem e conseguem que constem os nomes originais de suas unidades. No *campus* de São Paulo, além das dez unidades profissionalizantes, que permanecem inalteradas nos novos estatutos, são criados os seguintes institutos:

> Artes e Comunicações;
> Biociências;
> Educação;
> Educação Física;
> Filosofia, História e Ciências Sociais;
> Física;
> Geociências e Astronomia [incorporando o Departamento de Geografia];
> Letras;
> Matemática, Estatística e Ciências da Computação;
> Psicologia;
> Química. (*Educação Hoje*, n.5, set./out. de 1969, p.95)[109]

---

107 Presidida por Helio Lourenço de Oliveira e composta por Antonio Adamastor Corrêa, Eduardo Moacir Krieger, Elza Salvatori Berquó, José Carlos Moreira Alves, José Francisco de Camargo e Lucio Penna de Carvalho Lima, assim como pelo estudante Pedro Wongtschowski. Atas do Conselho Universitário da USP, 25 abr. 1969, livro 37, 643ª sessão, fl. 1.
108 Cujos trabalhos foram chefiados por Fabio Prado (Fétizon, 1986, p.658).
109 Estatutos da USP elaborados na gestão do Reitor Helio Lourenço de Oliveira, 29 abr. 1969.

Além da exigência de algumas unidades profissionalizantes de que seus nomes originais fossem mantidos, o segundo ponto polêmico era a proposta de representação paritária entre docentes e estudantes na futura Assembleia Universitária. Em duas sessões seguidas, o reitor consegue manter a representação paritária. Em 25.4.1969, Telêmaco de Macedo Van Langendonck defende que a representação paritária na Assembleia Universitária era contrária ao dispositivo legal da Lei n.5.540/68 que limitava tal representação a, no máximo, um quinto dos membros dos órgãos colegiados; propõe, então, o fim da representação paritária. Em resposta, "o reitor esclarece, em referência a essa sugestão, que a Consultoria Jurídica da Reitoria está estudando este assunto".[110] Na sessão seguinte, em 29.4.1969, Eurípedes Malavolta e Luiz Ferreira Martins voltam ao tema, exigindo o fim da representação paritária. Helio Lourenço de Oliveira apresenta o Parecer n.216/69, de Raul Silva Junior – Consultor Jurídico da Reitoria:

> Informa o reitor que a Consultoria Jurídica da Reitoria afirma que "Na hipótese do artigo 58 [que assegurava a representação paritária], a representação estudantil poderá ser superior a 1/5. Ao que nos parece, isto é permitido por não constituir a Assembleia Universitária órgão colegiado".[111]

O Parecer da Consultoria Jurídica da Reitoria vai a votação no Conselho Universitário. É aprovado pela diferença de apenas um voto – treze a favor e doze contra.[112] Essa é a última participação decisiva de Helio Lourenço de Oliveira no processo de reforma da USP. À noite, depois da votação favorável à representação igualitária entre docentes e estudantes ao menos em uma única instância institucional da universidade, o reitor é informado por Fabio Prado – Chefe de Gabinete da reitoria – de que a *Voz do Brasil* anunciara sua aposentadoria compulsória por força do AI-5:

> *Fabio Prado*: Durante todo o dia corria insistentemente a notícia que seria divulgada, a qualquer momento, uma grande lista de cassados. Às dezenove horas lembrei-me de ouvir a *Voz do Brasil*. Pedi um pequeno rádio de pilha

---

110 *Atas do Conselho Universitário da USP*, 25 abr. 1969, livro 37, 643ª sessão, fl. 7.
111 *Atas do Conselho Universitário da USP*, 29 abr. 1969, livro 37, 644ª sessão, fl. 7.
112 Ibidem, fl. 11.

(o gabinete não possuía os recursos que hoje são comuns, tais como televisão, aparelho de som e outros). Apareceu um, emprestado pelo Afonso, zelador do prédio. Liguei. O locutor estava justamente lendo a lista, em ordem alfabética, de docentes da USP. Já se encontrava na altura da letra "c". E os nomes iam desfilando, um a um, na sequência trágica: "Caio Prado Júnior, Elza Berquó, Emilia Viotti da Costa, Fernando Henrique Cardoso". E, logo mais: "Helio Lourenço de Oliveira". Estava consumada a violência, a óbvia injustiça, irrecorrível, insuscetível de qualquer tipo de reconsideração, inclusive por parte do poder Judiciário, proibido pelo AI-5 – ato que, com suas lentes embaçadas e unhas ácidas, nutria-se de almas e de cérebros – de apreciar a legalidade e legitimidade de tais cassações. A realidade acabava de transpor a fronteira da expectativa.

O impacto, no gabinete da reitoria, foi angustiante. Embora houvesse suspeitas de que isso poderia ocorrer, a possibilidade, transformada em fato concreto, atingiu-nos como uma bofetada. [...] As lágrimas correram, junto com a angústia, a tristeza, a desesperança.[113]

É improvável que seja apenas coincidência a determinação de Helio Lourenço de Oliveira em preservar a ideia de representação paritária; sua aprovação pelo Conselho Universitário da USP em 29.4.1969; e a aposentadoria compulsória do reitor pelo AI-5 horas após isso ter ocorrido. Outro fator determinante para a cassação do reitor foi o telex enviado no dia anterior por Helio Lourenço de Oliveira ao ministro da Educação – Tarso Dutra – solicitando a reconsideração da aposentadoria compulsória dos professores Jayme Tiomno, Florestan Fernandes e João Batista Villanova Artigas decretada em 25.4.1969.[114]

Além de Helio Lourenço de Oliveira e dos três professores anteriormente citados, por força do AI-5, foram aposentados compulsoriamente, ou demitidos, os professores Alberto de Carvalho da Silva, Bento Prado Almeida Ferraz Junior, Caio Prado Junior, Elza Salvatori Berquó, Emília Viotti da Costa, Fernando Henrique Cardoso, Isaías Raw, Jean Claude Bernardet, Jon Andoni Vergareche Maitrejean, José Arthur Gianotti, Júlio Puddles, Luiz Hildebrando Pereira da Silva, Luiz Rey, Mário Schenberg, Octávio Ianni, Paulo Mendes da Rocha, Olga Baeta Henriques, Paula

---

113 Testemunho de Fabio Prado In: Oliveira, 1995, p.62.
114 Ibidem, p.36-7.

Beiguelman, Paulo Alpheu Monteiro Duarte, Paulo Israel Singer, Pedro Calil Padis, Reynaldo Chiaverini e Sebastião Baeta Henriques. Alguns não pertenciam aos quadros funcionais da USP (Adusp, 1979, p.38-41).

Na semana seguinte, são enviados ao Conselho Estadual de Educação os Estatutos da USP elaborados na gestão de Helio Lourenço de Oliveira. Um dos mais atuantes membros do Conselho Universitário descreveu esses estatutos:

> *Eduardo Moacir Krieger*: A reforma que acabáramos de elaborar não era "comunista" nem muito menos subversiva; procurava-se, após longos estudos e debates, adaptar na USP, com lógica e certa racionalidade, as alterações universitárias já aprovadas em leis federais: abolição da cátedra, criação de departamentos, criação de institutos básicos para evitar duplicações etc. As principais diretrizes da reforma na USP já haviam sido delineadas por um grupo de trabalho presidido pelo prof. Mario Guimarães Ferri, no Memorial Ferri, como era conhecido [o Memorial para a Reestruturação da Universidade de São Paulo]. Como as faculdades tradicionais houvessem "perdido" as áreas básicas para os institutos, era essencial o funcionamento das câmaras curriculares para estabelecer as disciplinas e coordenar a ministração dos currículos das várias profissões. Naturalmente, a nova universidade requeria que cada um dos *campi* da USP tivesse uma organização mínima semelhante àquela existente no *campus* da capital. Haveria colegiados da universidade integrando as atividades dos vários *campi*. As reações à reforma, e que colaboraram para que ocorressem as aposentadorias, incluindo-se a do vice-reitor prof. Helio Lourenço, provinham de duas fontes: os "conservadores", que não se conformavam com as alterações previstas e os "oportunistas", ansiosos para ocupar cargos e posições de mando na universidade. Estes eram os mais ativos e há fundadas suspeitas de que eram influenciados diretamente por Brasília.[115]

Fabio Prado – importante funcionário da reitoria – descreveu os acontecimentos após a cassação de Helio Lourenço de Oliveira de maneira semelhante:

> *Fabio Prado*: O Estatuto que o Helio Lourenço tentou para a USP e que chegou a ser aprovado no Conselho Universitário desagradou às autoridades

---

115 Testemunho de Eduardo Moacir Krieger In: Oliveira, 1995, p.58.

militares. Então tudo foi cozinhado no sentido de "vamos tirar o Helio Lourenço. Tirar como? Aposentando. Cassando o homem, a gente põe o Buzaid que é nosso. Aí altera este projeto".[116]

Em 07 maio 1969, o Conselho Universitário executa a eleição da lista tríplice para a escolha do novo vice-reitor, e, portanto, reitor em exercício. O mais votado é Oswaldo Fadigas Fontes Torres – diretor da Escola Politécnica. No entanto, o governador Abreu Sodré nomeia o segundo na votação: Alfredo Buzaid – diretor da Faculdade de Direito.[117]

A aposentadoria compulsória de vários professores da FFCL repercutiu de maneira grave em sua Congregação. Porém, a reação não foi consensual. Grande parte dos membros da Congregação da FFCL é favorável que se encaminhe um manifesto ao Conselho Universitário da USP em protesto pelas aposentadorias sob força do AI-5. Alguns professores são contrários.[118] O conflito eclode em 6.5.1969. Nesse dia, Carlos Benjamim de Lyra solicita que a Congregação se manifeste em relação às aposentadorias compulsórias. A reação contrária mais contundente é de Laerte Ramos de Carvalho:

> O professor Laerte Ramos de Carvalho declara que é contrário a qualquer manifestação da Congregação. [...] Estamos enfrentando atos de uma revolução e só nos cumpre acatar os atos do Governo. Caso contrário estaremos comprometendo esta Congregação.[119]

Apoiam a posição de Laerte Ramos de Carvalho os professores Manuel Nunes Dias, Erwin Theodor Rosenthal, Arrigo Leonardo Angelini, Benedito Castrucci, Júlio Garcia Morejón e Amélia Americano Domingues de Castro.

No entanto, mesmo professores moderados não se intimidam com a situação. Eduardo d'Oliveira França, por exemplo, pergunta se a Faculdade poderá silenciar face ao problema da liberdade de pensamento, e

---

116 Entrevista gravada em 29 abr. 2006 com Fabio Prado – Chefe de Gabinete dos reitores Mario Guimarães Ferri, Helio Lourenço de Oliveira e Alfredo Buzaid e, na década de 1960, diretor da Consultoria Jurídica da Reitoria da USP.
117 *Atas do Conselho Universitário da USP*, 7 maio 1969, livro 37, 645ª sessão, fl. 4.
118 Este acontecimento foi analisado anteriormente por Carlos Alberto Giannazi (1995).
119 *Atas da Congregação da FFCL-USP*, 6 maio 1969, livro 11, fl. 133.

propõe que a Congregação se manifeste. É apoiado por Carlos Alberto Barbosa, Ruy Galvão de Andrada Coelho, Sérgio Buarque de Holanda, Ernst Wolfgang Hamburger, Sérgio de Almeida Rodrigues, José Cavalcante de Souza e Paschoal Senise. Em votação, é aprovada manifestação da Congregação da FFCL a ser encaminhada ao Conselho Universitário da USP. O manifesto, entre outros assuntos, destaca a importância da liberdade de pensamento; sem essa liberdade, a Universidade seria inviável:

> A Congregação da Faculdade de Filosofia, Ciências e Letras da Universidade de São Paulo, por imperativo de ordem moral, sente-se no dever, no ensejo da aposentadoria compulsória de alguns de seus mais ilustres professores, cujo afastamento significa um grande prejuízo de valores morais e intelectuais para a Universidade, os quais gostaria de ver restituídos ao seu convívio, com o respeito que deve às autoridades constituídas e a seus atos fundados na lei, e sem que esta sua manifestação implique em qualquer opção de caráter político-ideológico, data vênia, dirige-se ao Colendo Conselho Universitário para ponderar [que] a liberdade de pensamento constitui condição essencialíssima para a fecundidade da pesquisa e a autenticidade do ensino na Universidade, bem como para toda a vida cultural de uma nação, e sem ela não há que se esperar a criação original do pensamento. [...] A situação criada priva a Universidade das condições mínimas de confiança e tranquilidade essenciais às tarefas de planejamento detalhado e implantação da reforma da Universidade. [...] [A FFCL] solicita ao Conselho Universitário um pronunciamento na defesa da liberdade de pensamento da Universidade e consequentes gestos no sentido de preservá-la dentro do processo revolucionário que é bastante enérgico para não precisar sacrificá-la para se realizar, a fim de dissipar-se a atmosfera de tensões e insegurança que vem paralisando a normalidade da vida universitária, restaurando-se as condições mínimas para a realização da grande tarefa que temos de implantação da reforma da Universidade.[120]

Não era motivo de orgulho para a Universidade de São Paulo ter como autoridade máxima da instituição o reitor licenciado e ministro da Justiça Luís Antônio da Gama e Silva – redator e signatário do AI-5 e também dos decretos de aposentadoria compulsória de professores. No entanto, o novo

---

120 Ibidem, fl. 138.

reitor em exercício – Alfredo Buzaid – estava à altura do reitor licenciado. A FFCL não estava só em seu intento de que o Conselho Universitário reagisse à escalada autoritária sobre a universidade. Porém, Alfredo Buzaid dedicou-se com tenacidade em sufocar qualquer reação da instituição. Além da FFCL, a Congregação da Faculdade de Medicina de Ribeirão Preto enviou manifesto acompanhado da assinatura de 116 docentes daquela faculdade. Dirigentes de outras unidades, como, por exemplo, Ariosto Mila – diretor da FAU – e Gofredo da Silva Telles Junior – vice-diretor da Faculdade de Direito, manifestam sua inconformidade com a situação. Em 7.5.1969, é apresentada moção, com assinatura da maioria absoluta dos membros do Conselho Universitário, para que a USP solicitasse ao governo federal o reexame da aposentadoria compulsória de Helio Lourenço de Oliveira e dos demais membros do corpo docente da universidade. Quanto a Helio Lourenço de Oliveira, a moção "manifesta seu reconhecimento pela atuação eficiente, serena e dedicada à frente da reitoria no difícil período em que se debateu a reestruturação da Universidade".[121]

Embora contasse com 21 assinaturas dos quarenta conselheiros, Alfredo Buzaid recusa-se a colocar a moção em votação, "porque implica em apreciação do poder político do Governo, a cujo respeito é insuscetível qualquer exame até mesmo pelo Poder Judiciário".[122] Isso determina um ponto final nas discussões.

Embora nunca fossem prolixas, as atas do Conselho Universitário da USP são extremamente mais sucintas no que se refere à reunião de 7.5.1969. Fabio Prado, questionado sobre isso, formulou hipótese sobre o ocorrido.

Fabio Prado: O secretário Geral da USP naquela ocasião é quem fazia as atas: o [José Geraldo] Soares de Mello. Ele era meio amigo do grupo dos militares. Talvez as atas não explicassem muito de propósito. Era melhor não contar muito. Poderia atrapalhar o sentido que os militares queriam dar. É por este motivo que as atas serão então tão sucintas.[123]

---

121 *Atas do Conselho Universitário da USP*, 7 maio 1969, livro 37, 645ª sessão, fl. 5.
122 Ibidem.
123 Entrevista gravada em 29 abr. 2006 com Fabio Prado.

No cenário obscuro da reunião do Conselho Universitário de 7.5.1969, o representante discente – José Cláudio Barriguelli – perde o controle:

> Alguns repudiam-nos [aos estudantes], outros procuram, nesta hora que lhes é amarga, um apoio. Mas para nós, tanto faz uns como outros, pois em essência nada mudaria, simplesmente trocaríamos de patrões, uns mais bondosos que outros, mas a exploração e a imposição de ideias continuaria. Nós temos hoje suficiente clareza do que ocorre, e não temos dúvidas em crer na justeza da GUILHOTINA e da NOSSA REVOLUÇÃO FRANCESA. Nós, os oprimidos por esta estrutura decrépita, triunfaremos, e vós, caros conselheiros, nada poderão fazer, pois nada impede o rolo compressor da História, vós não tendes opção. Triunfaremos.[124]

Veio o rolo compressor, mas não foi o da História. Essa manifestação sinaliza o crescente afastamento do movimento estudantil da USP em relação aos mecanismos oficiais de representação discente na configuração da nova universidade.

Em 11.8.1969, o Conselho Universitário comunica o recebimento dos três pareceres sobre os Estatutos da USP, aprovados em 23.7.1969 pelo Conselho Estadual de Educação – CEE.[125] Os três pareceres têm pontos em comum e outros específicos. Em linhas gerais, Miguel Reale e Carlos Pasquale – ambos membros do CEE – enfatizam que a pluralidade de *campi* dificulta a unidade da nova estrutura universitária. Miguel Reale e Laerte Ramos de Carvalho – como membros do CEE – cobram a falta de um plano de carreira para o departamento, sendo que sua estruturação nos estatutos

---

124 *Atas do Conselho Universitário da USP*, 7 maio 1969, livro 37, 645ª sessão, fl. 7. As palavras grifadas em letras maiúsculas constam do original; significando, provavelmente, que foram pronunciadas aos gritos. Neste período, os representantes discentes corriam sério risco ao comparecer às sessões do Conselho Universitário. Existe constante troca de titulares e suplentes dessa representação estudantil. Após essa sessão, por meses não haverá representação estudantil nas reuniões do Conselho Universitário. José Cláudio Barriguelli, aluno de Ciências Sociais na FFCL, era suplente de Paulo Campanário. Recentemente, indicado pelo PPS, José Cláudio Barriguelli foi subprefeito da Casa Verde, município de São Paulo, na gestão do prefeito José Serra.

125 Parecer n.37/69, elaborado por Miguel Reale. *Acta*, órgão oficial do Conselho Estadual de Educação de São Paulo. n.14, 1970, p.192-213. Parecer n.42/69, elaborado por Carlos Pasquale. *Acta*. n.14, 1970, p.221-34. Parecer n.43/69, elaborado por Laerte Ramos de Carvalho. *Acta*. n. 14, 1970, p.235-270.

é mínima; é necessário algo mais consistente. Miguel Reale afirma que a indefinição sobre as Câmaras Curriculares possibilitará conflito de competência com os departamentos e institutos. Carlos Pasquale destaca que a diferença de denominação para a Faculdade de Direito, Escola Politécnica e Faculdade de Odontologia não é coerente com as demais unidades da USP, designadas institutos. Carlos Pasquale deixa a entender que o Direito, a Politécnica e a Odontologia também deveriam ser institutos. Miguel Reale e Laerte Ramos de Carvalho são enfáticos ao declarar que, apenas em nome da inovação, não se deveria colocar em risco as faculdades profissionais. Segundo os dois, a integração universitária não deveria servir de pretexto para que as escolas profissionais perdessem a sua caracterização específica e, até mesmo, as suas tradicionais denominações. Somente Miguel Reale declara que é ilegal a organização paritária prevista nos Estatutos da USP, no que se refere à Assembleia Universitária.

Eurípedes Simões de Paula – diretor da FFCL – é indicado pelo reitor em exercício Alfredo Buzaid para presidir a comissão encarregada de rever os estatutos em razão dos pareceres do Conselho Estadual de Educação.[126] Beatriz Fétizon descreve o período. Segundo a autora, as aposentadorias compulsórias mudaram completamente a correlação de forças no Conselho Universitário e a dinâmica de elaboração dos Estatutos da USP. Com o peso do AI-5 a pairar acima da universidade, já expurgada de seus críticos mais lúcidos, toda a contribuição do amplo debate democrático sobre a reforma foi praticamente ignorada (Fétizon, 1986, v.2, p.659). Um trecho da carta escrita no início de 1970 por Helena Vaz, chefe de seção da administração central da USP, a Helio Lourenço de Oliveira ilustra o ambiente na USP após a destituição deste reitor. Helena Vaz lamenta não mais se ver "um gesto desinteressado, um sorriso franco, um pulso serenamente catalisador" (Oliveira, 1995 p.40). Nesse clima, há um retrocesso significativo no que os conselheiros aprovaram sob a gestão de Helio Lourenço de Oliveira.

A primeira grande mudança ocorre nos procedimentos de como fazer a reforma da USP. Até a reitoria de Helio Lourenço de Oliveira, cada decisão era votada semana a semana no Conselho universitário. Sob a reitoria de Alfredo Buzaid, uma comissão, nomeada por ele, utiliza a justificativa de que os Estatutos devem se adaptar ao recomendado pelo Conselho Estadual

---

126 *Atas da Congregação da FFCL-USP*, 12 ago. 1969, livro 11, fl. 158.

de Educação e redige, independente do Conselho Universitário, toda uma nova configuração para a Universidade, muito aquém do que os próprios conselheiros haviam democraticamente votado. Os pareceres do Conselho Estadual de Educação são usados como desculpa; eles não exigem todas as mudanças executadas. Ao término dos trabalhos da comissão, os novos estatutos são colocados para votação em bloco. Os conselheiros, em uma única sessão – 29.9.1969 –, podem apenas propor emendas ao que foi elaborado longe de sua participação. O Conselho Universitário vira coadjuvante do processo em que anteriormente era o ator principal.

Quais as principais alterações?[127] Desaparece qualquer menção aos institutos. Tudo o que, passo a passo, havia sido estabelecido de inovação para as unidades da USP é suprimido. Desde a organização dos institutos até a função de seus órgãos deliberativos. Opta-se por retornar à "administração das unidades". Repetem-se os órgãos deliberativos já existentes; isto é, as congregações. Da mesma maneira, quanto aos órgãos deliberativos centrais da própria universidade, suprime-se a criação do Conselho Pleno e dos Conselhos de *Campi*. Repete-se o Conselho Universitário. Substitui-se o Conselho Superior de Ensino pelo Conselho de Ensino, Pesquisa e Extensão de Serviços à Comunidade. Todas as unidades da USP que haviam sido denominadas de instituto retornam às suas designações originais; quer seja Faculdade ou Escola. Mesmo com uma unidade nova na universidade, o Instituto de Educação Física, opta-se por denominá-la como antes de sua incorporação à USP: Escola de Educação Física. O Instituto de Comunicação e Artes transforma-se em Escola de Comunicação e Artes. Frente a tal retrocesso, é provável que o presidente da comissão que elaborou tais mudanças – Eurípedes Simões de Paula – tenha tentado salvar algo da unidade da qual era diretor: a FFCL. Assim, é abandonada a ideia da criação de um Instituto de Letras e de que o Departamento de Geografia fosse alocado no Instituto de Geociências. Junto com essas duas áreas – Letras e Geografia –, o Instituto de Filosofia, História e Ciências Sociais transforma-se na Faculdade de Filosofia, Letras e Ciências Humanas. Além desta faculdade, dos Departamentos da FFCL são criados os Institutos de Biociências; Física; Geociências e Astronomia; Matemática e

---

127 Para a comparação, usaram-se os textos dos dois estatutos publicados na revista *Educação Hoje*, n.5, set./out. de 1969, p.93-131 e n.8, mar./abr. de 1970, p.57-90.

Estatística; Psicologia; Química e a Faculdade de Educação. Os Centros Interdepartamentais, que eram detalhados na primeira versão dos estatutos, agora são atribuição do futuro Regimento Geral. Suprime-se tudo que se referia à administração orgânica dos diversos *campi*, desde seus órgãos deliberativos ou administrativos, centralizando-se novamente sua direção na reitoria no *campus* de São Paulo. A ideia de Câmaras Curriculares a possibilitar currículos flexíveis é descartada. Sua existência é apagada dos novos estatutos. A Assembleia Universitária é desfigurada, desaparecendo a representação paritária; pode apenas ser convocada pelo reitor.

Quanto à representação discente nos órgãos colegiados da USP, a versão dos Estatutos elaborada pela comissão na gestão de Alfredo Buzaid preservara o que o Conselho Universitário havia votado anteriormente; isto é, em todos os órgãos colegiados, os alunos seriam representados em um quinto de seus membros, como possibilitava a Lei n.5.540/68. No entanto, a onda reacionária na USP estava em plena efervescência. Quando os novos estatutos vão a votação em uma única sessão do Conselho Universitário em 29.9.1969, os conselheiros podem apresentar emendas. Sobre a representação estudantil, Maria Rosa Souza Pinheiro – diretora da Escola de Enfermagem – apresenta a Emenda n.11:

> Em todos os artigos que tratam da representação estudantil, sugiro que seja conservada essa representação tal como ela é hoje, sem aumentá-la. Os representantes estudantis, com raríssimas exceções, não têm tido atuação construtiva no Conselho Universitário, ao contrário; mais de uma vez tenho ouvido, estarrecida, insultos gratuitos aos professores, numa demonstração de desrespeito inadmissível, para o qual não tem havido repressão. Por que aumentar o número desses elementos faltosos, frequentemente inertes, não raro agressivos? Os estudantes, em número de três, até hoje não conseguiram tumultuar os trabalhos do Conselho, mas dez ou mais provavelmente poderão fazê-lo. No momento há uma tampa sobre o caldeirão fervente que é o movimento estudantil, mas o que acontecerá quando o país voltar à normalidade? Uma vez instituída a proporção de 1/5 não será possível voltar atrás. Outras universidades sabiamente não têm permitido a representação máxima.[128]

---

128 *Atas do Conselho Universitário da USP*, 29 set. 1969, livro 38, 650ª sessão, anexo n.4, fl. 6.

Em votação no Conselho Universitário, a emenda de Maria Rosa Souza Pinheiro é aprovada por 22 votos a favor e dezoito contra.[129] Assim, a representação discente nos órgãos colegiados da USP fica restrita a um décimo, metade do que era permitido pela lei. Muitos conselheiros concordavam com a autora da emenda de que não havia ainda a repressão necessária ao movimento estudantil. Desejavam mais repressão.

Na sessão de 29.9.1969, o Conselho Universitário aprova os novos Estatutos da USP por 24 votos a favor e dezesseis contra.[130] Em declaração conjunta de voto, Lucio Penna de Carvalho Lima, Paulo Carvalho Ferreira, Marcello de Moura Campos, Oswaldo Fadigas Fontes Torres e Paschoal Ernesto Américo Senise definem o caráter dos novos Estatutos:

> Votamos contra [...] por discordar totalmente do critério adotado [pela Comissão] que não se limitou a adaptar o projeto elaborado anteriormente por este Colendo Conselho às sugestões do Conselho Estadual de Educação. Introduziu, aquela Comissão, modificações profundas de mérito, não contempladas no Parecer do Conselho Estadual de Educação e, muitas vezes, em total desacordo com resoluções anteriormente aprovadas pelo Conselho Universitário.[131]

Os representantes discentes complementam:

> Votamos contra [...] como protesto à nova estrutura aprovada para esta Universidade, que não é mais do que uma nova apresentação da estrutura que já

---

129 ibidem, fl. 27.
130 Votaram a favor: Alfredo Buzaid, José Pinto Antunes, José Carlos Moreira Alves, João Alves Meira, Eurípedes Simões de Paula, Antonio Adamastor Corrêa, Reynaldo Schwindt Furlanetto, Orlando Marques de Paiva, Eurípedes Malavolta, Rodolfo dos Santos Mascarenhas, Walter Engrácia de Oliveira, Flávio Fausto Manzoli, Laerte de Almeida Moraes, Ariosto Mila, Domingos Pizanelli, Rubens Lima Pereira, Achille Bassi, Paulo de Toledo Artigas, Maria Rosa Sousa Pinheiro, Antonio Guimarães Ferri, Luiz Ferreira Martins, Sidney Augusto Câmara, Luiz Gastão de Castro Lima e José Luiz da Cruz Passos. Votaram contra: Oswaldo Fadigas Fontes Torres, Marcello de Moura Campos, Paschoal Ernesto Américo Senise, Paulo Carvalho Ferreira, Lucio Penna de Carvalho Lima, Adolpho Ribeiro Netto, Admar Cervellini, José Moura Gonçalves, Jacob Renato Woiski, Glete de Alcântara, Enéas Salati, Eduardo Moacir Krieger, Wanderley Nogueira da Silva e os alunos Sérgio Mindlin, José Miguel Martins e Pedro Wongtschowski. *Atas do Conselho Universitário da USP*, 29 set. 1969, livro 38, 650ª sessão, fl. 19. Os Estatutos da USP são oficializados pelo Decreto n.52.326, de 16 dez. 1969.
131 *Atas do Conselho Universitário da USP*, 29 set. 1969, livro 38, 650ª sessão, fl. 20.

existia e que não altera os pontos fundamentais. Votamos contra porque este Estatuto representa o esboroamento das aspirações de toda a Universidade, de seu corpo docente e discente. O que é de se lamentar é que este Conselho se debate com questões inconsequentes, sem levar em conta o real interesse da Universidade.[132]

Um mês depois de ter cumprido a tarefa de aprovação dos Estatutos da USP com pouquíssimas mudanças estruturais na universidade, Alfredo Buzaid – reitor em exercício – recebe sua recompensa. Em 28.10.1969, Luís Antônio da Gama e Silva – reitor licenciado – se aposenta e Alfredo Buzaid é nomeado novo ministro da Justiça. O ciclo de escalada pessoal no governo ditatorial se repete.

Com a reforma da USP, é extinta sua FFCL. Na última sessão da Congregação da FFCL, dois professores resumem o sentimento de desencanto:

> O professor Paulo Sawaya se manifesta para dizer que assistiu à primeira aula, à primeira e à última [reuniões da] Congregação da Faculdade de Filosofia, Ciências e Letras. O seu final é melancólico, pois foi a única Faculdade que realmente desapareceu. [...] O professor Eduardo d'Oliveira França [...] [constata que] saímos da antiga estrutura sem sabermos se acertamos ou erramos. Não transportamos para a reforma nossas experiências. Tomamos por empréstimo a experiência alheia. Esta Faculdade deveria ter comandado o processo de reforma, o que infelizmente não conseguiu. Vivemos tantos anos para depois chegarmos ao provisório, o que é melancólico.[133]

Na criação da USP, a FFCL deveria dar coesão à universidade. No final da década de 1960, essa faculdade compromete até sua própria existência para que enfim a universidade supere sua forma de conglomerado de faculdades e escolas concorrentes. No entanto, a resistência das tradicionais unidades profissionalizantes, em um contexto de apogeu autoritário da ditadura militar, transforma esse sacrifício em ato inútil. É compreensível que o efeito causado em parte do corpo docente da FFCL seja o de constatar que o final da faculdade é melancólico.

---

132 Ibidem, fls. 20-1.
133 *Atas da Congregação da FFCL-USP*, 29 dez. 1969, livro 11, fl. 198.

Este capítulo foi iniciado com citações de Florestan Fernandes é apropriado lembrar esse autor novamente:

> A reforma que deveria ser realizada como um processo democrático converteu-se em uma *reforma a partir de cima*, que eliminou da USP toda fermentação espontânea e sufocou os departamentos, conselhos técnicos e congregações, afastando-os da arena política e reduzindo-os a órgãos burocráticos destituídos de vontade própria. [...] A instituição ficou impregnada de paralisia e de terror difuso. A fascistização localizada preencheu, portanto, sua função medular. Interrompeu o prolongado processo de revolução democrática interior à instituição e colocou em seu lugar controles compulsórios e mecanismos de administração e de decisão que separaram o corpo da cabeça da universidade. Por aí a universidade conglomerada atinge o seu apogeu histórico e, ao mesmo tempo, é tisnada pela marca degenerescente do conformismo negociado. [...] A história não se repete. O que passou, passou. A oportunidade perdida não pode ser refeita. (Fernandes, 1984, p.52-53 e p.65, grifos no original)

Embora a oportunidade perdida não possa ser refeita, podem-se forjar esperanças. Quando do exílio de Helio Lourenço de Oliveira, dezesseis professores de várias unidades da USP, dez deles do Conselho Universitário, lhe enviaram um poema de Carlos Drummond de Andrade:

Previsão do Tempo para o Amanhã de Cada Dia

Bom, se o ajudarmos a ser bom.
Céu claro, se nossos pensamentos forem claros.
A luz começa na boa vontade da alma e dos olhos.
Somos todos responsáveis pelo bom tempo:
compreensão, simpatia, impulso de ajudar
tornam belas as manhãs
e embalam as noites
em casa e no mundo. (Oliveira, 1995, p.40).

A reforma da Universidade de São Paulo foi um processo interrompido. Em seu início, comportava esperanças de que a mais importante universidade brasileira fosse radicalmente transformada. Não a mudança inconsequente, mas o aprimoramento da experiência inaugurada na Universidade de Brasília. Institutos integrados em uma universidade coesa. Alunos polivalentes com possibilidade de criação de carreiras novas. Frente ao desafio da diversificação econômica, currículos flexíveis. Porém, tanto em Brasília quanto em São Paulo, tal universidade provocaria uma autonomia intelectual incompatível com o autoritarismo do regime militar. A ditadura atuava como repressora de qualquer possibilidade de sociedade que não fosse a por ela definida. Como seria possível a convivência com uma universidade que provocasse reflexão criativa? Portanto, a experiência da Universidade de Brasília foi sufocada. Não era de interesse dos donos do poder que ela fosse reinventada pela Universidade de São Paulo. A liberdade de pensamento ameaçava a ditadura, sendo então extirpada da instituição universitária. O professor Eduardo d'Oliveira França, na última reunião da Congregação da FFCL, constata que tomar de empréstimo a experiência alheia pode ser desastroso. Com isto, esqueceu-se a realidade concreta das diversas unidades profissionalizantes que são anteriores à própria Universidade de São Paulo. Se na década de 1930 a FFCL não foi capaz de lhes dar integração universitária, como, em plena ditadura, desmembrada em diversos institutos, seria capaz de fazê-lo? Porém, o sacrifício da FFCL, no processo de reforma da Universidade de São Paulo, teve propósitos claros: a tentativa de sobrevivência do saber autônomo, crítico e criativo. Em pleno apogeu do autoritarismo no Brasil, convenhamos, isso era muito difícil. Ao menos tentaram.

CONSIDERAÇÕES FINAIS

Na segunda metade da década de 1980, o curso de História na Faculdade de Filosofia, Letras e Ciências Humanas da USP passou por reformulação curricular. Uma das reivindicações dos alunos foi que a disciplina de História da Arte, até então inexistente na Faculdade, pudesse ser ministrada no curso. Ainda sob a marca da reforma de 1969, a resposta foi negativa, pois tal disciplina era oferecida em outra unidade da universidade. Após um ano de trâmites burocráticos, consegui matrícula como aluno regular dessa disciplina na Faculdade de Arquitetura e Urbanismo. A recomendação inicial da burocracia era no sentido de que eu a cursasse como "ouvinte". Minha recusa causava espanto. O mesmo ocorreu quando demorei muitos meses para conseguir matrícula regular como aluno da disciplina de História do Cinema, ministrada na Escola de Comunicações e Artes. Tanto na FAU quanto na ECA era tratado como aluno exótico, que fazia questão de cursar disciplinas de outras faculdades. Essas duas disciplinas não puderam constar como créditos mínimos de meu curso, mas como disciplinas suplementares. Se no início de minha graduação o departamento em que estudava era um universo novo, no final da graduação, quando tentei alcançar o que pensava ser acessível na universidade, houve frustração. Ficou claro para mim o motivo da estrutura de um curso ser chamada de *grade* curricular. Hoje, é necessária a criação de cursos inéditos em um novo *campus* – USP Leste – para que seja cogitada maior integração entre cursos. Ainda assim, é duvidoso que alunos da USP Leste possam cursar disciplinas nas faculdades tradicionais da universidade. Se a Reforma Universitária pretendia dar coesão à universidade e possibilitar flexibilidade curricular, ela fracassou.

No caso específico da Universidade de São Paulo, o processo de reformulação da instituição foi violentamente interrompido. Os donos do poder perceberam tardiamente, mas ainda a tempo de abortá-la, as consequências profundas da Reforma Universitária que então se propunha. Reforma fracassada ou interrompida? Para qualquer resposta, é fácil simplesmente atribuir a responsabilidade do que foi feito à ditadura militar. É, porém, possível perceber que vários interesses se juntaram aos intentos dos autoritários no poder. Esses interesses levaram a que a Reforma Universitária não se efetivasse; ao menos com os propósitos auspiciosos de alguns de seus protagonistas.

Formação universitária favorecendo pensamento autônomo não era compatível com as certezas concebidas pelo grupo prepotente que dominava o poder. Os autoritários sufocaram alternativas a seu projeto de poder e de país. Neste sentido, estrangularam a Reforma Universitária no que ela continha de democratização das instituições de ensino superior. Estancaram o dinamismo institucional que a criação de carreiras novas, regidas pelas "câmaras curriculares", possibilitaria. Bloquearam a integração universitária necessária a esse projeto de uma universidade efetivamente reformada. Em uma relação de mão dupla, os ditadores agiram concretamente para se aliar a intelectuais que na universidade pudessem auxiliá-los. Parte do corpo docente de algumas faculdades de formação profissional, ou mesmo na FFCL, ao menos na USP, não de maneira homogênea, tampouco inconscientemente, simpatizava com as ações ditatoriais no bloqueio da Reforma Universitária. A dificultar a possível coesão universitária, deve-se mencionar também o interesse das áreas científicas em alcançar completa autonomia institucional dentro da universidade. A integração universitária era concebida pelas áreas científicas como delas partindo e para elas confluindo. Isso tudo sob o forte medo causado pelas ações do movimento estudantil.

Tentou-se a Reforma Universitária em um momento em que o imponderável se manifestava de maneira cotidiana. A universidade reformada poderia ter dado ordem ao imponderável; o contrário é que se efetivou. Agora entendo por que se sente um gosto ruim quando refletimos sobre nossa universidade. Quem sabe possamos em breve, com a nova reforma que se avizinha, livrarmo-nos do gosto amargo desse passado recente?

FONTES

Como fontes documentais do primeiro capítulo deste livro, foram utilizadas as publicações da década de 1930 sobre as disputas por cátedras entre as principais unidades da Universidade de São Paulo encontradas na Biblioteca Central da Escola Politécnica de São Paulo, no Arquivo Histórico da Escola Politécnica, na Biblioteca Central e também no Centro de Apoio à Pesquisa em História da Faculdade de Filosofia, Letras e Ciências Humanas da Universidade de São Paulo.

As fontes pesquisadas para a redação do segundo capítulo do livro foram os periódicos acadêmicos da década de 1960 encontrados nas bibliotecas da Faculdade de Educação e da Faculdade de Filosofia, Letras e Ciências Humanas da Universidade de São Paulo e na biblioteca da Pontifícia Universidade Católica de São Paulo. A escolha de alguns periódicos estrangeiros foi aleatória, apenas para ter noção dos temas por eles abordados. A listagem dos artigos pesquisados encontra-se no Anexo.

A fonte privilegiada para a redação do terceiro capítulo do livro foram os *Anais da Câmara dos Deputados*. Embora disponível para consulta na seção de "Publicações e Estudos" do site da Câmara dos Deputados – <http://www.camara.gov.br> –, esta fonte foi pesquisada na biblioteca da Faculdade de Filosofia, Letras e Ciências Humanas da USP, na biblioteca da Faculdade de Direito da USP e na biblioteca da Pontifícia Universidade Católica de São Paulo. Nenhuma dessas bibliotecas possui a coleção completa dos *Anais da Câmara dos Deputados*. Combinando-se as três bibliotecas é possível acompanhar os debates parlamentares na íntegra. Para os anos de 1967 e 1968, são 73 volumes. Cada volume tem aproximadamente 1.100 páginas. O índice dos volumes tem cerca de quinze páginas com letras diminutas. Para o ano de 1967 são 32 volumes. Para a convocação extraordinária da Câmara dos Deputados de 17.1.1968 a 22.2.1968 são cinco volumes – somente a biblioteca da Faculdade de Filosofia, Letras e Ciências Humanas da USP possui esses exemplares. Para o ano de 1968 – 23.2.1968 a 30.11.1968 – são 35 volumes. O último volume de 1967 e o último volume de 1968 são encontrados apenas na biblioteca da Faculdade de Direito da USP. Existe um volume que cobre parte da convocação extraordinária do Congresso Nacional entre 2 e 13 de dezembro de 1968. Esse volume, referente ao período de 2 a 9 de dezembro, pode ser pesquisado exclusivamente no Arquivo do Estado de São Paulo. Buscou-se o segundo volume, que cobre o período de 10 a 13 de dezembro, nas bibliotecas da USP – inclusive na biblioteca do Instituto de Estudos Brasileiros – IEB, nas bibliotecas da PUC-SP, na Biblioteca Mário de Andrade, na biblioteca da Câmara Municipal de São Paulo, na biblioteca da Assembleia Legislativa do Estado de São Paulo e no Arquivo do Estado de São Paulo. Em outras ocasiões, as bibliotecas do Poder Judiciário de São Paulo foram úteis; procurou-se por esse volume na biblioteca do 1º Tribunal de Alçada Cível, na biblioteca do 2º Tribunal de Alçada Cível, na biblioteca do Tribunal de Alçada Criminal e na biblioteca do Tribunal de Justiça do Estado de São Paulo. Buscou-se também esse volume na Biblioteca Nacional (RJ), no Arquivo Nacional (RJ) e diretamente na Câmara dos Deputados (DF). Nenhuma dessas instituições possui esse volume. Para o período de 10 a 13 de dezembro de 1968, pesquisou-se como fonte alternativa o *Diário do Congresso Nacional, Seção I* [Câmara dos Deputados].

No quarto capítulo do livro – sobre a reforma da Universidade de São Paulo – as fontes privilegiadas foram as atas de reunião da Congregação da Faculdade de Filosofia, Ciências e Letras da USP e as atas de reunião do Conselho Universitário da USP nos anos de 1968 e 1969.

Para situar acontecimentos decisivos do período estudado, consultou-se o jornal *O Estado de S. Paulo* dos meses de junho a dezembro de 1968 e abril de 1969. Pesquisou-se também a revista *Realidade* de janeiro de 1968 a junho de 1969.

REFERÊNCIAS BIBLIOGRÁFICAS

ADUSP. *O livro negro da USP:* o controle ideológico da universidade. 2.ed. São Paulo: Brasiliense, 1979.

ALVES, M. M. *Beabá dos MEC-Usaid.* Rio de Janeiro: Edições Gernasa, 1968.

ANTUNHA, H. C. G. *Universidade de São Paulo:* fundação e reforma. São Paulo: CRPE do Sudeste, 1974.

ASSIS, M. de. *Quincas Borba.* 17.ed. São Paulo: Ática, 2003.

AZEVEDO, F. de. *A educação pública em S. Paulo:* inquérito para "O Estado de S. Paulo", em 1926. São Paulo: Cia. Editora Nacional, 1937.

BONTEMPI JÚNIOR, B. *A cadeira de História e Filosofia da USP entre os anos 40 e 60:* um estudo das relações entre a vida acadêmica e a grande imprensa. São Paulo, 2001. Tese (doutorado) – PUC-SP.

BOSCHETTI, V. R. *A universidade brasileira do pós-64.* Piracicaba, 1993. Dissertação (mestrado) – Universidade Metodista de Piracicaba.

BRASIL. Decreto n. 19.851, de 11 abr. 1931. Estatuto das Universidades Brasileiras. Disponível em: <http://www.camara.gov.br/internet/InfDoc/novoconteudo/legislacao/republica/Leis1931vI625p/pdf37.pdf>. Acesso em: 30 set. 2007.

_____. Decreto n. 21.303, de 18 abr. 1932. Disponível em: <http://www.camara.gov.br/internet/InfDoc/novoconteudo/legislacao/republica/Leis1932vII624p/pdf15-a.p>. Acesso em: 30 set. 2007.

BUFFA, E.; NOSELLA, P. *A educação negada:* introdução ao estudo da educação brasileira contemporânea. 2.ed. São Paulo: Cortez, 1997.

CÂMARA DOS DEPUTADOS. *A Comissão de Educação e Cultura nos Estados Unidos.* Brasília: Departamento de Imprensa Nacional, 1963.

CÂMARA DOS DEPUTADOS. *Deputados brasileiros:* repertório biográfico dos membros da Câmara dos Deputados da Sexta Legislatura (1967-1971), Brasília: Câmara dos Deputados, 1968.

CAMARGO, J. O. M. de. *O "caso" da Escola Polytechnica. Acção especial para invalidar actos da administração do Estado. Razões finaes do autor pelo advogado Percival de Oliveira.* São Paulo: Empreza Graphica da Revista dos Tribunaes, 1937.

CARDOSO, I. de A. R. *A universidade da comunhão paulista.* São Paulo: Autores Associados; Cortez, 1982.

CELESTE FILHO, M. *A institucionalização do Turismo como curso universitário:* décadas de 1960 e 1970. São Paulo, 2002. Dissertação (mestrado) – PUC-SP.

──────. A Reforma Universitária e a criação das Faculdades de Educação. *Revista Brasileira de História da Educação;* São Paulo: SBHE; Autores Associados, n.7, jan./junho de 2004, p.161-88.

──────. *A Reforma Universitária e a Universidade de São Paulo década de 1960.* São paulo, 2006. Tese (doutorado) – PUC-SP.

──────. Os primórdios da Universidade de São Paulo. *Revista Brasileira de História da Educação,* São Paulo: SBHE; Autores Associados, n.19, jan./abril de 2009, p.187-204.

CHAMLIAN, H. C. *O departamento na estrutura universitária.* São Paulo, 1977. Dissertação (mestrado) – FE-USP.

CHAUI, M. de S. *Escritos sobre a universidade.* São Paulo: Unesp, 2001.

COUTINHO, M. L.; LINS, M. I. B. *Comissões Parlamentares de Inquérito:* 1946-1982. Brasília: Câmara dos Deputados, 1983.

CUNHA, L. A. *A universidade reformanda.* Rio de Janeiro: Francisco Alves, 1988.

──────. *A universidade temporã:* o ensino superior da Colônia à Era Vargas. Rio de Janeiro: Civilização Brasileira, 1980.

──────. *Qual universidade?* São Paulo: Cortez, 1989.

──────; GÓES, M. de. *O golpe na educação.* 10.ed. Rio de Janeiro: Jorge Zahar, 1999.

D'AGUIAR, H. *Ato 5:* a verdade tem duas faces. Rio de Janeiro: Razão Cultural, 1999.

ESCOLA POLITÉCNICA DE SÃO PAULO. *Um conflicto entre a Congregação da Escola Polytechnica e o Conselho Universitário da Universidade de São Paulo perante o Conselho Nacional de Educação.* São Paulo: Empreza Graphica da Revista dos Tribunaes, 1937.

FÁVERO, M. de L. de A. *A universidade brasileira:* em busca de sua identidade. Petrópolis: Vozes, 1977.

──────. Da cátedra universitária ao departamento: questões para um debate. In: SGUISSARDI, V. e SILVA JÚNIOR, J. dos R. (Orgs.). *Educação superior:* análise e perspectivas de pesquisa. São Paulo: Xamã, 2001.

──────; BRITTO, J. de M. (Orgs.). *Dicionário de educadores no Brasil.* Rio de Janeiro: MEC-Inep; UFRJ, 1999.

FERNANDES, A. M. *A construção da ciência no Brasil e a SBPC.* Brasília: Editora da UnB, 1990.

FERNANDES, F. *A universidade brasileira:* reforma ou revolução? 2.ed. São Paulo: Alfa-Omega, 1979.

_____. *A questão da USP*. São Paulo: Brasiliense, 1984.

FÉTIZON, B. A. de M. *Subsídios para o estudo da Universidade de São Paulo*. v.1-3. São Paulo, 1986. Tese (doutorado) – FE-USP.

FFCL-USP. *Anuário da Faculdade de Filosofia, Ciências e Letras:* 1934-1935. São Paulo: Empresa Gráfica da "Revista dos Tribunais", 1937.

FREITAS, S. M. de. *Reminiscências*. São Paulo: Maltese, 1993.

FUNDAÇÃO GETULIO VARGAS-CPDOC. *Dicionário histórico-biográfico brasileiro pós-1930*. Rio de Janeiro: FGV-CPDOC, 2001. CD-ROM.

GARCIA, W. E. (Org.). *Inovação educacional no Brasil*. São Paulo: Cortez-Autores Associados, 1980.

_____. (Org.). *Educadores brasileiros do século XX*. Brasília: Plano Editora, 2002.

GASPARI, E. *A ditadura envergonhada*. São Paulo: Companhia das Letras, 2002.

GERMANO, J. W. *Estado militar e educação no Brasil*. São Paulo: Cortez, 1993.

GIANNAZI, C. A. *A Faculdade de Filosofia da Universidade de São Paulo e o golpe militar de 1964:* as dificuldades para a manutenção da liberdade de cátedra antes e depois do Ato Institucional n.5. São Paulo, 1995. Dissertação (mestrado) – FE-USP.

HEY, A. P.; CATANI, A. M. A USP e a formação de quadros dirigentes. In: MOROSINI, M. C. (Org.). *A universidade no Brasil:* concepções e modelos. Brasília: Inep, 2006.

KALLIÓPI, A. A. K. *Um estudo sobre o curso de Pedagogia da Faculdade de Filosofia, Ciências e Letras da Universidade de São Paulo (1940-1969)*. Dissertação de mestrado. São Paulo: PUC-SP, 1999.

KUHN, T. S. *A estrutura das revoluções científicas*. São Paulo: Perspectiva, 2000.

LIMONGI, F. Mentores e clientelas da Universidade de São Paulo. In: MICELI, S. (Org.). *História das Ciências Sociais no Brasil*. v.1. São Paulo: Vértice, 1989.

LIRA NETO. *Castello:* a marcha para a ditadura. São Paulo: Contexto, 2004.

MARTINS, M. do C. *A história prescrita e disciplinada nos currículos escolares:* quem legitima esses saberes? Bragança Paulista: Edusf, 2002.

MARTINS FILHO, J. R. *Movimento estudantil e ditadura militar:* 1964-1968. Campinas: Papirus, 1987.

_____. (Org.). *1968 faz 30 anos*. São Paulo: Fapesp; Ufscar; Mercado de Letras, 1998.

MEIHY, J. C. S. B. *Manual de história oral*. 3.ed. São Paulo: Loyola, 2000. p.25.

MENDONÇA, A. W. A universidade no Brasil. *Revista Brasileira de Educação*, [s. l.], n.14, maio/ago. 2000.

MOROSINI, M.; SGUISSARDI, V. (Orgs.). *A educação superior em periódicos nacionais*. Vitória: Ufes, 1998.

MOROSINI, M. C. (Org.). *A universidade no Brasil:* concepções e modelos. Brasília: Inep, 2006.

NASCIMENTO, B. L. C. do. *A reforma universitária de 1968:* origem, processo e resultados de uma política para o ensino superior. Rio de Janeiro, 1991. Tese (doutorado) – UFRJ.

NICOLATO, M. A. *A caminho da Lei 5.540/68*: a participação de diferentes atores na definição da Reforma Universitária. Belo Horizonte, 1986. Dissertação (mestrado) – UFMG.

OLIVEIRA, H. L. *USP:* 1968-1969. São Paulo: Edusp, 1995.

ORSO, P. J. *Liberalismo, neoliberalismo e educação. Roque Spencer Maciel de Barros:* um ideólogo da burguesia brasileira. Campinas, 2003. Tese (doutorado) – Unicamp.

RAMOS, T. *Relatório da Comissão das Obras do Saneamento da Capital.* São Paulo: Typographia Brazil de Rothschild & Co., 1927.

RANIERI, N. (Org.). *Autonomia Universitária na USP:* 1934-1969. São Paulo: Edusp, 2005.

RIBEIRO, D. *A universidade necessária.* Rio de Janeiro: Paz e Terra, 1969.

_____. *UnB: invenção e descaminho.* Rio de Janeiro: Avenir Editora, 1978.

RIBEIRO, M. das G. M. R. *Educação superior brasileira:* reforma e diversificação institucional. Bragança Paulista: Edusf, 2002.

ROCHA, L. M. da F. *A expansão do ensino superior e o Conselho Federal de Educação.* Brasília, 1984. Dissertação (mestrado) – UnB.

ROCHA E SILVA, M.; TEIXEIRA, A. *Diálogo sobre a lógica do conhecimento.* São Paulo: Edart, 1968.

ROTHEN, J. C. *Funcionário intelectual do Estado:* um estudo de epistemologia política do Conselho Federal de Educação. Piracicaba, 2004. Tese (doutorado) – Unimep.

SANFELICE, J. L. *Movimento estudantil:* a UNE na resistência ao golpe de 64. São Paulo: Cortez, 1986.

SANTOS, M. C. L. dos. *Escola Politécnica da Universidade de São Paulo:* 1894-1984. São Paulo: Epusp, 1985.

_____. (Org.). *Maria Antônia:* uma rua na contramão. São Paulo: Nobel, 1988.

SAVIANI, D. *Política e Educação no Brasil:* o papel do Congresso Nacional na legislação do ensino. 5.ed. Campinas: Autores Associados, 2002.

SAWAYA, P. *Esboço histórico da Faculdade de Filosofia, Ciências e Letras da Universidade de São Paulo – 1934-1969.* São Paulo: FFLCH-USP, 1979.

SILVA, L. R. R. *Professor J. O. Monteiro de Camargo e o ensino de Cálculo Diferencial e Integral e de Análise na Universidade de São Paulo.* Rio Claro, 2006. Dissertação (mestrado) – Unesp.

SILVA NETO, C. P. *A construção da democracia:* síntese histórica dos grandes momentos da Câmara dos Deputados, das assembleias constituintes e do Congresso Nacional. Brasília: Câmara dos Deputados, 2003.

SGUISSARDI, V.; SILVA JÚNIOR, J. dos R. (Orgs.). *Educação superior:* análise e perspectivas de pesquisa. São Paulo: Xamã, 2001.

SOUZA, A. C. R. de. *Escola Politécnica e suas múltiplas relações com a cidade de São Paulo:* 1893-1933. São Paulo, 2006.Tese (doutorado) – PUC-SP, 2006.

STEINER, J. E.; MALNIC, G. (Orgs.). *Ensino superior:* conceito e cidadania. São Paulo: Edusp, 2006.

USP. *Estudos Avançados, n.22. 60 anos de USP:* Ciências Básicas e Humanidades. Origens e linhas de pesquisa. Perfis de mestres. São Paulo: Instituto de Estudos Avançados da USP, v.8, n.22, set./dez. de 1994.

VALLE, M. R. do. *1968:* o diálogo é a violência. Movimento estudantil e ditadura militar no Brasil. Campinas: Unicamp, 1999.

WENDEL, M. de O. *O "caso" da Escola Polytechnica de São Paulo:* discursos pronunciados pelo deputado Mariano Wendel na Assembleia Legislativa do Estado. São Paulo: [s. n.], 1935.

ANEXOS
ARTIGOS SOBRE A REFORMA UNIVERSITÁRIA PUBLICADOS EM PERIÓDICOS ACADÊMICOS NA DÉCADA DE 1960 E INÍCIO DOS ANOS 1970

Revistas brasileiras

ACADEMUS: revista trimestral de distribuição gratuita nas universidades. Pesquisou-se desde o n.1, de out./dez. 1958, ao n.38, de out./dez. 1976.

Artigos relevantes:

N.9, abr./jun. 1961 – Francisco Miro Quesada. "Universidade e ideologia". Texto transcrito da revista *Américas*, que será listada posteriormente.

N.10, jul./set. 1961 – Robert Havighurst. "Como funciona a universidade". Texto transcrito da revista *La Educación*, órgão da Divisão de Educação do Departamento de Assuntos Culturais da União Pan-Americana.

N.11, out./dez. 1961 – "Crise na educação superior". Texto transcrito da revista *Américas*, que será listada posteriormente.

N.30, jul./set. 1968 – Antônio Rubbo Muller. "A questão estudantil".

ACTA: órgão do Conselho Estadual da Educação do Estado de São Paulo. São Paulo. Pesquisou-se do n.1, de 1965, ao n.38, de jan. 1973.

Artigos relevantes:

N.8, 1968, referente Indicação de 29 out. 1965 – Paulo Ernesto Tolle. "Universidade, estabelecimento de ensino superior e FFCL na LDB".

N.12, 1970, referente Parecer n.16/68 aprovado em 23 set. 1968 – Paulo Gomes Romeo. "Modificação do Estatuto da USP".

N.14, 1970, referente Parecer n.37/69 aprovado em 23 jul. 1969 – Carlos Pasquale. "USP e Unicamp – Estatutos".

N.14, 1970, referente Parecer n.43/69 aprovado em 23 jul. 1969 – Laerte Ramos de Carvalho. "Ensino Superior e Universidade".

N.15, 1970 – composição do CEE-SP.

N.16, 1970, referente Deliberação aprovada em 24 nov.1969 – "Projeto de Estatuto da USP".

N.16, 1970, referente Parecer n.74/69 aprovado em 24 nov. 1969 – Carlos Pasquale. "Estatuto da USP".

N.19, maio/jun. 1970 – Amélia Americano Domingues de Castro. "Alterações de dispositivos do Estatuto da USP".

N.31, mar./abr. 1972 – Moacyr Vaz Guimarães. "Regimento Geral da USP".

N.36, nov. 1972 – Oswaldo Bandeira de Mello. "Representação discente no Conselho Universitário da USP".

ALFA: revista do Departamento de Letras da FFLC de Marília (SP). Marília. Pesquisou-se do n.1, mar. 1962, ao n.21, 1975.
Artigos relevantes:
N.3, mar. 1963 – "Simpósio sobre a estrutura das faculdades de filosofia". Curto comentário sobre simpósio realizado entre 13 e 15 fev. 1963. Mostra necessidade de pesquisar o que foi este encontro e suas conclusões sobre a estruturação das faculdades de Filosofia.
N.3, mar. 1963 – Ataliba T. de Castilho. "A reforma dos cursos de Letras". Estudo detalhado de 32 páginas sobre como a LDB e o CFE sobre a Reforma Universitária e os cursos de Letras.

AMÉRICA LATINA: órgão do Centro Latino-Americano de Pesquisas em Ciências Sociais. Publicada em português e em espanhol. Pesquisou-se desde o n.1, maio 1958, ao v.17, n.1, 1976. De 1958 a 1961, a revista chamava-se *Boletim do Centro Latino-Americano de Pesquisas em Ciências Sociais*.
Artigos relevantes:
Ano 10, n.3, jul./set. 1967 – vários artigos sobre educação, em função das discussões da mesa redonda sobre a Sociologia da Educação e do Desenvolvimento durante o 6º Congresso Mundial de Sociologia. Copiei o texto de Luís Scherz García. "Algunos aspectos disfuncionales de la ayuda internacional y el papel de la Universidad en el cambio social de América Latina".
Ano 13, n.1, jan./mar. 1970 – Gino Germani. "O Professor e a Cátedra".

AMÉRICAS: publicação mensal da Divisão de Relações Culturais da União Pan-Americana, Órgão Cultural da Organização dos Estados Americanos – OEA. Editada em espanhol, inglês e português em Washington D.C., EUA. Pesquisou-se desde o v.12, n.1, jan. 1960, ao v.25, n.12, dez. 1973.
Artigos relevantes:
V.13, n.1, jan. 1961 – Francisco Miro Quesada. "La universidad y la sociedad".
V.13, n.1, jan. 1961 – Robert J. Havighurst. "Como funciona la universidad". Estes dois textos foram transcritos pela revista *Academus*; servem para indicar como circulam as ideias sobre a universidade no Brasil.
V.13, n.10, out. 1961 – "Crisis en la educación superior".

V.14, n.2, fev. 1962 – Luis Alberto Sanchez. "La universidad en la América Latina: el movimiento de la reforma".

V.14, n.3, mar. 1962 – Luis Alberto Sanchez. "La universidad en la América Latina: la universidad de hoy".

V.15, n.7, jul. 1963 – Tess Mase. "Brasília crea su universidad".

V.17, n.5, maio 1965 – George Meek. "Planes para la educación".

V.25, n.8-9, ago./set. 1973 – Juan Villaverde. "Política educacional para o desenvolvimento".

ANHEMBI: ótima fonte para informações sobre a discussão referente à criação da Universidade de Brasília (UnB). Diretor: Paulo Duarte. Pesquisou-se desde jan. 1960 ao último número da revista, de nov. 1962.
Artigos relevantes:
Ano 11, n.125, abr. 1961 – Darcy Ribeiro. "A universidade de Brasília".
Ano 11, n.126, maio 1961 – Textos de Almeida Júnior e de Jayme de Abreu (CBPE) sobre a criação da UnB. "Universidade de Brasília".
Ano 11, n.127, jun. 1961 – Textos de Florestan Fernandes e de Milton da Silva Rodrigues (ambos da FFCL-USP) sobre a criação da UnB. "Universidade de Brasília".
Ano 11, n.128, jul. 1961 – Textos de Anísio Teixeira, de Jairo Ramos e de Fernando Henrique Cardoso sobre a criação da UnB. "Universidade de Brasília".
Ano 12, n.136, mar. 1962 – W. S. Jonas Speyer. "Um aspecto negligenciado do problema da Reforma Universitária".
Ano 12, n.144, nov. 1962 – A. C. Pacheco e Silva. "Reforma Universitária".

ANUÁRIO: órgão da Faculdade de Filosofia, Ciências e Letras "Sedes Sapientiae" da Pontifícia Universidade Católica de São Paulo. Pesquisou-se do n.16, 1959, ao n.25, 1968.
Não foi encontrado nada de relevante sobre a Reforma Universitária.

ANUÁRIO PAULISTA DE EDUCAÇÃO: publicação da Secretaria da Educação do Estado de São Paulo de 1968. São Paulo.
Artigo relevante:
José Carlos Garcia Durand. "Ensino Superior".

ARGUMENTO: São Paulo: Editora Paz e Terra. Pesquisou-se do n.1, out. 1973, ao n.4, último número, fev. 1974.
Artigos relevantes:
N.2, nov. 1973 – Luiz Antônio Cunha. "'O milagre brasileiro' e a política educacional".
N.3, jan. 1974 – Florestan Fernandes. "Reforma Universitária e mudança social".

ARQUIVOS MEC: publicação trimestral do Serviço de Documentação do Ministério da Educação e Cultura. Pesquisou-se do n.3, out./dez. 1965, ao último, n.22, jul./dez.

1970. Os números 1 e 2 são de 1947. Esta publicação será sucedida em 1971 pela revista *Educação*.

Artigos relevantes:

N.10, jul./set. 1967 – "Conselho Federal de Educação". Explica funções e incumbências do CFE.

N.15, out./dez. 1968 – "O Ministro Tarso Dutra debate com parlamentares os problemas da educação e do ensino".

N.16, jan./mar. 1969 – "Reforma Universitária brasileira".

N.16, jan./mar. 1969 – "Filosofia da Reforma Universitária".

N.20, jan./mar. 1970 – Discurso de posse no MEC de Jarbas Passarinho.

N.21, abr./jun. 1970 – Breve biografia de Tarso Dutra.

BOLETIM INFORMATIVO – CENTRO BRASILEIRO DE PESQUISAS EDUCACIONAIS (CBPE): pesquisou-se do n.30, jan. 1960, ao n.149, dez. 1969.

Artigos relevantes:

N.125, dez. 1967 – "II Seminário sobre assuntos universitários: implantação da nova estrutura das universidades".

N.130, maio 1968 – "Reforma Universitária: o professor Anísio Teixeira depõe perante a Câmara dos Deputados".

N.133, ago. 1968 – "Reforma Universitária: atuação do Grupo de Trabalho".

N.134, set. 1968 – "Depoimento do diretor do Inep [Carlos Correa Mascaro] na C.P.I. da Câmara dos Deputados sobre ensino superior".

N.135, out. 1968 – "Depoimento do diretor do Inep na C.P.I. da Câmara dos Deputados sobre ensino superior – conclusão".

BOLETIM INFORMATIVO USP: editado pelo Serviço de Documentação da USP. Pesquisou-se do v.2, n.1, jan. 1960, ao v.8, n.2, dez. 1966.

Não foi encontrado nada relevante sobre a Reforma Universitária.

BOLETIM DO INSTITUTO DE PESQUISAS PEDAGÓGICAS – Recife (PE): pesquisou-se do n.1, dez. 1961, ao n.4, dez. 1965.

Não foi encontrado nada relevante sobre a Reforma Universitária.

CADERNOS DE PESQUISA: publicação da Fundação Carlos Chagas – São Paulo. Pesquisou-se do n.1, jul. 1971, ao n.15, dez. 1975.

Não foi encontrado nada relevante sobre a Reforma Universitária.

CADERNOS REGIÃO E EDUCAÇÃO: publicação do Centro Regional de Pesquisas Educacionais do Recife (PE).

Pesquisou-se do n.1, jun. 1961, ao n.26, dez. 1973.

Não foi encontrado nada relevante sobre a Reforma Universitária.

CAPES: boletim informativo da Campanha Nacional de Aperfeiçoamento de Pessoal de Nível Superior. Pesquisou-se do n.86, jan. 1960, ao último número do boletim, n.232, mar. 1972.

Artigos relevantes:

N.104, jul. 1961 – "Fundação Universidade Nacional do Trabalho".

N.109, dez. 1961 – Durmeval Trigueiro Mendes. "Formação de novas elites". Texto sobre o papel da Reforma Universitária na formação das novas elites brasileiras.

N.130, set. 1963 – Durmeval Trigueiro Mendes. "Universidade e desenvolvimento".

N.135, fev. 1964 – Anísio Teixeira. "Funções da Universidade".

N.136, mar. 1964 – presidente João Goulart, trecho do discurso pronunciado em 10 de março de 1964. "Reforma Universitária".

N.141, ago. 1964 – presidente Castello Branco. "Discurso na Universidade do Ceará".

N.153, ago. 1965 – Athos da Silveira Ramos. "Universidade e desenvolvimento nacional".

N.154, set. 1965 – "Missão da universidade".

N.155, out. 1965 – Janet Lugo, do Departamento de Assuntos Educacionais da União Pan-Americana. "Os estudos gerais e a Reforma Universitária na América Latina".

N.163, jun. 1966 – Rudolf Atcon. "Estudo sobre a estrutura universitária".

N.172, mar. 1967 – Tarso Dutra, discurso de posse no MEC onde trata da Reforma Universitária. "Tarso: educação é meta prioritária".

N.176, jul. 1967 – Irmão José Otão. "Reestruturação universitária".

N.193, dez. 1968 – Maria Aparecida Pourchet Campos. "Reforma da universidade".

N.194, jan. 1969 – "Filosofia da Reforma Universitária".

N.203, out. 1969 – John S. Badeau, da Columbia University. "O papel da universidade no mundo moderno".

N.204, nov. 1969 – Entrevista com o novo ministro do MEC, Jarbas Passarinho, onde é abordada a Reforma Universitária. "Novo Ministro é contrário ao ensino sem aplicação prática".

N.212, jul. 1970 – Newton Sucupira, novo diretor do Departamento de Assuntos Universitários do MEC. "A universidade no processo de desenvolvimento do país".

N.228, nov. 1971 – Texto do Seminário dos Superdotados postulando que a formação das elites aconteça agora no sistema de pós-graduação aperfeiçoado pela Reforma Universitária. "Superdotados, pós-graduação e elite".

CIÊNCIA E CULTURA: publicação trimestral da Sociedade Brasileira para o Progresso da Ciência (SBPC). Campinas. Pesquisou-se do v.13, n.1, mar. 1961, ao v.27, n.12, dez. 1975.

Artigos relevantes:

V.15, n.1, mar. 1963 – Moacyr de Freitas Amorim. "Sobre a organização básica dos Institutos Universitários no Brasil".

V.15, n.2, jun. 1963 – Moacyr de Freitas Amorim. "Estudos sobre a organização básica dos Institutos Universitários no Brasil – conclusão".

V.15, n.4, dez. 1963 – Paulo Sawaya. "As faculdades de Filosofia em face da Lei de Diretrizes e Bases da Educação Nacional".

V.17, n.2, jun. 1965 – Anísio Teixeira. "A universidade de ontem e de hoje".

V.19, n.2, jun. 1967 – Editorial assinado por E.G.M. "A reestruturação universitária e o problema dos excedentes".

V.19, n.3, set. 1967 – Editorial assinado por M. Rocha e Silva. "A Reforma Universitária".

V.19, n.4, dez. 1967 – Mauricio Rocha e Silva. "Reforma Universitária".

V.20, n.3, set. 1968 – "Cientistas debatem a reestruturação universitária".

V.20, n.4, dez. 1968 – Editorial de M. Rocha e Silva. "Os caminhos da Reforma".

V.20, n.4, dez. 1968 – Erasmo G. Mendes. "Mesa redonda sobre reestruturação universitária".

V.20, n.4, dez. 1968 – J. Leite Lopes. "A universidade na América Latina".

V.20, n.4, dez. 1968 – Simão Mathias. "Criação de novas universidades".

V.20, n.4, dez. 1968 – Paulo Duarte. "Reforma? Mas que reforma?".

V.20, n.4, dez. 1968 – Jayme Tiomno. "Perspectivas da Física no Brasil e Reforma Universitária".

V.20, n.4, dez. 1968 – Salomão Tabak. "A Reforma Universitária e o currículo de Química".

V.20, n.4, dez. 1968 – J. Leal Prado. "A universidade brasileira: depoimento compacto-incompleto, jocoso-pessimista e semi-imaginário por alguém que está do lado de fora, apesar de militante da vida universitária há mais de trinta anos".

V.25, n.11, nov. 1973 – Heitor Gurgulino de Souza, diretor do Departamento de Assuntos Universitários do MEC. "As universidades e a formação de recursos humanos para a área de ciência e tecnologia".

CIÊNCIAS ECONÔMICAS E SOCIAIS: revista da Faculdade Municipal de Ciências Econômicas e Administrativas de Osasco (SP). Pesquisou-se desde o v.1, n.1, jul. 1966, ao v.7, n.1, jan. 1972.

Artigos relevantes:

V.3, n.2, dez. 1968 – Carlos Henrique Liberalli. "Notas sobre a divisão do ensino superior em dois ciclos".

V.3, n.2, dez. 1968 – José da Costa Boucinhas. "Reestruturação do curso de contabilidade da Faculdade de Ciências Econômicas e Administrativas da Universidade de São Paulo".

V.3, n.2, dez. 1968 – Paulo Ernesto Tolle. "Sobre a 'Reforma Universitária'".

V.5, n. 1 e 2, jan./jul. 1970 – Anexo IV: estabelecimentos de ensino superior do Estado de São Paulo.

CULTURA: publicação trimestral do MEC. Substituiu, em 1971, a revista *Arquivos MEC* e a revista *MEC*. Pesquisou-se desde o n.1, jan./mar. 1971, ao n.16, jan./mar. 1975.

Não foi encontrado nada relevante sobre a Reforma Universitária.

CURRICULUM: revista trimestral da Fundação Getulio Vargas. Rio de Janeiro. Pesquisou-se do v.1, n.1, primeiro semestre de 1962, ao v.15, n.4, out./dez. 1976. Em 1977, esta publicação será substituída pela revista *Fórum*.

Artigos relevantes:

V.15, n.1, jan./mar. 1976 – Amaury Pereira Muniz e Maria Zely de Souza Muniz. "Uma nova universidade: estrutura didática I".

V.15, n.2, abr./jun. 1976 – Amaury Pereira Muniz e Maria Zely de Souza Muniz. "Uma nova universidade: estrutura didática – conclusão".

DADOS: publicação do Instituto Universitário de Pesquisas do Rio de Janeiro (Iuperj). Rio de Janeiro. Pesquisou-se desde o n.1, segundo semestre de 1966, ao n.10, 1973.

Não foi encontrado nada relevante sobre a Reforma Universitária.

DIÁLOGO: Revista trimestral sobre temas de interesse dos Estados Unidos. Redigida pela U.S. Information Agency, Washington, D.C. Publicada no Brasil pela embaixada dos Estados Unidos. Pesquisou-se do v.1, n.3, jul./set. 1968, ao v.8, n.6, nov./dez. 1975 (em 1974, passa a ser bimestral).

Artigos relevantes:

V.2, n.2, abr./jun. 1969 – Seymour Martin Lipset. "Ativistas estudantes – um esboço".

V.2, n.2, abr./jun. 1969 – Edward Schwartz. "Que querem os estudantes – uma opinião da esquerda liberal".

V.2, n.2, abr./jun. 1969 – Arnold Steinberg. "Que querem os estudantes – uma opinião conservadora".

V.2, n.2, abr./jun. 1969 – Robert Harris. "Ativismo sem retórica".

V.2, n.2, abr./jun. 1969 – Luigi Einaudi. "Ativismo estudantil na América Latina".

V.3, n.1, jan./mar. 1970 – Stephen J. Tonsor. "O papel da educação: duas opiniões – 1. Os perigos do compromisso social".

V.3, n.1, jan./mar. 1970 – John J. Corson. "O papel da educação: duas opiniões – 2. Se não for a universidade".

V.5, n.2, abr./jun. 1972 – Adolph Lowe. "É importante a educação superior?".

V.6, n.2, abr./jun. 1973 – Ernest L. Boyer. "Quanto tempo para educação?".

V.6, n.3, jul./set. 1973 – James A. Perkins. "Cinco crises abalam as universidades do mundo".

V.6, n.3, jul./set. 1973 – Clark Kerr. "A universidade e a cidade".

V.6, n.3, jul./set. 1973 – Donald W. Light Jr. "A carreira acadêmica".

V.6, n.3, jul./set. 1973 – Seymour Martin e Everett Carll Ladd Jr. "Política estudantil: antes e depois".

V.6, n.3, jul./set. 1973 – Joseph Katz. "O mundo interior do estudante".

V.6, n.3, jul./set. 1973 – Walter P. Metzger. "Do 'curso' ao 'instituto'".

V.6, n.3, jul./set. 1973 – Risieri Frondizi. "Universidade e sociedade".

V.6, n.3, jul./set. 1973 – Charles W. Wagley. "A universidade latino-americana".

V.8, n.2, mar./abr. 1975 – Bárbara B. Burn. "A educação superior no mundo: tendências internacionais".

DOCUMENTA: órgão oficial do Conselho Federal de Educação. Rio De Janeiro: MEC. Pesquisou-se desde o n.1, de mar. 1962, ao n.170, de jan. 1975.
Artigos relevantes:

N.1, mar. 1962 – Antonio de Oliveira Brito. "Fixação dos novos currículos".

N.2, abr. 1962 – Newton Sucupira. "Inquérito sobre currículos de ensino superior".

N.3, maio 1962 – Antonio de Oliveira Brito. "Reforma Universitária".

N.3, maio 1962 – Valnir Chagas, Maurício Rocha e Silva e Newton Sucupira. "A investigação científica dos currículos normais dos Institutos de Ensino".

N.7, set. 1962 – "A Reforma Universitária está em elaboração".

N.8, out. 1962 – Valnir Chagas. "Normas sobre currículo".

N.10, dez. 1962 – "Vigência dos novos currículos".

N.12, mar. 1963 – "LDB - texto definitivo".

N.12, mar. 1963 – Almeida Júnior. "Conselhos departamentais e departamentos".

N.13, abr. 1963 – Almeida Júnior. "A obrigatoriedade das cátedras".

N.13, abr. 1963 – Maurício Rocha e Silva. "A cátedra e o ensino superior".

N.13, abr. 1963 – Valnir Chagas. "Desdobramento da Faculdade de Filosofia".

N.14, maio 1963 – Almeida Júnior. "Normas para autorização e reconhecimento de escolas superiores".

N.16, jul. 1963 – Almeida Júnior. "A obrigatoriedade das cátedras e dos concursos".

N.20, nov. 1963 – Júlia Azevedo Acioli. "Pontos básicos para a Reforma Universitária".

N.22, v.2, jan. 1964 – Seminário Universidade-Indústria.

N.23, fev./mar. 1964 – "Instituição da Comissão de Assessoramento, Documentação e Informação das Faculdades de Filosofia (Cadiff)".

N.24, abr. 1964 – "Decreto de 28.02.1964 duplicando as matrículas no primeiro ano das escolas superiores".

N.26, jun. 1964 – "Intervenção em universidades".

N.32, dez. 1964 – "Projeto de Lei sobre a LDB".

N.33, jan. 1965 – "Ata da sessão plenária de 10.12.1964 da 2ª Reunião Conjunta com os Conselhos Estaduais de Educação".

N.35, mar. 1965 – Durmeval Trigueiro. "Sobre planejamento do ensino superior".

N.38, jun. 1965 – Maurício Rocha e Silva. "Repercussões da LDB sobre a organização do ensino superior".

N.40, ago. 1965 – Maurício Rocha e Silva. "Esclarecimento de membro do CFE a editorial da *Folha de S. Paulo*".

N.40, ago. 1965 – Theobaldo Frantz. "Elaboração Científica do currículo no ensino médio".

N.44, dez. 1965 – "Estatuto do magistério superior".

N.44, dez. 1965 – Newton Sucupira. "USP - exercício profissional de estrangeiro diplomado em regime de convênio".

N.48, mar. 1966 – Rubens Maciel. "Aproveitamento de excedentes nas universidades e escolas superiores".

N.48, mar. 1966 – "Comissões de especialistas do ensino das Faculdades de Filosofia".

N.52, maio 1966 – "Normas para apreciação de regimentos".

N.57, ago. 1966 – Valnir Chagas. "Reestruturação das universidades brasileiras".

N.58, ago./set. 1966 – Durmeval Trigueiro Mendes. "Plano Decenal de Desenvolvimento Econômico e Social – Plano de Educação".

N.62, nov. 1966 – "Decreto-Lei n.53 de 18 de nov. de 1966".

N.64, dez. 1966 – "Seminário sobre Ensino Universitário – temas: Administração das Universidades; Cursos de Pós-Graduação".

N.66, fev. 1967 – "Decreto-Lei n.252 de 28 de fev. de 1967".

N.66, fev. 1967 – Raymundo Moniz de Aragão. "Instrução para o funcionamento da Equipe de Planejamento do Ensino Superior".

N.67, fev./mar. 1967 – "Currículo de alguns membros do CFE".

N.69, maio 1967 – Raymundo Moniz de Aragão. "A propósito dos convênios MEC-Usaid".

N.69, maio 1967 – "Notícias: Tarso Dutra ratificou o convênio MEC-Usaid; Membros do Grupo Permanente de Planejamento".

N.71, jun. 1967 – Durmeval Trigueiro. "Expansão do ensino superior no país".

N.71, jun. 1967 – Esther Figueiredo Ferraz e Neyda Leal da Costa. "Relatório da Comissão de Especialistas do Ensino nas Faculdades de Filosofia".

N.71, jun. 1967 – Newton Sucupira. "Normas para apreciação dos planos de reestruturação das Universidades Federais determinada pelos Decretos-Leis n.53/66 e 257/67".

N.74, jul./ago. 1967 – "Designação de membros do CFE para estudos preliminares da reestruturação das universidades brasileiras".

N.75, ago./set. 1967 – "Comissão para o estudo do sistema de acesso às Escolas Superiores".

N.75, ago./set. 1967 – "Designação dos membros das comissões de estudo da seleção de candidatos aos cursos superiores; estudo do problema da estruturação administrativa das Universidades Brasileiras; estudo da expansão de matrículas nos cursos superiores".

N.76, out. 1967 – "Designação dos organizadores da Reunião dos Reitores das Universidades".

N.77, nov. 1967 – "Designação dos assessores do II Seminário sobre Assuntos Universitários".

N.79, dez. 1967 – Valnir Chagas. "Articulação da Escola Média com a Superior".

N.80, jan. 1968 – Durmeval Trigueiro. "Sobre o desenvolvimento do ensino superior – Indicação preparada para o III Seminário de Assuntos Universitários".

N.82, mar. 1968 – "Designação dos membros da comissão para estudar as normas de fixação dos currículos mínimos de nível superior".
N.85, abr. 1968 – "Os membros do CEE-SP".
N.86, maio 1968 – "Convenção sobre ensino de História de 1933".
N.86, maio 1968 – José de Vasconcelos. "Faculdades de Educação e formação de professores".
N.87, jun. 1968 – "Normas para reexame de currículos mínimos e duração de cursos superiores".
N.88, jul. 1968 – Raymundo Moniz de Aragão e Deolindo Couto. "Depoimento à CPI da Câmara dos Deputados sobre a Reforma Universitária".
N.88, jul. 1968 – Rubens Maciel. "Programa de Expansão do Ensino Superior".
N.88, jul. 1968 – "Decreto criando o Grupo de Trabalho sobre a Reforma Universitária".
N.88, jul. 1968 – "Decreto com os nomes dos membros do GTRU".
N.89, ago. 1968 – "Portaria do MEC sobre o GTRU".
N.90, set. 1968 – "Número dedicado à Reforma Universitária".
N.91, set. 1968 – "III Seminário sobre Assuntos Universitários – temas: A expansão do ensino superior; A Faculdade de Educação".
N.92, out. 1968 – José Borges dos Santos. "A invasão da Universidade Mackenzie".
N.94, nov. 1968 – "Lei N.5.540 de 28 de nov. de 1968".
N.95, dez. 1968 – "AI-5".
N.98, fev. 1969 – "Decreto-Lei n.464, de 11 de fev. de 1969".
N.98, fev. 1969 – Newton Sucupira. "Normas de credenciamento dos cursos de pós-graduação".
N.98, fev. 1969 – "Decreto sobre o Grupo de Trabalho para acompanhar a Reforma Universitária".
N.98, fev. 1969 – "Designando os membros do Grupo de Trabalho para acompanhar a Reforma Universitária".
N.99, mar. 1969 – "Incremento de matrículas no ensino superior – Parecer e notas taquigráficas".
N.100, abr. 1969 – Celso Kelly. "Anteprojeto de normas para a formação da personalidade do universitário".
N.100, abr. 1969 – Nair Fortes Abu-Merhy. "Currículo de Pedagogia".
N.105, set. 1969 – Valnir Chagas. "Conteúdo e duração a serem destinados à formação pedagógica nos cursos de licenciatura".
N.105, set. 1969 – Newton Sucupira. "Conteúdo Específico da Faculdade de Educação".
N.105, set. 1969 – Valnir Chagas. "Curso de Pedagogia em Institutos de Educação".
N.105, set. 1969 – "Designação dos membros do Grupo de Trabalho para a reforma do ensino médio".
N.107, out. 1969 – Valnir Chagas. "Consulta sobre alguns aspectos dos estudos superiores de Educação".

N.108, nov. 1969 – José de Vasconcelos. "Normas disciplinadoras para a fixação de anuidades escolares no sistema federal de ensino".

N.110, jan. 1970 – Valnir Chagas. "FFCL-USP – consulta sobre os currículos mínimos para os Cursos Superiores".

N.114, maio 1970 – Valnir Chagas. "Sugestão para Projeto de Lei revisando a Reforma Universitária".

N.115, jun. 1970 – Valnir Chagas. "Curso de Atualização Pedagógica em História".

N.124, mar. 1971 – José de Vasconcelos. "Normas disciplinadoras das anuidades escolares no ano de 1971".

N.126, maio 1971 – Raymundo Moniz de Aragão. "Sistema de crédito e matrícula por disciplina".

N.132, nov. 1971 – Valnir Chagas. "A doutrina do currículo na lei".

N.146, jan. 1973 – Vicente Sobrinho Porto. "Legitimidade da Instituição 'Universidade'".

N.148, mar. 1973 – Paulo Nathanael Pereira de Souza. "A oferta e a procura de vagas no ensino superior do Estado de São Paulo".

N.148, mar. 1973 – Roberto Figueira Santos. "A Reforma Universitária – condição atual de sua implantação".

N.149, abr. 1973 – Roberto Figueira Santos. "O papel do CFE na reformulação da educação nacional".

N.149, abr. 1973 – Benedito de Paula Bittencourt. "Referente à nova redação do Art. 16 da Lei 5.540/68".

N.152, jul. 1973 – Newton Sucupira. "Competência legal para a autorização de universidade".

N.155, out. 1973 – Newton Sucupira. "Universidade e a reforma do ensino de 1º e 2º graus".

N.155, out. 1973 – Valnir Chagas. "Funções da Universidade na implantação do ensino de 1º e 2º graus".

N.156, nov. 1973 – "Lista das universidades públicas brasileiras".

N.160, mar. 1974 – Roberto Figueira Santos. "As consequências da Reforma Universitária".

N.161, abr. 1974 – "Projeto de resolução que fixa normas para a autorização e reconhecimento de universidades".

N.163, jun. 1974 – Roberto Figueira Santos. "As universidades no processo de expansão do ensino superior brasileiro".

N.163, jun. 1974 – "Composição detalhada do CFE de 1962 a 1974".

N.165, ago. 1974 – Edson Machado Souza. "Cursos de curta duração".

N.166, set. 1974 – "Currículo de Heitor Gurgulino de Souza".

EBSA: documentário do ensino. Suplemento trimestral para o estado de São Paulo. Não foi pesquisada, pois se trata de compilação das leis sobre o ensino. Útil a quem necessite esclarecer aspectos de legislação educacional.

EDUCAÇÃO: publicação trimestral do MEC que, desde 1971, junto com a revista *Cultura*, substituiu a revista *Arquivos MEC* e a revista *MEC*. Pesquisou-se do n.1, abr./jun. 1971, ao n.16, abr./jun. 1975.

Artigos relevantes:

N.3, out./dez. 1971 – Guilardo Martins. "Reforma universitária: elucidário". O autor, em nome do MEC, esclarece os conceitos da reforma, como "departamento", "crédito", "Faculdade", "Escola", "Instituto" e outros termos que confundem os pesquisadores do tema.

N.9, jul./set. 1973 – Miguel Reale. "Realidade e perspectivas da universidade brasileira".

EDUCAÇÃO ATUALIZADA: REVISTA DIDÁTICA – SÃO PAULO. Publicação mensal sobre educação infantil. Pesquisou-se do n.1, mar. 1969, ao n.8, nov. 1969. Não foi encontrado nada relevante sobre a Reforma Universitária.

EDUCAÇÃO E CIÊNCIAS SOCIAIS: publicação quadrimestral do Centro Brasileiro de Pesquisas Educacionais (CBPE). Pesquisou-se do n.13, fev. 1960, ao n.21, set./dez. 1962.

Artigos relevantes:

N.16, jan./abr. 1961 – "Fundação Universidade Nacional do Trabalho".

N.17, maio/ago. 1961 – Valnir Chagas. "A Reforma Universitária e a Faculdade de Filosofia". Longo artigo de 52 páginas.

N.18, set./dez. 1961 – "Editorial – A Reforma Universitária brasileira".

N.19, jan./abr. 1962 – Darcy Ribeiro. "A Universidade e a Nação".

EDUCAÇÃO HOJE: revista bimestral da Editora Brasiliense. São Paulo. Diretor: Caio Graco da Silva Prado. Pesquisou-se do n.1, jan./fev. 1969, ao n.14, mar./abr. 1971.

Artigos relevantes:

N.5, set./out. 1969 – "Texto do novo estatuto da Universidade de São Paulo, aprovado pelo Conselho Universitário, em sessão extraordinária de 7 de maio de 1969".

N.7, jan./fev. 1970 – "Parecer do Conselheiro Carlos Pasquale do CEE-SP" sobre a proposta dos estatutos da USP enviada pelo Conselho Universitário.

A revista cita a existência de outros dois pareceres: de Miguel Reale e de Laerte Ramos de Carvalho.

N.8, mar./abr. 1970 – "Texto do novo Estatuto da Universidade de São Paulo".

Com estes três textos, mais os pareceres de Miguel Reale e de Laerte Ramos de Carvalho, que pesquisarei no CEE-SP, é possível saber o que foi proposto pelo Conselho Universitário, quais as modificações introduzidas pelo CEE-SP e o que finalmente fizeram com a USP.

ESCOLA PARA PROFESSORES: publicação da editora Abril. São Paulo. Pesquisou-se desde o n.0, out. 1971, ao n.26, abr. 1974.
Não foi encontrado nada relevante sobre a Reforma Universitária.

ESTUDOS UNIVERSITÁRIOS: revista trimestral da Universidade Federal de Pernambuco. Recife.
Pesquisou-se do v.6, n.1, jan./mar. 1966, ao v.13, n.4, out./dez. 1973.
Artigos relevantes:
V.7, n.4, out./dez. 1967 – Newton Sucupira. "A reestruturação das Universidades Federais".
V.9, n.1, jan./mar. 1969 – "Concepção da Reforma Universitária".

HUMBOLDT: publicação para o mundo luso-brasileiro. Editada em Hamburgo – Alemanha. Pesquisou-se do n.1, de 1961, ao n.30, de 1974. A periodicidade da revista variou de quadrimestral a semestral.
Artigo relevante:
N.17, 1968 – Erwin Theodor Rosenthal. "A universidade brasileira: reforma em execução". Quando da publicação do texto, além de professor de Língua e Literatura Alemã, o autor era vice-diretor da FFCL-USP.

MEC: publicação bimestral do Setor de Divulgação do MEC. Substituída, em 1971, pela revista *Cultura* e pela revista *Educação*. Pesquisou-se do n.22, mar./abr. 1960, ao n.47, último número, fev./nov. 1970.
Artigos relevantes:
N.22, mar./abr. 1960 – "Fundação Universidade de Brasília".
N.33, fev./maio 1966 – Humberto de Alencar Castelo Branco. "Universidade, instrumento de renovação".

PAZ E TERRA: São Paulo. Pesquisou-se desde o n.1, jul. 1966, até o n.10, último número, dez. 1969. A revista n.8 foi parcialmente republicada como n.9 em out. 1969.
Artigos relevantes:
N.8, set. 1968 – C. A. van Peursen. "O futuro da Universidade".
N.8, set. 1968 – Pierre Furter. "Visão utópica da Universidade: seu desafio e suas limitações".
N.8, set. 1968 – Paul Ricoeur. "Reconstruir a Universidade".
N.8, set. 1968 – Darcy Ribeiro. "Universidade e Revolução".
N.8, set. 1968 – Florestan Fernandes. "Universidade brasileira e desenvolvimento".
N.8, set. 1968 – Juracy Andrade. "Reforma brasileira ou ideologia importada?".
N.8, set. 1968 – "Relatório Meira Matos".
N.8, set. 1968 – "Relatório do Grupo de Trabalho da Reforma Universitária".
N.8, set. 1968 – "Bibliografia selecionada sobre a universidade brasileira".

PESQUISA E PLANEJAMENTO: publicação do Centro Regional de Pesquisas Educacionais de São Paulo (CRPE-SP). São Paulo. Pesquisou-se do v.1, jun. 1957, ao v.17, maio 1975.

Não foi encontrado nada relevante sobre a Reforma Universitária. Absolutamente nada sobre o tema!

POLÍTICA EXTERNA INDEPENDENTE: pesquisou-se desde o n.1, maio 1965, ao n.3, jan. 1966.

Não foi encontrado nada relevante sobre a Reforma Universitária.

PROBLEMAS BRASILEIROS: publicação mensal do Conselho Técnico do Instituto de Estudos Econômicos, Sociais e Políticos da Federação do Comércio do Estado de São Paulo. Pesquisou-se do n.6, set. 1963, ao n.112, dez. 1972.

Artigos relevantes:

N.75, jul./ago. 1969 – Miguel Reale. "Universidade democrática".

N.84, ago. 1970 – José Francisco de Camargo. "A Universidade de São Paulo – antes e depois da reforma".

REVISTA BRASILEIRA DE ESTUDOS PEDAGÓGICOS: publicação trimestral do Instituto Nacional de Estudos Pedagógicos (Inep). Pesquisou-se do n.79, jul./set. 1960, ao n.136, out./dez. 1974.

Artigos relevantes:

N.82, abr./jun. 1961 – "Universidade do Trabalho".

N.83, jul./set. 1961 – "Editorial – A expansão do ensino superior no Brasil".

N.83, jul./set. 1961 – Valnir Chagas. "A Reforma Universitária e a Faculdade de Filosofia". Longo artigo de 42 páginas publicado anteriormente pela revista *Educação e Ciências Sociais*, órgão do CBPE.

N.83, jul./set. 1961 – M.B. Lourenço Filho. "Crise 'da' universidade ou 'nas' universidades?".

N.83, jul./set. 1961 – Darci Ribeiro. "Universidade de Brasília".

N.83, jul./set. 1961 – "I Seminário Nacional de Reforma Universitária".

N.83, jul./set. 1961 – Pe. Artur Alonso – Reitor da PUC-RJ. "Missão da universidade não é formar elites, mas promover as massas".

N.83, jul./set. 1961 – Euryalo Cannabrava. "Estrutura e função da universidade".

N.83, jul./set. 1961 – Maria Sílvia Franco Moreira. "Ideologia do ensino superior".

N.84, out./dez. 1961 – Durmeval Trigueiro. "Nova política para o ensino superior".

N.85, jan./mar. 1962 – Editorial de Antônio Oliveira Brito. "A vitalização da universidade brasileira".

N.85, jan./mar. 1962 – "Simpósio Nacional de Reitores", sobre a Reforma Universitária.

N.90, abr./jun. 1963 – Florestan Fernandes. "A recuperação da universidade".

N.91, jul./set. 1963 – Editorial de Newton Sucupira. "Institutos universitários e a pesquisa científica".

N.101, jan./mar. 1966 – Maurício Rocha e Silva. "Repercussões da Lei de Diretrizes e Bases na organização do ensino superior".

N.105, jan./mar. 1967 – Anísio Teixeira. "Aspectos da reconstrução da universidade latino-americana".

N.105, jan./mar. 1967 – Valnir Chagas. "Faculdade de Educação e a renovação do ensino superior".

N.105, jan./mar. 1967 – Durmeval Trigueiro. "Governo da universidade".

N.106, abr./jun. 1967 – "Reestruturação das Universidades Federais". Decreto n.55/66 copiado do *Diário Oficial da União*.

N.107, jul./set. 1967 – Valnir Chagas. "A luta pela universidade no Brasil".

N.107, jul./set. 1967 – Durmeval Trigueiro. "O problema dos excedentes e a Reforma Universitária".

N.108, out./dez. 1967 – Durmeval Trigueiro. "Expansão do ensino superior".

N.111, jul./set. 1969 – Paul Ricoeur. "Reforma e revolução na universidade".

N.111, jul./set. 1969 – Newton Sucupira. "A reestruturação das Universidades Federais".

N.111, jul./set. 1969 – "Reforma Universitária: Relatório do Grupo de Trabalho".

N.118, abr./jun. 1970 – "Reforma Universitária na USP: Parecer do Conselho Estadual de Educação de São Paulo". Comparar com o que copiei da revista *Educação Hoje*.

N.128, out./dez. 1972 – Newton Sucupira. "Ensino superior: expansão, reforma e pós-graduação".

N.133, jan./mar. 1974 – Alain Touraine. "O silêncio da universidade".

REVISTA BRASILEIRA DE ESTUDOS POLÍTICOS: revista semestral da Universidade Federal de Minas Gerais – UFMG. Belo Horizonte. Pesquisou-se do n.1, dez. 1956, até o n.40, jan. 1975.
Não foi encontrado nada relevante sobre a Reforma Universitária.

REVISTA BRASILEIRA DE FILOSOFIA: revista trimestral do Instituto Brasileiro de Filosofia. Pesquisou-se do n.22, jan./mar. 1956, até o n.94, abr./jun. 1974.
Os números de abr./jun. 1966 e de 1974 trazem índices dos artigos publicados anteriormente.
Artigos relevantes:
N.23, jul./set. 1956 – Afrânio Coutinho. "As Faculdades de Filosofia".
N.79, jul./set. 1970 – Pinto Ferreira. "Universidade brasileira".
N.92, out./dez. 1973 – Goffredo Telles Junior. "A carreira docente na USP".

REVISTA CIVILIZAÇÃO BRASILEIRA: revista bimestral da Editora Civilização Brasileira. Rio de Janeiro. Diretor: Ênio Silveira. Pesquisou-se do n.1, mar. 1965, até os ns. 21-22, últimos números, set./dez. 1968.
Artigos relevantes:

N.1, mar. 1965 – "O terrorismo cultural".

N.3, jul. 1965 – Darcy Ribeiro. "A universidade latino-americana e o desenvolvimento social".

N.14, jul. 1967 – Ted Goertzel. "MEC-Usaid – Ideologia de desenvolvimento americano aplicado à educação superior brasileira".

N.16, nov./dez. 1967 – Fernando de Azevedo. "O problema do ensino universitário".

N.21-22, set./dez. 1968 – José Honório Rodrigues. "O ensino superior de História e a Reforma Universitária".

N.21-22, set./dez. 1968 – Herbert Marcuse. "Finalidades, formas e perspectivas da oposição estudantil nos Estados Unidos".

N.21-22, set./dez. 1968 – Marialice M. Foracchi. "Aspectos da vida universitária na sociedade brasileira".

REVISTA DO INSTITUTO DE ESTUDOS BRASILEIROS: publicação semestral do IEB-USP. São Paulo. Pesquisou-se do n.1, 1966, ao n.17, 1975.
Não foi encontrado nada relevante sobre a Reforma Universitária.

REVISTA DA UNIVERSIDADE CATÓLICA DE CAMPINAS: Campinas. Pesquisou-se do n.19, ago. 1961, ao n.33, jul. 1970.
Não foi encontrado nada relevante sobre a Reforma Universitária.

REVISTA DA UNIVERSIDADE CATÓLICA DE SÃO PAULO: São Paulo. Pesquisou-se do n.36, dez. 1960, até os n.85-86, 1973.
Artigos relevantes:
Ns. 73-74, jan./jun. 1970 – Dom Candido Padin. "Alguns aspectos da Reforma Universitária".
Ns. 85-86, jan./dez. 1973 – Roberto Figueira Santos. "A Reforma Universitária: condição atual de sua implantação".

TEMPO BRASILEIRO: Diretor: Eduardo Portella. Pesquisou-se do n.1, set. 1962, ao n.40, jan./mar. 1975.
Não foi encontrado nada relevante sobre a Reforma Universitária.

UNIVERSIDADE: revista da Faculdade Estadual de Filosofia, Ciências e Letras de Londrina (PR). Londrina. Pesquisou-se do n.2, out. 1967, ao n.5, out. 1970.
Não foi encontrado nada relevante sobre a Reforma Universitária.

VOZES: revista Católica de Cultura. Petrópolis (RJ). Publicação mensal. Pesquisou-se do v.55, n.4, abr. 1961, ao v.69, n.1, jan./fev. 1975.
Artigos relevantes:
V.62, n.9, set. 1968 – Raymundo Ozanam de Andrade. "Função política das universidades".

V.62, n.9, set. 1968 – Vera Regina Berlinck. "O estudante universitário e a profissionalização".

V.68, n.2, mar. 1974 – Luiz Antônio C. R. Cunha. "Moeda universitária: o crédito".

Revistas estrangeiras consultadas

BOLETIN CINTERFOR: revista do Centro Interamericano de Investigación y Documentación sobre Formación Profesional – Organização Internacional do Trabalho (OIT). Publicado em Montevidéu – Uruguai. Pesquisou-se do n.1, mar. 1969, ao n.20, abr. 1972.
Não foi encontrado nada relevante sobre a Reforma Universitária.

COMPARATIVE EDUCATION REVIEW: órgão oficial da Comparative Education Society. Revista quadrimestral publicada em fev., jun. e out. Pesquisou-se desde o v.4, n.1, de jun. 1960, ao v.19, n.1, fev. 1975.
Artigos relevantes:
- V.4, n.1, jun. 1960 – George Z. Bereday. "Comparative education at Columbia University". Explica como surgiram estudos educacionais comparativos, possibilitando inferir a criação da Sociedade e de sua revista.
- V.9, n.3, out. 1965 – Russell G. Davis. "Prototypes and stereotypes in Latin American universities".
- V.10, n.2, jun. 1966 – o número inteiro é dedicado ao movimento estudantil. Apenas xeroquei o índice. Fonte importante caso se enverede por esse assunto.
- V.12, n.1, fev. 1968 – George P. Springer. "Universities in flux".
- V.16, n.2, jun. 1972 – número dedicado aos estudos comparativos das reformas universitárias em diversos países. Apenas xeroquei o índice.
- V.19, n.1, fev. 1975 – Franz-Wilhelm Heimer. "Education and politics in Brazil".

CRÔNICA DE LA UNESCO: pesquisou-se desde o v.6, n.1, jan. 1960, ao v.20, n.12, dez. 1974.
Artigos relevantes:
- V.6, n.10, out. 1960 – Willem H. Welling. "Un programa de estudios sobre la enseñanza superior".
- V.9, n.6, jun. 1963 – René Maheu. "El problema de la formación científica y técnica en las regiones poço desarrolladas". O autor foi diretor da Unesco até fins de 1974.
- V.15, n.5, maio 1969 – René Maheu. "Crisis de la educación, crisis de civilización".
- V.15, n.6, jun. 1969 – "Educación – veintidós años de cooperación entre la Unesco y la OIT".
- V.18, n.10, out. 1972 – Richard Greenough. "Hacia una renovación total de la educación".

LA EDUCACIÓN: revista trimestral publicada pela División de Educación, Departamento de Asuntos Educativos, Unión Panamericana. Secretaría General, Organización de los Estados Americanos (OEA). Washington, D.C. Pesquisou-se do n.17, jan./mar. 1960, ao n.65, jan./mar. 1973.

Artigos relevantes:

N.18, abr./jun. 1960 – George F. Donavan. "La historia de la educación superior en los Estados Unidos".

N.18, abr./jun. 1960 – Robin S. Harris. "La educación superior en el Canadá".

N.18, abr./jun. 1960 – Gonzalo Aguirre Beltrán. "Estructura y función de la universidad latinoamericana".

N.18, abr./jun. 1960 – Jorge Basadre. "Un caso en la crisis universitária hispanoamericana: la Universidad de San Marcos".

N.18, abr./jun. 1960 – Norman Burns. "Organización y administración de las universidades en los Estados Unidos de América".

N.18, abr./jun. 1960 – Robert J. Havighurst. "Comparación de la educación superior latinoamericana com la norteamericana".

N.18, abr./jun. 1960 – Anísio Teixeira. "Paralelo entre la educación superior de los Estados Unidos de América y el Brasil".

N.18, abr./jun. 1960 – Howard Lee Nostrand. "Las universidades de Estados Unidos: su agenda y el problema fundamental de síntesis".

N.18, abr./jun. 1960 – Gonzalo Aguirre Beltrán. "Seminário sobre la educación universitaria en América Latina".

N.33, jan./mar. 1964 – "Brasil – estructura de las facultades de filosofia".

Ns. 35-36, jul./dez. 1964 – Janet Lugo. "Los estudios generales y la reforma universitária en América Latina".

Ns. 35-36, jul./dez. 1964 – Sérgio Guerra Duarte. "Brasil – la expansión de la enseñanza superior".

PERSPECTIVES – REVUE TRIMESTRIELLE DE L'ÉDUCATION: revista trimestral publicada pela Unesco em diversos idiomas desde o segundo semestre de 1969. Pesquisou-se, na Biblioteca Mário de Andrade, desde o v.1, n.1, jul./set. 1969, ao v.3, n.4, out./dez. 1973.

Artigos relevantes:

V.3, n.4, out./dez. 1973 – Alan Touraine. "Mort ou transformation des universités?".

V.3, n.4, out./dez. 1973 – Henri Janne. "L'université européenne dans la société".

V.3, n.4, out./dez. 1973 – A. N. Matveev. "L'université et la recherche".

V.3, n.4, out./dez. 1973 – Karl-Heinz Wirzberger. "La troisième reforme da l'enseignement supérieur en République démocratique allemande".

V.3, n.4, out./dez. 1973 – Heinz Draheim. "La 'Gesamthochschule': un modèle de mobilité".

V.3, n.4, out./dez. 1973 – Branko Pribićević e Jovan Gligorijević. "L'autogestion dans les universités yougoslaves".

V.3, n.4, out./dez. 1973 – Stuart Maclure. "Par-delà l'université: une éducation supérieure de masse".

V.3, n.4, out./dez. 1973 – "Indications bibliographiques sur l'enseignement supérieur en Europe".

REVIEW OF EDUCATIONAL RESEARCH: publicação oficial da American Educational Research Association. Publicada cinco vezes ao ano: fev., abr., jun., out. e dez. Pesquisou-se desde o v.30, n.1, de fev. 1960, ao v.46, n.2, de abr. 1976.

Artigo relevante:

V.30, n.2, abr. 1969 – Harold A. Korn. "Higher education programs and development". Alguém fichou o texto inteiro quando de sua leitura provavelmente na biblioteca do CRPE-SP, onde a revista estava antes da atual biblioteca da FE-USP.

TEACHERS COLLEGE RECORD: revista do Teachers College – Columbia University. Nova York. Publicação mensal, porém com oito números por ano; não circulava em jun., jul., ago. e set. Em meados da década de 1970 passou a ser trimestral. Pesquisou-se desde o v.61, n.1, de out. 1959, ao v.77, n.2, de dez. 1975.

Artigos relevantes:

V.62, n.2, nov. 1960 – Joshua A. Fishman. "American higher education in current social perspective".

V.64, n.8, maio 1963 – Kenneth Holland. "A catalyst for inter-American higher education". Este artigo cita Anísio Teixeira.

V.65, n.1, out. 1963 – Juan Marin. "The OAS [OEA em português] and education".

V.68, n.4, jan. 1967 – William K. Selden. "Some observations on the governance of the American university".

UNIVERSIDADES: revista trimestral da Unión de Universidades de América Latina. Pesquisou-se do n.1, jul./set. 1960, ao n.51, jan./mar. 1973.

Artigos relevantes:

N.2, out./dez. 1960 – Luis Lemus. "Planeamento de la educación universitaria en América Latina".

N.6, out./dez. 1961 – M. B. Lourenço Filho. "Crisis 'de la' universidad o 'en las' universidades".

N.31, jan./mar. 1968 – Carlos Chagas. "Urgência de fomentar a educação científica de base para complementar a formação universitária latino-americana".

N.33, jul./set. 1968 – "Reestructuración de la Universidad de São Paulo, Brasil".

N.36, abr./jun. 1969 – "Reforma universitaria en Brasil".

N.44, abr./jun. 1971 – Darcy Ribeiro. "Universidad y revolución".

N.45, jun./set. 1971 – "Se celebró en Florianópolis, Brasil, el 'Seminario Internacional de Administración Universitaria'."

SOBRE O LIVRO

Formato: 16 x 23 cm
Mancha: 27,5 x 49,0 paicas
Tipologia: Horley Old Style 11/15
Papel: Offset 75 g/m² (miolo)
Cartão Supremo 250 g/m² (capa)
1ª edição: 2013

EQUIPE DE REALIZAÇÃO

Coordenação Geral
Marcos Keith Takahashi

Impressão e Acabamento:

psi7
Printing Solutions & Internet 7 S.A